高等院校"十三五"应用型规划教材

新编会计学基础

(第 2 版)

刘 悦　胡玲玲　主　编
李 雪　杜媛媛　副主编

微信扫描
获取配套资源

南京大学出版社

内容简介

会计学基础是会计学专业和财务管理专业的专业基础课程,同时也是高等院校经济类、管理类专业的必修课程。它是一门技术性、应用性很强的学科,主要阐述会计的基本理论、基本方法和基本技能,培养学生的会计理念和会计职业思维,会计学基础是为后续专业课程打下坚实基础的重要课程。

本书图文并茂,难易适中,采用通俗易懂的语言阐述会计学的基本理论和方法,符合学习者循序渐进的认知规律。本书不仅可作为高等院校会计学、财务管理,以及其他经济、管理类专业在校大学生的教科书,也可作为从事会计、财务管理和其他经济管理工作的人员自学、培训用书。

图书在版编目(CIP)数据

新编会计学基础 / 刘悦,胡玲玲主编. -- 2 版. --
南京:南京大学出版社,2019.8
 ISBN 978-7-305-21927-6

Ⅰ. ①新… Ⅱ. ①刘… ②胡… Ⅲ. ①会计学一高等学校一教材 Ⅳ. ①F230

中国版本图书馆 CIP 数据核字(2019)第 072011 号

出版发行	南京大学出版社
社　　址	南京市汉口路 22 号　　邮编　210093
出 版 人	金鑫荣
书　　名	新编会计学基础(第 2 版)
主　编	刘悦　胡玲玲
策划编辑	胡伟卷
责任编辑	胡伟卷　武坦　　编辑热线　010-88252319
印　　刷	常州市武进第三印刷有限公司
开　　本	787×1092　1/16　印张 16.25　字数 395 千
版　　次	2019 年 8 月第 2 版　2019 年 8 月第 1 次印刷
	ISBN 978-7-305-21927-6
定　　价	49.50 元

网　　址:http://www.njupco.com
官方微博:http://weibo.com/njupco
官方微信号:njupress
销售咨询热线:(025) 83594756

* 版权所有,侵权必究

* 凡购买南大版图书,如有印装质量问题,请与所购图书销售部门联系调换

前言

会计学基础是会计学专业和财务管理专业的基础课程,同时也是高等院校经济类、管理类专业的必修课程。会计学基础主要阐述会计的基本理论、基本方法和基本技能,培养学生的会计理念和会计职业思维,为后续专业课程学习打下坚实的基础。本书是按照财政部最新发布的《企业会计准则——基本准则》和一系列具体会计准则的规定,对照《会计法》《企业会计制度》《企业会计准则——应用指南》和税法等法律、规章制度,借鉴国内外相关会计理论、方法最新的研究成果,并结合编者多年的教学实践经验精心编写完成的。

本书的本次再版根据财政部、税务总局、海关总署公告2019年第39号发布的《关于深化增值税改革有关政策的公告》,对涉及的例题和课后题目进行了更新;根据财政部2019年发布的《关于修订印发2019年度一般企业财务报表格式的通知》(财会〔2019〕6号),对第九章财务会计报告中的相关报表格式及课后题目及时进行了调整。

本书图文并茂,难易适中,采用通俗易懂的语言阐述会计学的基本理论和方法,符合学习者循序渐进的认知规律。本书不仅可以作为高等院校会计学、财务管理,以及其他经济、管理类专业在校大学生的教科书,也可作为从事会计、财务管理和其他经济管理工作的人员自学、培训用书。

本书由天津科技大学刘悦副教授、河南工业职业技术学院胡玲玲副教授担任主编,天津科技大学李雪、河南工业职业技术学院杜媛媛担任副主编,天津科技大学杨倩、黄超、魏静参加编写。刘悦、胡玲玲负责全书写作大纲的拟定和编写的组织工作,并对全书进行修改、统稿和定稿。具体的编写分工如下:刘悦编写第一、四章;胡玲玲编写第二、三章;李雪编写第七、九章;杜媛媛编写第六章;杨倩编写第十章;黄超编写第五章;魏静编写第八章。

在本书的编写过程中,我们借鉴了同行的相关成果,吸收了多所院校讲授会计学基础课程教师的修改意见和建议,在此表示衷心地感谢!由于作者水平有限,书中内容设计和语言表述上可能存有不足,恳请读者和同行批评指正,以便今后不断完善。

编 者
2019年7月

目 录

第一章 总论 / 1

    第一节 会计概述 / 1
        一、会计的产生与发展 / 1
        二、会计的基本概念 / 4
        三、会计的职能 / 4
    第二节 会计基本假设 / 6
        一、会计主体假设 / 6
        二、持续经营假设 / 7
        三、会计分期假设 / 7
        四、货币计量假设 / 7
    第三节 会计信息的质量要求 / 8
        一、可靠性 / 8
        二、相关性 / 8
        三、可理解性 / 9
        四、可比性 / 9
        五、实质重于形式 / 10
        六、重要性 / 10
        七、谨慎性 / 10
        八、及时性 / 11
    第四节 会计处理基础 / 11
        一、收付实现制 / 11
        二、权责发生制 / 12
    第五节 会计对象 / 14
        一、会计的一般对象 / 14
        二、会计的具体对象 / 14
    第六节 会计法规 / 15
        一、会计法 / 15
        二、企业会计准则 / 17
    第七节 会计核算的方法 / 18
        一、会计方法概述 / 18
        二、会计核算方法 / 18

    本章小结 / 20
    思考题 / 20
    练习题 / 20

第二章 会计科目和账户 / 23

    第一节 会计要素 / 23
        一、会计要素的概念 / 23
        二、会计要素的内容 / 23
    第二节 会计等式 / 29
        一、资金平衡原理 / 29
        二、会计平衡等式 / 29
    第三节 会计科目 / 35
        一、会计科目的概念 / 35
        二、会计科目的设置意义 / 35
        三、会计科目的设置原则 / 36
        四、会计科目的分类 / 36
    第四节 会计账户 / 39
        一、会计账户概述 / 39
        二、会计账户的结构 / 40
    本章小结 / 41
    思考题 / 41
    练习题 / 41

第三章 复式记账 / 45

    第一节 复式记账的基本原理 / 45
        一、记账方法概述 / 45
        二、复式记账法的理论依据和
            特点 / 46
    第二节 借贷记账法及应用 / 47
        一、借贷记账法的概念 / 47
        二、借贷记账法的基本原理 / 47
    第三节 总分类账户和明细分类

账户的平行登记 / 57
　一、总分类账户和明细分类账户的设置 / 57
　二、总分类账户和明细分类账户的关系 / 58
　三、总分类账户和明细分类账户的平行登记 / 59
本章小结 / 61
思考题 / 62
练习题 / 62

第四章　工业企业主要经济业务的核算 / 67

第一节　工业企业主要经济业务概述 / 67
　一、工业企业概念 / 67
　二、工业企业主要经济业务概述 / 67
第二节　资金筹集业务核算 / 68
　一、所有者权益资金筹集业务的核算 / 68
　二、负债资金筹集业务的核算 / 71
第三节　采购供应过程核算 / 75
　一、固定资产购置业务的核算 / 75
　二、材料采购业务的核算 / 78
第四节　产品生产过程核算 / 83
　一、领用材料业务核算 / 83
　二、薪资业务核算 / 85
　三、其他费用业务核算 / 87
　四、结转制造费用业务核算 / 89
　五、结转完工产品业务核算 / 90
第五节　产品销售过程核算 / 93
　一、产品销售业务处理 / 93
　二、结转销售成本业务处理 / 96
　三、其他业务收支处理 / 97
　四、销售费用及税金业务处理 / 98
　五、收回销售款项业务处理 / 100
第六节　财务成果形成与分配业务核算 / 100
　一、利润形成的核算 / 100
　二、营业外收支业务处理 / 101
　三、投资收益业务处理 / 102
　四、利润形成业务处理 / 103
　五、利润分配业务处理 / 106
本章小结 / 108
思考题 / 109
练习题 / 109

第五章　会计账户的分类 / 117

第一节　账户分类的意义 / 117
　一、账户分类的目的与标志 / 117
　二、账户分类的作用 / 117
第二节　账户按经济内容分类 / 118
　一、账户按经济内容分类的意义 / 118
　二、账户按经济内容分类 / 118
第三节　账户按用途和结构分类 / 121
　一、账户按用途和结构分类的意义 / 121
　二、账户按用途和结构的具体分类 / 121
本章小结 / 130
思考题 / 130
练习题 / 130

第六章　会计凭证 / 133

第一节　会计凭证概述 / 133
　一、会计凭证的概念与意义 / 133
　二、会计凭证的种类 / 133
第二节　原始凭证的填制和审核 / 139
　一、原始凭证的基本内容 / 139
　二、原始凭证的填制要求 / 140
　三、原始凭证的审核 / 141
第三节　记账凭证的填制和审核 / 142
　一、记账凭证的基本内容 / 142
　二、记账凭证的填制要求 / 142
　三、记账凭证的审核 / 143

第四节 会计凭证的传递与保管／144
　一、会计凭证的传递／144
　二、会计凭证的保管／145
　三、会计凭证的装订／145
本章小结／146
思考题／146
练习题／146

第七章　会计账簿／152

第一节 会计账簿概述／152
　一、会计账簿的含义和作用／152
　二、会计账簿的种类／153
　三、会计账簿的基本内容／155
第二节 会计账簿的设置与登记／155
　一、会计账簿的设置原则／155
　二、会计账簿的格式与登记／156
第三节 会计账簿的启用与登记
　　　　规则／163
　一、账簿的启用／163
　二、账簿的登记／164
第四节 错账更正方法／165
　一、查找记账错误的方法／165
　二、更正记账错误的方法／166
第五节 对账与结账／169
　一、对账／169
　二、结账／170
本章小结／172
思考题／172
练习题／173

第八章　财产清查／177

第一节 财产清查概述／177
　一、财产清查的含义／177
　二、财产清查的意义／178
　三、财产清查的分类／178
　四、财产清查前的准备工作／180
　五、财产物资的盘存制度／180
第二节 财产清查的方法／183
　一、货币资金的清查／183
　二、实物资产的清查／185
　三、往来款项的清查／186
第三节 财产清查结果的处理／188
　一、财产清查结果处理的
　　　步骤／188
　二、财产清查结果的账务
　　　处理／188
本章小结／192
思考题／192
练习题／192

第九章　财务会计报告／196

第一节 财务会计报告概述／196
　一、财务会计报告的含义及
　　　构成／196
　二、财务会计报告的使用者／197
　三、财务报表的种类／198
　四、财务报表的编制要求／199
第二节 资产负债表／200
　一、资产负债表的概念及意义／200
　二、资产负债表的内容和格式／201
　三、资产负债表的编制方法／202
第三节 利润表／206
　一、利润表的概念及意义／206
　二、利润表的内容和格式／206
　三、利润表的编制方法／209
第四节 现金流量表／212
　一、现金流量表的概念及作用／212
　二、现金流量表的结构及填列
　　　方法／214
　三、现金流量表的编制方法／217
第五节 所有者权益变动表／218
　一、所有者权益变动表的概念／218
　二、所有者权益变动表的内容与
　　　结构／218
　三、所有者权益变动表的编制
　　　方法／220

第六节 财务报表附注 / 220
    一、财务报表附注的概念及作用 / 220
    二、财务报表附注的主要内容 / 221
本章小结 / 223
思考题 / 223
练习题 / 224

第十章 账务处理程序 / 229

第一节 账务处理程序概述 / 229
    一、账务处理程序的概念和意义 / 229
    二、账务处理程序的要求 / 230
    三、账务处理程序的种类 / 230
第二节 记账凭证账务处理程序 / 230
    一、记账凭证账务处理程序设置的凭证及账簿 / 230
    二、记账凭证账务处理程序的步骤 / 231
    三、记账凭证账务处理程序的举例说明 / 231
    四、记账凭证账务处理程序的评价及适用范围 / 242

第三节 科目汇总表账务处理程序 / 242
    一、科目汇总表账务处理程序设置的凭证及账簿 / 243
    二、科目汇总表账务处理程序的步骤 / 243
    三、科目汇总表的编制 / 243
    四、科目汇总表账务处理程序的评价及适用范围 / 245
第四节 汇总记账凭证账务处理程序 / 245
    一、汇总记账凭证账务处理程序设置的凭证及账簿 / 246
    二、汇总记账凭证账务处理程序的步骤 / 246
    三、汇总记账凭证的编制 / 247
    四、汇总记账凭证账务处理程序的评价及适用范围 / 248
本章小结 / 248
思考题 / 249
练习题 / 249

参考文献 / 251

第一章

总论

学习目标

- ◆ 了解会计的产生与发展过程。
- ◆ 掌握会计的职能。
- ◆ 理解会计的特点、会计的目标、会计的对象。
- ◆ 熟悉会计准则体系。
- ◆ 掌握会计基本假设和会计处理基础。
- ◆ 掌握会计信息质量要求。
- ◆ 熟悉会计核算的方法。

学习重点

- ◆ 会计含义和会计职能。
- ◆ 会计基本假设和会计处理基础。
- ◆ 会计信息质量要求。

第一节 会计概述

一、会计的产生与发展

物质资料的生产是会计产生的基础,会计是社会经济发展到一定阶段的产物。人类在物质资料的生产活动中,一方面创造物质财富取得一定的劳动成果,另一方面要发生劳动耗费,包括人力、物力的耗费。在一切社会形态中,人们进行生产活动时,总是力求以尽可能少的劳动耗费取得尽可能多的劳动成果,做到所得大于所耗,以提高经济效益。为了达到这一目标,就必须在不断改革生产技术的同时,对劳动耗费和劳动成果进行记录、计算,并加以比较和分析,这样就产生了会计。

(一)西方国家会计的产生与发展

1. 复式记账法的出现

13 世纪前后,以意大利为中心的欧洲成为当时西方经济发展的中心,经济贸易的发达,以及资本借贷业务的兴起,为复式簿记方法的探索提供了极为有利的经济环境。从事商业经营的商人在实践中创建了流传至今的复式簿记方法,即借贷记账法。1494 年,意大利的数学家卢卡·帕乔利从理论和实务两个方面总结了已经在民间流行200余年的借贷记账法，并写入其专著《算术、几何、比与比例概要》中，使复式簿记知识在欧洲乃至全世界得到了迅速传播。卢卡·帕乔利也因对复式簿记传播上的重大贡献而被后人誉为"近代会计之父"。

复式簿记的诞生不仅是会计记账方法上的历史性变革，是会计理论体系建立的起源。卢卡·帕乔利在其著作中，系统、全面地介绍了会计科目、会计账户、会计账簿等基本知识和复式簿记的技术方法，阐释了影响至今的相关会计理论。他提出的会计中心论、会计主体和会计分期、会计的目的和会计要素等观点，是早期会计理论研究的重要成果，为后人进行会计理论的深入探讨和会计理论体系的构建提供了初步框架。

2. 对内会计的产生

18世纪末到20世纪初，欧美各国先后进行了产业革命，生产力水平发展到了一个新的高度，各企业为使自己在竞争中立于不败之地，特别重视会计的对内服务——重视企业的成本。随着泰勒科学管理方法的推广，标准成本应运而生。

3. 财务会计与管理会计

20世纪30年代以后，随着现代化大生产的发展，资本主义企业为了在竞争中求生存，会计的对内服务在成本会计的基础上又有了新的发展，出现了预测、分析、投资决策、责任会计、业绩考核等一系列服务于企业内部经营管理的会计实务，形成了以成本为中心内容的管理会计。1952年，世界会计学会年会正式认定了"管理会计"这一会计分支，从此将会计划分为财务会计和管理会计两个体系。从20世纪50年代开始到现在，随着电子计算机在会计数据处理中的应用，以及电子技术与通信技术的结合，企业实现了管理信息系统的综合化和系统化。会计信息系统作为管理信息系统的一个子系统，使会计在数据处理、工作效能等方面发生了很大变化，它扩大了会计信息的范围，提高了会计信息的精确性和及时性。现代管理会计的产生和发展是近代会计走向现代会计的重要标志。

(二) 我国会计的产生与发展

1. 原始社会

早在原始社会就有了核算活动这一会计的萌芽，最初主要是头脑记忆或以一定的方式记载，如以绘图记事、结绳记事等形式表现出来。由于原始社会的生产力水平比较低下，生产过程简单，因而对生产活动的计量、记录也非常简单和粗略，只是生产职能的附带部分，在"生产时间之外附带地把收支、支付日期等记载下来"。

2. 西周时期

到了西周时期，随着农业、手工业及商业经济的繁荣和发展，人们对计量、记录有了更高的要求。在当时就已经建立了一套完整的会计工作组织系统，有"司书""司会"等官吏专门从事会计工作。"司书"是记账的，主要对财务收支进行登记；"司会"是进行会计监管的，掌管全国财务收支，利用书契往来和丈量版图的副本来考核王朝大小官吏管理地方的情况和他们经手的财务收支。

3. 秦汉时期

到了秦汉时期，出现了"计簿"或称"簿书"的账册，并用"出""入"作为记账符号反映各项收支事项。"簿书"可称为我国会计账簿的雏形。

4. 唐宋时期

这个时期,由于社会生产力快速发展,社会财富不断增加,从而使会计核算的方法又有了较大的发展,逐步形成了一套记账、算账的古代会计结算法,即"四柱结算法"。"四柱"是指"旧管"(相当于上期结存)、"新收"(相当于本期收入)、"开除"(相当于本期支出)、"实在"(相当于本期结存),通过"旧管+新收=开除+实在"这一平衡公式加以总结,并得到普遍运用,既可以检查日常记账的正确性,又可以系统、全面和综合地反映经济活动的全过程。

5. 明末清初

这个时期,为适应商业和手工业的发展要求,出现了以"四柱"为基础的"龙门账"。"龙门账"是把全部账目分为"进"(相当于现代会计中的各项收入)、"缴"(相当于现代会计中的各项支出)、"存"(相当于现代会计中的各项资产)、"该"(相当于现代会计中的各项资本、负债)四大类,运用"进-缴=存-该"的平衡公式计算盈亏,分别编制"进缴表"和"存该表"。在这两张表上计算出来的盈亏数要求相等,被称为"合龙门",并以此钩稽全部账目的正误。

6. 清朝中叶

这个时期,复式记账法又得到了进一步发展,建立了"四脚账",又称"天地合账"。将所有账项分为"来账"和"去账",在账簿中记录。账簿采用垂直书写,直行上下两格,上格记收,称为"天";下格记付,称为"地";上下两格所记数额必须相等,称为"天地合"。

"四柱结算""龙门账"和"天地合账",描述了中国簿记发展的历史轨迹,是我国人民对世界会计发展的重大贡献,对世界上许多国家的会计核算都曾有过重要影响。

7. 近、现代会计变革

我国近、现代会计伴随着社会经济环境的变化发生了三次变革:第一次变革是20世纪初,从日本引进借贷记账法,开始了中式会计与西式会计的融通与结合;第二次变革是中华人民共和国成立后,从苏联引进了一整套会计制度和方法,通过消化和吸收,逐步形成了符合我国实际情况的,具有中国特色的会计理论和方法体系,基本适应了当时的国民经济恢复和发展的需要;第三次变革是1978年后,我国实行改革开放政策,计划经济体制逐渐向市场经济体制转化。1981年我国建立了注册会计师制度,1985年颁布了《中华人民共和国会计法》(简称《会计法》),会计工作从此进入了法制阶段。与此同时,我国会计制度也进行了改革,吸取经济发达国家的经验,开始制定并实施会计准则形式的会计核算制度,并于1992年年底颁布了《企业会计准则》,随后陆续颁布了一系列具体的企业会计准则。随着我国加入世界贸易组织(WTO)及全球经济一体化,我国于1999年颁布了修订后的《会计法》,加强了会计的法制建设;2000年年底又颁布了《企业会计制度》,并对企业会计准则进行了全面的修订与完善;2006年年初颁布了一项基本会计准则和38项具体会计准则,形成了适应市场经济发展需要,具有中国特色的会计核算新体系,促进了会计准则的国际趋同。这次变革极大地促进了会计事业的迅速发展,会计理论的研究与会计教育的形势空前高涨,我国的会计工作进入了一个崭新的发展时期。

综上所述,在漫长的历史进程中,由于社会经济的不断发展和对经济管理要求的日益提高,会计的内涵和外延也得到了不断发展。当迈入商品经济社会后,会计的内容、方法和技术发生了很大的变化。时至今日,会计理论的内容不断丰富,会计服务的领域不断拓宽,会计处理的方法也逐步完善。现代会计已成为经济管理的一个重要组成部分,在微观和宏观经济管理中发挥着越来越重要的作用。

二、会计的基本概念

(一) 会计的含义

会计的内涵是什么？中国会计学界对会计的定义是：会计是以货币为主要计量单位,对会计主体的经济活动进行连续、系统、全面和综合的核算和监督,向有关方面提供会计信息,并进行预测、控制、分析和决策的一种经济管理活动。

(二) 会计的特点

1. 以货币为主要计量单位

会计是价值形式的管理。原始的会计计量只是简单地用实物数量和劳动量度对经营活动和财务收支进行计算和记录。会计在核算和监督生产经营过程中,为了进行综合核算,必须采用统一的货币单位来记录、计算、分析和考核。因为货币是衡量和计算一切财产物资的价值尺度,只有通过统一的货币单位来计量,才可以把各种性质相同或不同的经济活动所表现的数值,折算为统一的货币计量单位,来总括地反映经济活动的过程及其成果。

2. 具有连续性、系统性、全面性和综合性

连续性是指按经济活动发生时间的先后顺序不断地进行核算；系统性是指对经济活动、财务收支进行科学分类并构成体系；全面性是指企业的全部经济活动；综合性是指将各种经济活动、财务收支的数据加以汇总为总括的信息资料。

3. 会计具有一套科学的专门方法

会计通过实践,逐步形成了一套比较完善的、可以共用的会计处理原则和方法。会计核算是会计的基本环节,是对各单位已经发生的经济活动进行完整、连续、系统地核算和监督所应用的方法,主要包括设置会计科目与账户、复式记账、填制和审核凭证、登记账簿、成本计算、财产清查和编制会计报表。

4. 提高企业的经济效益

会计的本质是经济管理的组成部分,是一种管理活动,目的是提高经济效益。例如,企业开发新产品或新工艺技术,需要事前进行可行性研究,制订出切实可行的费用预算和财务成本计划,力求以最小的劳动消耗获取最大的经济效果,为社会和企业带来更多的经济利益。

三、会计的职能

会计的职能是指会计在经济管理过程中所具有的功能。会计职能随着社会形态的变化及其在经济管理活动中作用范围的扩大而不断增多,但其基本职能不会改变,《会计法》对此做出了明确规定,会计的基本职能是核算职能和监督职能。

(一) 会计的核算职能

会计的核算职能是会计首要的、基本的职能。它用会计核算的专门方法,对经济活动进行记录、计算、整理、归纳和综合,为经济管理提供所需要的财务数据资料。

1. **核算职能的内容**

核算职能是指会计以货币为主要计量单位,通过确认、记录、计算、报告等环节,对特定主体的经济活动进行记账、算账、报账,为各有关方面提供会计信息的功能。它是会计最基本的职能,也称反映职能。其中,记账是对特定对象的经济活动采用一定的记账方法在账簿中进行登记;算账是在记账的基础上,对企业一定日期的资产、负债、所有者权益和一段时期内的收入、费用、利润进行计算;报账是在前者的基础上,将财务状况、经营成果和现金流量情况,以会计报表的形式向有关方面进行报告。

2. **核算职能的特点**

会计核算职能作为一种信息处理系统,有以下几个方面的特点。

① 会计以货币为主要计量单位。会计主要是从价值量方面反映各单位的经济活动情况。会计在对各单位经济活动进行反映时,主要是从数量而不是从质的方面进行反映。例如,企业核算固定资产时,只记录其数量、成本、折旧等数量变化,而不是反映其技术性能、运行状况等。会计在核算时主要使用货币量度(货币是衡量各种商品的价值尺度),实物量单位、其他指标及其文字说明等都处于附属地位。

② 会计核算通常也称事后核算,是指采用货币形式从数量方面综合反映已经发生或已经完成的经济活动。因此,只有在每项经济业务发生或完成以后,才能取得该项经济业务完成的书面凭证,这种凭证具有可验证性,据以记录账簿,才能保证会计所提供的信息真实可靠。同时,也为分析预测经济前景、做出经济决策提供经济信息。

③ 会计核算具有连续性、系统性和全面性。连续性是指对经济业务的记录是连续的,逐笔、逐日、逐年进行,不能间断;系统性是指对会计对象要按科学的方法进行分类,进而系统地加工、整理和汇总,以便提供管理所需要的各类信息;全面性是指对每个会计主体所发生的全部经济业务都应该进行记录和反映,不能有任何遗漏。

(二) 会计的监督职能

会计的监督职能是按照一定的目的和要求,依据有关的监督标准,对企业、事业等单位的经济活动进行指导和调节,使之达到预期的目标。其具体包括事前监督、事中监督、事后监督三方面的内容。

1. **监督职能的内容**

① 事前监督,是指会计部门在参与编制各项财务计划和费用预算时,依据有关政策、法令和制度对各项经济活动的可行性、合理性、合法性的审查,是对未来经济活动的指导。

② 事中监督,是指在日常会计工作中对已发现的问题提出建议,促使有关部门采取措施,调整经济活动,使其按照既定目标和要求进行。

③ 事后监督,是指以事先制定的目标、标准和要求为准绳,通过分析会计资料,对已进行的经济活动的合理性、合法性和有效性进行的考核和评价。

2. **监督职能的特点**

① 会计监督具有强制性和严肃性。《会计法》不仅赋予会计机构和会计人员实行监督的权利,还规定了监督者的法律责任。会计监督是以国家的财经法规和财经纪律为准绳的。

② 会计监督具有连续性。社会再生产过程不间断,会计反映就要不断地进行下去,在整个持续过程中,始终离不了会计监督。各会计主体每发生一笔经济业务,都要通过会计进

行反映,在反映的同时,还要审查它们是否符合法律、制度、规定和计划。会计反映具有连续性,会计监督也就具有连续性。

③ 会计监督具有完整性。会计监督不仅体现在已经发生或已经完成的业务方面,还体现在业务发生过程中及尚未发生之前,包括上述提及的事前、事中、事后前后完整的监督过程。

由此可见,通过会计核算职能为经济管理提供信息资料,通过会计监督职能对经济活动直接进行管理,二者是不可分割的,是辩证统一的,没有会计监督,会计核算就失去了存在的意义;没有会计核算,会计监督就失去了存在的基础。两大职能密切配合,充分发挥会计在经济管理中的重要作用。

(三) 会计基本职能的外延

随着社会的发展,技术的进步,经济关系的复杂化和管理理论的提高,会计的基本职能得到了不断完善,会计的新职能不断出现。会计职能不但有核算和监督两职能学说,还有三职能直至九职能学说。目前,国内会计学界比较流行的是"六职能"学说。这一学说认为会计具有"反映经济情况、监督经济活动、控制经济过程、分析经济效果、预测经济前景、参与经济决策"六项职能,并认为这六项职能也是密切结合、相辅相成的。其中,两项基本职能是四项新职能的基础,而四项新职能又是两项基本职能的延伸和提高。

第二节 会计基本假设

会计基本假设即会计核算的基本前提,是指为了保证会计工作的正常进行和会计信息的质量,对会计核算范围、内容、基本程序和方法所做的合理设定。会计假设是人们在长期的会计实践中逐步认识和总结形成的。结合我国实际情况,企业在组织会计核算时,应遵循的会计假设包括会计主体假设、持续经营假设、会计分期假设和货币计量假设。

一、会计主体假设

《企业会计准则——基本准则》第五条规定:"企业应当对其本身发生的交易或者事项进行会计确认、计量和报告。"这是对会计主体假设的描述。

会计主体假设明确了会计工作的空间范围。会计主体是会计工作为其服务的特定单位或组织,所有的企业、事业单位、机关、团体都属于会计主体。明确会计主体,才能制定会计所要处理的各项交易或事项的范围。在会计工作中,只有那些影响企业本身经济利益的各项交易或事项才能加以确认、计量和报告,那些不影响企业本身经济利益的各项交易或事项则不能加以确认、计量和报告。

需要注意的问题是会计主体与法律主体不是同一概念。一般来说,法律主体必然是会计主体,但会计主体不一定就是法律主体。例如,在现代企业组织方式下,有限责任公司和股份有限公司的经营权和所有权是完全分离的,企业作为一个经营主体具有独立的法人资格。企业作为一个法律主体,应当建立财务会计系统,独立反映其财务状况、经营成果和现金流量。但是,会计主体不一定是法律主体。例如,就企业集团而言,母公司拥有若干子公司,母、子公司虽然是不同的法律主体,但是母公司对子公司拥有控制权,为了全面反映企业集团的财务状况、经营成果和现金流量,有必要将企业集团作为一个会计主体,编制合并财务报表,在这种情况下,尽管企业集团不属于法律主体,但它却是会计主体。

二、持续经营假设

《企业会计准则——基本准则》第六条规定:"企业会计确认、计量和报告应当以持续经营为前提。"这是对持续经营假设的描述。

持续经营假设明确了会计工作的时间范围。持续经营是指会计主体的生产经营活动将无限期地延续下去,在可以预见的未来不会因破产、清算、解散等而不复存在。持续经营假设是指会计核算应当以企业持续、正常的生产经营活动为前提,而不考虑企业是否破产清算等,在此前提下选择会计程序及会计处理方法,进行会计核算。例如,企业在计算固定资产由于使用而磨损的价值即折旧费时,是按预计使用年限来计算的,无法将破产的潜在可能考虑进去。所以,对于任何会计主体在其最终停业之前,会计上假设这个会计主体是持续经营的,否则会计信息系统将"寸步难行"。

三、会计分期假设

《企业会计准则——基本准则》第七条规定:"企业应当划分会计期间,分期结算账目和编制财务会计报告。会计期间分为年度和中期。中期是指短于一个完整的会计年度的报告期间。"这是对会计分期假设的描述。

会计分期是指把企业持续不断的生产经营过程划分为较短的相对等距的会计期间。会计分期假设的目的在于通过会计期间的划分,分期结算账目,按期编制财务报告,从而及时地向有关方面提供反映财务状况和经营成果的会计信息,满足有关方面的需要。从理论上来说,在企业持续经营的前提下,要反映企业的财务状况和经营成果,只有等到企业所有的生产经营活动结束后,才能通过收入和费用的归集与比较,进行准确的计算,但那时提供的会计信息已经失去了应有的作用,因此,必须人为地将这个过程划分为较短的会计期间。

会计分期假设是对会计工作时间范围的具体划分,主要是确定会计年度。我国以日历年度为会计年度,即从每年1月1日到12月31日为一个会计年度,《企业会计准则》规定会计分期只能采用公历制。会计年度确定后,一般按日历确定会计半年度、会计季度和会计月度。

四、货币计量假设

《企业会计准则——基本准则》第八条规定:"企业会计应当以货币计量。"这是对货币计量假设的描述。

货币计量是指会计主体在会计核算过程中应采用货币作为计量单位记录、反映会计主体的经营情况。企业使用的计量单位较多,为了全面、综合地反映企业的生产经营活动,会计核算客观上需要一种统一的计量单位作为计量尺度。货币作为商品的一般等价物,能用以计量一切资产、负债和所有者权益,以及收入、费用和利润,也便于综合。因此,会计必须以货币计量为前提(其他计量单位,如实物、劳动工时等,在会计核算中也要使用,但不占主要地位)。

货币计量包含着币值稳定的假设,因为,货币作为一种特殊的商品,其本身的价值可能会有变动,即币值并不是一个稳定的值。例如,物价上升会导致货币贬值,反之,物价下降又会导致货币升值,以一个不断变化的标准来衡量会计主体的经营活动是不客观的。因此,按照国际惯例,当货币本身的价值波动不大或前后波动可以抵消时,会计核算中可以不考虑其波动,仍认为币值是稳定的(但如果发生恶性通货膨胀,就需要采用特殊的会计准则来处理有关的会计事项)。

会计核算的四个基本假设是有先后顺序的,即首先有空间范围的规定,设定某个会计主体,然后假设该主体永远存在,在其连续不断的生产经营过程中人为的进行时间上的分割,并定期结账和报账,记账、算账、报账均采用货币计量的方式。

第三节 会计信息的质量要求

为了规定会计核算行为,保证会计信息质量,会计信息的生成过程必须遵循一定的规范,这就是对会计信息的质量要求。它是进行会计工作的规范和评价会计工作质量的标准,具有公认性、权威性和科学性的特点。《企业会计准则——基本准则》对会计信息的质量要求包括如下内容。

一、可靠性

《企业会计准则——基本准则》第十二条规定:"企业应当以实际发生的交易或者事项为依据进行会计确认、计量和报告,如实反映符合确认和计量要求的各项会计要素及其他相关信息,保证会计信息真实可靠、内容完整。"为了贯彻可靠性要求,企业应当做到如下事项。

① 以实际发生的交易或者事项为依据进行确认、计量,将符合会计要素定义及其确认条件的资产、负债、所有者权益、收入、费用和利润等如实反映在财务报表中,不得根据虚构的、没有发生的或者尚未发生的交易或者事项进行确认、计量和报告。

② 在符合重要性和成本效益原则的前提下,保证会计信息的完整性,其中包括编制的报表及其附注内容等应当保持完整,不能随意遗漏或者减少应予披露的信息,与使用者决策相关的有用信息都应当充分披露。

值得注意的是会计实务中有些数据只能根据会计人员的经验或对未来的预计进行计算。例如,固定资产的折旧年限,制造费用分配方法的选择等,都会受到一定程度的个人主观意志的影响。不同会计人员对同一经济业务的处理出现不同的计量结果是在所难免的。但是,会计人员应在统一标准的前提下将可能发生的误差降到最低程度,以保证会计核算提供的会计资料真实可靠。

二、相关性

《企业会计准则——基本准则》第十三条规定:"企业提供的会计信息应当与财务会计报告使用者的经济决策需要相关,有助于财务会计报告使用者对企业过去、现在或者未来的情况做出评价或者预测。"

会计信息是否有用,是否具有价值,关键是看其与使用者的决策需要是否相关,是否有助于决策或者提高决策水平。相关的会计信息应当能够有助于使用者评价企业过去的决策,证实或者修正过去的有关预测,因而具有反馈价值。相关的会计信息还应当具有预测价值,有助于使用者根据财务报告所提供的会计信息预测企业未来的财务状况、经营成果和现金流量。

信息的预测价值和反馈价值是可以统一的。例如,关于企业拥有资产的数量和结构的信息,对使用者来说,既可以用来预测企业利用现有机遇和应付不利形势的能力,也可以证明过去对企业资产数量和结构,以及计划经营活动的预测与结果的一致性。同时,预测未来的财务状况和经营业绩,以及股利和工资的支付、证券价格的变动等使用者关心的其他事宜,常常以关于财务状况和过去经营业绩的信息为基础。

三、可理解性

《企业会计准则——基本准则》第十四条规定:"企业提供的会计信息应当清晰明了,便于财务会计报告使用者理解和使用。"

可理解性又称明晰性,是对会计信息质量的一项重要要求。提供会计信息的目的在于使用,要使用就必须了解会计信息的内涵,明确会计信息的内容,如果无法做到这一点,就谈不上对决策有用。信息是否被使用者所理解,取决于信息本身是否易懂,也取决于使用者理解信息的能力。可理解性是决策者与决策有用性的连接点。如果信息不能被决策者所理解,那么此信息就无用。基于此,可理解性不仅是信息的一种质量标准,还是一个与信息使用者有关的质量标准。一方面会计人员要尽可能传递、表达易被使用者理解的会计信息,另一方面使用者须努力提高自身的综合素养,以增强理解会计信息的能力。

四、可比性

《企业会计准则——基本准则》第十五条规定:"企业提供的会计信息应当具有可比性。"

为了明确企业财务状况和经营业绩的变化趋势,使用者必须能够比较企业不同时期的财务报告。为了评估不同企业的财务状况、经营业绩和现金流量,使用者还必须能够比较不同企业的财务报告。因此,对整个企业及其不同时点,以及不同企业而言,同类交易或其他事项的计量和报告,都必须采用一致的方法。具体包括以下两方面的内容。

① 同一企业不同时期发生的相同或者相似的交易或者事项,应当采用一致的会计政策,不得随意变更。确须变更的,应当在附注中说明。

② 不同企业发生的相同或者相似的交易或者事项,应当采用规定的会计政策,确保会计信息口径一致、相互可比,以便在不同企业之间进行横向比较,能够有效地判断企业财务状况、经营成果的优劣,据此做出正确的决策。同时也便于国家综合管理部门对各个企业提供的会计信息进行比较、分析和汇总,以利于国家的宏观调控。

值得注意的是,此处的"不得随意变更",并不意味着永远不得变更。当原来选定的会计政策、方法等与现实要求严重不符,直接影响到会计信息质量时,就应当及时做出变更,并在变更期的财务会计报告中对变更的情况、原因及影响做出公开披露说明,以便于会计信息利用者能更清晰地了解有关情况。

五、实质重于形式

《企业会计准则——基本准则》第十六条规定:"企业应当按照交易或者事项的经济实质进行会计确认、计量和报告,不应仅以交易或者事项的法律形式为依据。"

在会计核算中,往往交易或事项的实质与其法律形式并不完全一致。当两者不一致时,会计人员应当根据实质重于形式的原则进行职业判断,进行会计处理,以保证提供真实、可靠的会计信息。例如,关于融资租入固定资产的确认,形式上该项固定资产的所有权在出租方,企业只拥有使用权和控制权(此项固定资产并非企业购入的),因此,不能将其作为企业的固定资产进行核算。但由于融资租入的方式,租赁期限一般都超过了固定资产可使用期限的大部分,而且到期企业可以以非常低的价格购买该项固定资产,基于此种情况,企业为了正确反映资产和负债的状况,对于融资租入的固定资产须作为企业的自有固定资产加以核算。再如,会计核算中将收入确认的条件主要限定在商品所有权上的主要风险和报酬发生转移等实质性条件,而不是法律形式上的以所有权凭证或实物(如现金)形式上的交付。

六、重要性

《企业会计准则——基本准则》第十七条规定:"企业提供的会计信息应当反映与企业财务状况、经营成果和现金流量等有关的所有重要交易或事项。"

重要性是指财务报告在全面反映企业的财务状况和经营成果的同时,应当区别经济业务的重要程度,采用不同的会计处理程序和方法。即对于重要的经济业务,要单独核算,分项反映,力求准确,并在财务报告中重点说明;对于不重要的经济业务,在不影响会计信息真实性的前提下,可适当简化会计核算或合并反映。企业强调重要性基于成本效益原则的考虑,把握好此项原则一方面可以提高核算的效益,减少不必要的工作量;另一方面可以使会计信息分清主次,突出重点。

值得注意的问题是重要性具有相对性,并不是同样的业务对不同的企业都是重要或不重要的事项,这种判断从很大程度上取决于会计人员的职业判断。一般来说,可以从质和量两个方面进行判断。从性质方面看,如果某会计事项的发生可能对决策产生重大影响,其属于具有重要性的事项;从数量方面看,如果某会计事项的发生达到一定数量或比例可能对决策产生重大影响,其属于具有重要性的事项。

七、谨慎性

《企业会计准则——基本准则》第十八条规定:"企业对交易或者事项进行会计确认、计量和报告应当保持应有的谨慎,不应高估资产或者收益、低估负债或者费用。"

谨慎性又称稳健性,是指在处理具有不确定性的经济业务时,应持谨慎态度,当一项经济业务有多种可供选择的处理方法时,应选择不导致夸大资产、虚增利润的方法。此外,在会计核算过程中,要合理预计可能发生的损失和费用,不要预计可能发生的收入和过高估计资产的价值。例如,对应收账款提取坏账准备,要对预计不能收回的货款先行作为本期费用,计入当期损益,以后确实无法收回时冲销坏账准备。再如,对持有至到期投资、长期股权投资、存货、固定资产、在建工程、无形资产等计提的减值准备;要求企业对售出商品所提供的产品质量保证确认一项预计负债。

谨慎性要求体现于会计核算的全过程,包括会计确认、计量、报告等会计核算的各个方面。在会计确认方面,要求确认标准和方法建立在稳妥合理的基础之上;在会计计量方面,要求不得高估资产和利润的数额;在会计报告方面,要求会计报告向会计信息使用者提供尽可能全面的会计信息,特别是应报告有关可能发生的风险损失。

八、及时性

《企业会计准则——基本准则》第十九条规定:"企业对于已经发生的交易或者事项,应当及时进行会计确认、计量和报告,不得提前或者延后。"

会计信息的价值在于帮助所有者或者其他方面做出经济决策,具有时效性。即使是可靠的、相关的会计信息,如果不及时提供,就失去了时效性,对于使用者的效用就大大降低,甚至不再具有实际意义。在会计确认、计量和报告过程中贯彻及时性,一是要求及时收集会计信息,即在经济交易或者事项发生后,及时收集整理各种原始单据或者凭证;二是要求及时处理会计信息,即按照会计准则的规定,及时对经济交易或者事项进行确认或者计量,并编制财务报告;三是要求及时传递会计信息,即按照国家规定的有关时限,及时地将编制的财务报告传递给财务报告使用者,便于其及时使用和决策。

上述八项会计信息的质量特征,在会计实务中,往往需要在各特征之间权衡或取舍。其目的一般是为了达到质量特征之间的适当平衡,以便实现财务报告的目标。质量特征在不同情况下的相对重要性,属于会计人员的职业判断问题。

第四节 会计处理基础

会计处理基础包括权责发生制和收付实现制。正确地应用权责发生制是会计核算中很重要的一条规范。企业生产经营活动在时间上是持续不断的,不断地取得收入,不断地发生各种成本、费用,将收入和相关的费用相配比,就可以计算和确定企业生产经营活动所产生的利润(或亏损)。由于企业生产经营活动是连续的,而会计期间是人为划分的,因此难免有一部分收入和费用出现收支期间和应归属期间不一致的情况。在处理这类经济业务时,必须正确选择合适的会计处理基础。

一、收付实现制

收付实现制又称现收现付制,是指以款项是否实际收到或付出作为确定本期收入和费用的标准。即凡是本期实际收到的款项,不论其是否属于本期实现的收入,都作为本期的收入处理;凡是本期付出的款项,不论其是否属于本期负担的费用,都作为本期的费用处理。反之,凡本期没有实际收到的款项和付出的款项,即使应归属于本期,也不作为本期收入和费用处理。这种会计处理基础,由于款项的收付实际上以现金收付为准,所以称为现金制。下面举例说明。

(一) 关于收入款项业务

工作实例 1-1 企业于 6 月 15 日销售商品一批,6 月 28 日收到货款,存入银行。(现收业务)

实例分析:这笔销售收入在 6 月份收到了货款,按收付实现制的处理标准,应作为 6 月份的收入入账。

工作实例 1-2 企业于 6 月 15 日销售商品一批,7 月 28 日收到货款,存入银行。(赊销业务)

实例分析:这笔销售收入虽然属于 6 月份实现的收入,但其是在 7 月份收到的货款,按收付实现制的处理标准,应作为 7 月份的收入入账。

工作实例 1-3 企业于 6 月 15 日收到购货企业的一笔货款,存入银行,但按合同约定于 8 月份发出交付商品。(预收业务)

实例分析:这笔销售收入虽然属于 8 月份实现的收入,但由于是在 6 月份收到了款项,按收付实现制的处理标准,应作为 6 月份的收入入账。

(二) 关于支付款项业务

工作实例 1-4 企业于 10 月 30 日以银行存款支付本月水电费。(现付业务)

实例分析:这笔款项在 10 月份付款,按收付实现制的处理标准,应作为 10 月份的费用入账。

工作实例 1-5 企业于 9 月 20 日以银行存款预付材料采购款项,但按合同约定材料将于 11 月份交货。(预付业务)

实例分析:这笔款项虽然属于未来有关月份负担的费用,但由于在本年的 9 月份支付了款项,按收付实现制的处理标准,应作为 9 月份的费用入账。

工作实例 1-6 企业于 10 月 26 日购入办公用品一批,但款项将在 12 月份支付。(赊购业务)

实例分析:这笔款项虽然属于 10 月份负担的费用,但由于将在本年的 12 月份支付款项,按收付实现制的处理标准,应作为 12 月份的费用入账。

从上面的实例分析中可以得知,在收付实现制下,无论收入的权利和支出的义务归属于哪一期,只要款项的收付在本期,就应确认为本期的收入和费用,不考虑预收收入和预付费用,以及应计收入和应计费用的存在。到了会计期末,根据账簿记录确定本期的收入和费用,因为实际收到和付出的款项必然已经登记入账,所以不存在对账簿记录须于期末进行调整的问题。此会计处理基础的优点是核算手续简单,缺点是强调财务状况的切实性,不同时期缺乏可比性。其适用范围是行政事业单位。

二、权责发生制

《企业会计准则——基本准则》第九条规定:"企业应当以权责发生制为基础进行会计确认、计量和报告。"

权责发生制又称应收应付制,是指企业以收入的权利和支出的义务是否归属于本期为标准来确认收入、费用的一种会计处理基础。也就是以应收应付为标准,而不是以款项的实际收付是否在本期发生为标准来确认本期的收入和费用。凡是属于本期实现的收入和发生的费用,不论款项是否实际收到或实际付出,都应作为本期的收入和费用入账;凡是不属于本期的收入和费用,即使款项在本期收到或付出,也不作为本期的收入和费用处理。由于其不考虑款项的收付,而以收入和费用是否归属本期为准,所以称为应计制。下面举例说明。

(一) 关于收入款项业务

工作实例 1-7 企业于6月15日销售商品一批,6月28日收到货款,存入银行。(现收业务)

实例分析:这笔销售收入的归属期和实际收入属于相同的会计期间,确认的收入与收付实现制相同,应作为6月份的收入入账。

工作实例 1-8 企业于6月15日销售商品一批,7月28日收到货款,存入银行。(赊销业务)

实例分析:这笔销售收入应归属于6月份实现的收入(满足确认收入条件的权利),按权责发生制的处理标准,应作为6月份的收入入账。

工作实例 1-9 企业于6月15日收到购货企业的一笔货款,存入银行,但按合同约定于8月份发出交付商品。(预收业务)

实例分析:这笔销售收入应归属于8月份实现的收入(满足确认收入条件的权利),按权责发生制的处理标准,应作为8月份的收入入账。

(二) 关于支付款项业务

工作实例 1-10 企业于10月30日以银行存款支付本月水电费。(现付业务)

实例分析:这笔费用的归属期和实际支付属于相同的会计期间,确认的费用与收付实现制相同,应作为10月份的费用入账。

工作实例 1-11 企业于9月20日以银行存款预付材料采购款项,但按合同约定材料将于11月份交货。(预付业务)

实例分析:这笔款项归属于11月份负担的费用,按权责发生制的处理标准,应作为11月份的费用入账。

工作实例 1-12 企业于10月26日购入办公用品一批,但款项将在12月份支付。(赊购业务)

实例分析:这笔款项归属于10月份负担的费用,按权责发生制的处理标准,应作为10月份的费用入账。

从上面的实例分析中可以得知,在权责发生制下,必须考虑预收、预付和应收、应付。由于企业日常的账簿记录不能完全反映本期的收入和费用,需要在会计期末对账簿记录进行调整,使未收到款项的应计收入和未付出款项的应付费用,以收到款项而不完全属于本期的收入和付出款项而不完全属于本期的费用,归属于相应的会计期间,以便正确地计算本期的经营成果。此会计处理基础的优点是反映本期的收入和费用比较合理、真实,缺点是核算比较复杂。其适用范围是企业。

第五节 会计对象

一、会计的一般对象

（一）会计对象的定义

会计对象是指企业财务会计所应核算和监督的基本内容，一般认为会计对象的基本内容是社会再生产过程中的资金运动，在企业中则具体是指企业经营资金的运动。

（二）会计的一般对象

特定企业、事业单位在社会再生产过程中能够以货币表现的经济活动，通常又称为社会再生产过程中的价值运动或资金运动。因为会计是以货币为计量单位的，所以会计所要反映和监督的只能是用货币表现的那部分经济活动的内容。在我国，企业、机关、事业单位和其他组织经济活动的内容虽各有不同，但它们的所有财产物资都是以货币形式表现出来的，并在生产经营和收支活动中不断发生变化。这些财产物资的货币表现，以及货币本身称为资金，即会计的一般对象就是社会再生产过程中的资金运动。

二、会计的具体对象

会计的具体对象就是各企、事业单位的资金运动。企业与机关、事业单位的经济活动不同，会计的具体对象也有所不同。由于工业企业的资金运动比其他组织形式都复杂，也具有代表性，因此本书主要介绍企业的资金运动。

（一）资金的筹集

为了从事产品的生产与销售活动，企业必须拥有一定数量的资金，用于建造厂房、购买机器设备、购买原材料、支付职工薪酬、支付经营管理中必要的开支等，企业筹集资金主要有两种方式：一种是投资者投入；另一种是向债权人借入。这两种方式所筹集到的资金按其进入企业的形态，有货币资金、实物资产、有价证券和无形资产等。

（二）资金的使用（循环和周转）

企业建设初期有了资金投入到生产阶段，生产部门就进入了资金的循环周转期。资金的循环周转也称资金的运动，分为供应、生产、销售三个阶段。在供应过程中企业要购买材料等劳动对象，发生材料买价、运输费、装卸费等材料采购成本，并与供货单位发生结算关系；在生产过程中，生产工人的劳务费、固定资产的磨损折旧费用等构成产品使用价值与价值的统一体，同时也应与相应提供劳务的单位发生结算关系；在销售过程中，销售产品相应地会发生支出费用、收回货款、缴纳税金等业务活动，并同相关税务机关和销货单位发生结算行为。

（三）资金的退出

企业从事经营活动所取得的收入，除补偿其耗费外，还要按有关规定缴纳各种税金。以收抵支后的剩余部分即为企业的净利润,按净利润的一定比例提取必需的留存收益外,要按出资比例向投资者分配利润。另外,企业还要按法定程序返还投资者的投资、偿还各项债务等,这一部分资金离开企业,游离于企业资金运动以外。

综上所述,企业因资金的投入、循环周转和资金的退出等经济活动而引起的各项资源的增减变化,各项成本费用的形成或发生,各项收入的取得,以及利润的实现和分配,共同构成了会计对象的内容。因此,企业的会计对象就是企业经营活动过程中的资金运动。

第六节 会计法规

会计法规是我国经济法规的一个组成部分,它是由国家和地方立法机关及中央、地方各级政府和行政部门制定颁布的有关会计方面的法律、法规、制度、办法和规定。这些法律、法规、制度和办法是贯彻国家有关方针、政策和加强会计工作的重要工具,是处理会计工作的规范。

一、会计法

《会计法》于1985年颁布,在1993年和1999年经过两次修订,其目的主要是为了规范会计行为,保证会计资料真实和完整,加强经济管理和财务管理,提高经济效益和维护社会主义市场经济秩序。

修订后的《会计法》共分七章五十二条,包括总则,会计核算,公司、企业会计核算的特别规定,会计监督,会计机构和会计人员,法律责任,附则。现将主要内容作一简述。

(一) 会计核算

《会计法》规定,各单位必须根据实际发生的经济业务事项进行会计核算,不得以虚假的经济业务事项或者资料进行会计核算。各单位应当办理会计手续、进行会计核算的经济业务事项有以下几项:

① 款项和有价证券的收付;
② 财物的收发、增减和使用;
③ 债权、债务的发生和结算;
④ 资本、基金的增减;
⑤ 收入、支出、费用、成本的计算;
⑥ 财务成果的计算和处理;
⑦ 需要办理会计手续、进行会计核算的其他事项。

《会计法》还规定了对会计核算的基本要求,包括对会计年度、记账本位币的规定,对会计凭证、会计账簿、会计报表和其他会计资料的规定,以及对会计核算程序的规定等。

修订后的《会计法》,对强化会计核算提出了3点要求,具体内容如下。

1. 确保会计资料的真实和完整

会计资料的真实和完整是会计工作的基本要求。《会计法》要求,各单位必须根据实际发生的经济业务事项进行会计核算,填制会计凭证,登记会计账簿,编制财务报告;任何单位不得以虚假的经济业务事项或者资料进行会计核算(任何单位和个人不得伪造、变造会计凭证、会计账簿及其他会计资料,不得提供虚假的财务报告)。

这一要求强化了单位负责人对本单位会计工作和会计资料的真实性、完整性负责的责任制。

2. 确立记账基本规则,保证会计核算依法进行

① 会计账簿登记,必须以经过审核的会计凭证为依据,并符合有关法律、行政法规和国家统一的会计制度的规定。

② 各单位不得违反本法和国家统一的会计制度的规定私设会计账簿进行登记、核算业务。

③ 各单位应当定期将会计账簿记录与实物、款项及有关资料相互核对,保证账实、账款、账证、账账和账表等内容一一相符。

④ 各单位采用的会计处理方法,前后各期应当一致,不得随意变更;如有必要变更的,应按规定办理,并在财务报告中说明。此外,其对会计凭证、财务报告等也提出了相应的要求。

3. 增加了"公司、企业会计核算的特别规定"内容

公司、企业的经济核算比较复杂,《会计法》针对公司、企业会计核算的特点,借鉴国际上规范公司、企业会计行为的一般做法,增加了"公司、企业会计核算的特别规定"一章,要求公司、企业除应当遵守该章的规定外,不得有下列行为。

① 随意改变资产、负债和所有者权益的确认标准或者计量方法,虚列、多列、不列或者少列资产、负债和所有者权益。

② 虚列或者隐瞒收入,推迟或者提前确认收入。

③ 随意改变费用、成本的确认标准或者计量方法,虚列、多列、不列或者少列费用、成本。

④ 随意调整利润的计算、分配方法,编造虚假利润或者隐瞒利润。

⑤ 违反国家统一的会计制度规定的其他行为。

(二) 会计监督

《会计法》规定了会计监督的主体和对象,以及会计监督的内容。会计监督的主体是本单位的会计机构和会计人员,会计监督的对象是本单位的经济活动,即内部会计监督,内部会计监督的内容主要是原始凭证、财产物资和财务收支三个方面。

1. 建立并健全内部会计监督制度

《会计法》规定,各单位应当建立并健全本单位内部会计监督制度,明确会计人员、单位负责人、社会中介组织、政府有关部门在会计监督中的责任,并符合下列要求。

① 明确记账人员与经济业务事项和会计事项的审批人员、经办人员、财物保管人员的职责权限,并使其相互分离、相互制约。

② 明确重大对外投资、资产处置、资金调度和其他重要经济事项的决策和执行的相互监督、相互制约程序。

③ 明确财产清查的范围、期限和组织程序。

④ 明确对会计资料定期进行内部审计的办法和程序。

2. 明确各有关部门在会计监督中的责任

① 规定单位负责人应当保证会计机构、会计人员依法履行职责,不得授意、指使、强令会计机构、会计人员违法办理会计事项。

② 规定会计机构、会计人员对违反《会计法》和统一会计准则、制度规定的会计事项,有权拒绝办理或者按照职权予以纠正,并有权检举。

③ 按规定须经过注册会计师进行审计的单位,应向受委托的单位如实提供会计凭证、账簿、财务报告和其他会计资料及有关情况。任何单位和个人不得以任何方式要求或示意受托方出具不实或者不当的审计报告。

④ 财政部门对各单位的账簿设置,各项会计资料是否真实、完整,会计核算是否符合规定,以及会计工作人员是否具备从业资格等情况实施监督,并有权对会计师事务所出具的审计报告的程序和内容进行监督。

⑤ 财政、审计、税务、银行、证券监管、保险监管等部门应当依照有关法规规定,对有关单位的会计资料实施监督、检查。有关单位应接受检查,并如实提供会计资料及有关情况。有关监督检查部门已经做出的检查结论能满足其他部门需要的应当加以利用,避免重复查账,并负有保密义务。

(三) 会计机构和会计人员

1. 会计机构

《会计法》规定,各单位应当根据会计业务的需要,设置会计机构,或者在有关机构中设置会计人员并指定会计主管人员;不具备设置条件的,应当委托经批准设立从事会计代理记账业务的中介机构代理记账;国有的和国有资产占控股地位或者主导地位的大中型企业必须设置总会计师。

会计机构内部要有牵制制度,出纳人员不得兼管稽核、会计档案保管和收入、费用、债权、债务账目的登记工作。坚持账、钱、物分管;会计与出纳分管;经办与审批分管。

2. 会计人员

《会计法》规定,从事会计工作的人员,必须取得会计从业资格证书;单位会计机构负责人和会计主管人员还应具备会计师以上专业技术资格或从事会计工作3年以上经历;会计人员调动工作或离职,必须办清交接和监交手续。

二、企业会计准则

我国企业会计准则体系是由《企业会计准则——基本准则》(以下简称"基本准则")、38项具体准则和会计准则应用指南等构成。其中,基本准则是企业会计准则体系的概念基础,指导具体准则的制定,为尚无具体准则规范的会计实务问题提供处理原则,在整个准则体系中起统御作用;具体准则是依据基本准则的原则要求对有关业务或报告做出的具体规定,主要规范企业发生的具体交易或事项的会计处理;会计准则应用指南主要包括具体准则解释和会计科目、主要账务处理等,为企业执行会计准则提供操作性规范。这三项内容既相对独立,又互为关联,构成了逻辑严密、首尾一贯的统一整体。

(一) 基本准则

基本准则是进行会计核算工作所必须共同遵循的基本规范及要求,它从会计工作的整体出发,主要对会计核算基本内容做出原则性及基础性的规定,体现了会计核算工作的基本规律,对会计工作具有普遍的指导意义。基本准则的制定吸收了当代财务会计理论研究的最新成果,反映了当前会计实务发展的内在需要,体现了国际上财务会计概念框架的发展动态,构建起了完整、统一的财务会计概念体系。

(二) 具体准则

具体准则是根据基本准则的要求,就会计核算的基本业务和特殊业务做出的具体规范。企业会计人员可利用具体会计准则对日常的会计事项进行业务处理,每一项具体会计准则都具有很强的实际操作性。由于每一项具体会计准则都详细地规定了其范围、使用的术语,以及会计核算和会计报表揭示方法等,具有极强的针对性。其中,基本业务方面的具体准则是对各企业会计核算中基本业务所做出的具体规范,如存货、固定资产、无形资产、收入、投资等项目;财务会计报告方面的具体准则,如财务报表列报、现金流量表、分部报告、合并财务报表等项目;特殊行业方面的具体准则是对特殊行业的经济业务的会计处理所做出的规范,如金融工具确认与计量、金融资产转移、石油天然气业务等项目;特殊业务方面的具体准则是对一些特殊经济业务的会计处理所做出的具体规范,其基本内容包括外币折算、租赁等项目。

第七节 会计核算的方法

一、会计方法概述

会计方法是指用来反映和监督会计对象、完成会计任务的手段,是从会计实践中总结出来的,并随着社会实践的发展、科学技术的进步,以及管理要求的提高而不断发展和完善的。其主要包括会计核算方法、会计分析方法、会计预测和决策方法等。作为广义的会计方法,既相互联系,又有相对的独立性。它们所应用的具体方法各不相同,并有各自的工作和研究对象,形成了较独立的学科。通常所说的会计方法,一般是指狭义的会计方法,即会计核算的方法(最基本的方法),学习会计首先应从基础开始,即要从掌握会计核算方法入手。

二、会计核算方法

会计核算方法是指会计对企事业、机关单位已经发生的经济活动进行连续、系统和全面的反映与监督所采用的方法。由于其所反映和监督对象的多样性与复杂性,决定了会计核算方法要采用方法体系的模式,因此,其由设置会计科目和账户、复式记账、填制和审核会计凭证、登记账簿、成本计算、财产清查和编制财务报告等具体方法构成。这七种方法共同构成了一个完整、科学的方法体系。

(一) 设置会计科目和账户

设置会计科目和账户是对会计对象的具体内容即会计要素进行归类、核算和监督的一种专门方法。会计科目是对会计对象具体内容进行分类核算的项目,是企业根据自身生产经营活动的内容,对资产、负债、所有者权益、收入、费用、利润六大会计要素的进一步分类。设置会计科目是在设计会计制度时事先规定这些项目,然后根据它们在账簿中开立账户,分别登记其增加、减少和结存情况,以便为经营管理者提供所需要的会计信息。

(二) 复式记账

复式记账是指对发生的每一项经济业务都要以相等的金额,在相互联系的两个或两个以上的账户中进行记录的一种专门方法。采用复式记账,使每项经济业务所涉及的账户发生对应关系,通过账户的对应关系可以了解经济业务的来龙去脉,并可以对账户记录的结果进行试算平衡,以检查经济业务的记录是否正确。

(三) 填制和审核会计凭证

记账必须有依据,其依据就是会计凭证。会计凭证是记录经济业务、明确经济责任的书面证明,是登记账簿的依据。各单位发生的任何会计事项都必须及时取得原始凭证,证明该项经济业务发生完成。会计凭证分为原始凭证和记账凭证,原始凭证送至财务部门进行审核,审核原始凭证的内容是否完整、手续是否齐全、业务的发生是否合理等,经审核无误后,根据不同的经济业务性质编制记账凭证。审核和填制会计凭证是会计核算的一种专门方法,它能保证会计记录的完整、可靠,提高会计信息的真实有效性,是会计工作的初始环节。

(四) 登记会计账簿

登记会计账簿是根据审核无误的会计凭证,采用复式记账的方法,将经济业务的内容连续、系统地记录在账页上的一种专门方法。通过登记账簿,将分散的经济业务进行分类汇总,系统地提供每一类经济活动的完整资料,了解某一类或全部经济活动发展变化的全过程,更加适应经济管理的需要。账簿记录的各种数据资料也是编制财务报表的重要依据。因此,登记账簿是会计工作的中心环节。

(五) 成本计算

成本计算是指归集一定计算对象上的全部费用,借以确定各对象的总成本和单位成本的一种专门方法。它通常是指对制造业产品进行的成本计算。例如,按制造业企业供应、生产和销售三个过程分别归集生产经营所发生的费用,并分别与材料采购、产品生产和商品销售的品种、数量联系起来,计算它们的总成本和单位成本。通过成本计算,可以考核和监督企业经营过程中所发生的各项费用是否节约,以便采取措施来降低成本,提高经济效益。

(六) 财产清查

财产清查就是通过盘点实物、核对账目来查明各项财产物资和货币资金的实有数,并查明实有数与账存数是否相符的一种专门方法。在日常会计核算过程中,为了保证会计信息真实、正确,必须定期或不定期地对各项财产物资、货币资金和往来款项进行清查、盘点和核对。在清查中,如果发现账实不符,应查明原因,调整账簿记录,使账存数额同实存数额保持一致,做到账实相符。通过财产清查,还可以查明各项财产物资的保管和使用情况,以便采取措施挖掘物资潜力和加速资金周转。总之,财产清查对于保证会计核算资料的正确性和监督财产的安全与合理使用等都具有重要的作用。

(七) 编制财务会计报告

编制财务会计报告是对日常会计核算资料的总结,是将账簿记录的内容定期地加以分类、整理和汇总,形成会计信息使用者所需要的各种指标,再报送给会计信息使用者,以便其据此进行决策。财务会计报告所提供的一系列核算指标,是考核和分析财务计划和预算执行情况,以及编制下期财务计划和预算的重要依据,也是进行国民经济综合平衡所必不可少的资料。编制完成财务会计报告,就意味着这一期间会计核算工作的结束。

上述会计核算的各种方法是相互联系、密切配合的,在会计对经济业务进行记录和反映的过程中,不论是采用手工处理方式,还是使用计算机数据处理系统,对于日常所发生的经济业务,首先要取得合法的凭证,按照所设置的账户,进行复式记账,根据账簿的记录,进行成本计算,在财产清查、账实相符的基础上编制财务会计报告。

本章小结

通过本章的学习,我们了解了会计产生和发展的动因及会计史上的飞跃,以及会计的含义,明确了会计的基本职能是核算与监督,掌握了会计核算的假设前提,熟悉了会计信息质量的八项要求来帮助我们更好地进行会计核算。同时本章还介绍了收付实现制和权责发生制两种会计核算基础,比较了不同的核算基础所确认的损益,明确了我国企业一律采用权责发生制来进行核算,阐述了会计核算的七种方法。

思考题

1. 什么是会计职能?会计有哪些职能?
2. 什么是会计对象?会计对象的基本内容是什么?
3. 什么是会计基本假设?结合所学内容具体说明各会计基本假设的作用。
4. 会计信息的质量要求有哪些?
5. 什么是权责发生制与收付实现制?两者有什么区别?
6. 什么是会计核算方法?会计核算有哪些专门的方法?它们之间有何联系?

练习题

一、单项选择题

1. 属于会计基本职能的是( )。
   A. 会计核算与会计预测　　　　B. 会计预算和会计决算
   C. 会计核算与会计监督　　　　D. 会计分析和会计决策
2. 会计对各单位经济活动进行核算时,选作统一计量标准的是( )。
   A. 劳动计量　　B. 实物量度　　C. 货币量度　　D. 其他量度
3. 会计主体是指会计所服务的( )。
   A. 企业法人主体　　　　　　　B. 债权人和债务人
   C. 投资者　　　　　　　　　　D. 一个特定单位
4. 确定了会计核算工作空间范围的前提条件是( )。
   A. 会计主体　　B. 持续经营　　C. 会计分期　　D. 货币计量
5. 企业计提固定资产折旧依据的是( )假设。
   A. 会计分期　　B. 持续经营　　C. 货币计量　　D. 会计主体

6. 企业将融资租入固定资产按自有固定资产的折旧方法计提折旧,遵循的是会计信息质量的(　　)要求。
   A. 谨慎性　　　　B. 实质重于形式　　C. 可比性　　　　D. 重要性
7. 根据权责发生制原则,以下属于本期收入和费用的是(　　)。
   A. 支付明年的房屋租金　　　　　　B. 本期已经收款,但商品尚未制造完成
   C. 当期按照税法规定预缴的税费　　D. 商品在本期销售,但货款尚未收到
8. 在会计核算上对资产计提减值准备,体现了会计信息质量的(　　)要求。
   A. 谨慎性　　　　B. 实质重于形式　　C. 可比性　　　　D. 重要性
9. 某公司按照每年的经营情况,不断变化存货的计价方法,这种做法违背了会计信息质量的(　　)要求。
   A. 谨慎性　　　　B. 实质重于形式　　C. 可比性　　　　D. 重要性
10. 在会计信息的质量要求中,不高估资产或收益,也不低估负债或费用,应当合理核算可能发生的损失和费用,符合(　　)要求。
    A. 谨慎性　　　　B. 实质重于形式　　C. 可比性　　　　D. 重要性

二、多项选择题

1. 企业的会计核算必须以(　　)为基础和假定前提。
   A. 会计主体　　　B. 持续经营　　　　C. 会计分期　　　D. 货币计量
2. 各项会计处理方法中,体现会计信息质量的谨慎性要求的有(　　)。
   A. 采用双倍余额递减法计提固定资产折旧
   B. 将融资租入固定资产视作自有固定资产核算
   C. 无形资产期末按照其账面价值与可收回金额孰低计价
   D. 固定资产期末采用成本计价
3. 属于会计信息质量的谨慎性要求的有(　　)。
   A. 资产计价时从低　　　　　　　　B. 负债估计时从高
   C. 不预计任何可能发生的收益　　　D. 利润估计时从高
4. 按权责发生制的要求,下列收入或费用应归属于本期的是(　　)。
   A. 本期销售产品的收入款项,对方尚未付款
   B. 预收购货单位货款,合同规定下月交货
   C. 支付本月的水电费
   D. 本月收回上月销售产品的货款
5. 属于会计核算方法体系的有(　　)。
   A. 设置账户　　　B. 复式记账　　　　C. 财产清查　　　D. 成本计算
6. 关于会计主体的表述中正确的有(　　)。
   A. 法人可以作为会计主体
   B. 会计主体可以是法人,也可以是非法人
   C. 会计主体可以是单一的企业,也可以是由几个企业组成的企业集团
   D. 企业内部的二级单位不能作为会计主体

三、判断题

1. 会计信息质量的谨慎性要求企业尽可能低估资产、少计收入。（ ）
2. 法人一定是会计主体，但会计主体不一定是法人。（ ）
3. 如果企业某项会计信息的省略或错报金额较小，则该信息就不属于重要的信息。（ ）
4. 会计准则规定的会计核算基础是收付实现制。（ ）
5. 会计信息质量的可靠性要求企业所有的会计核算资料必须正确客观，不允许进行估计和判断。（ ）
6. 持续经营前提使企业会计处理程序和方法能够保持稳定性。（ ）
7. 对企业规定会计报表的报送时间，体现了会计核算及时性的要求。（ ）
8. 货币计量基本假设规定了会计核算只能以货币为计量单位。（ ）
9. 在会计核算中，对预期发生的损失和预期获得的收入均可计算入账。（ ）
10. 在会计信息的质量要求中，可比性意味着企业一旦选定某一会计处理方法，则以后不能改变。（ ）

四、业务题

某企业某月发生如下经济业务。

（1）以银行存款支付上季度利息费用10 000元。
（2）销售产品一批总计16 000元，货款尚未收到。
（3）收回上月销售欠款25 000元。
（4）向购货单位预收销售定金22 000元。
（5）用现金支付本月工资20 000元。
（6）销售产品一批收到款项17 000元。
（7）以银行存款支付本月水电费3 000元。

要求：根据上述经济业务内容，按权责发生制和收付实现制两种核算基础，计算企业本月的收入和费用，并填入表内。

业务号	权责发生制		收付实现制	
	收入	费用	收入	费用
（1）				
（2）				
（3）				
（4）				
（5）				
（6）				
（7）				
合计				

第二章 会计科目和账户

学习目标

- ◆ 掌握各会计要素的含义及其构成内容。
- ◆ 掌握会计等式的含义及作用。
- ◆ 掌握会计科目的含义及类别。
- ◆ 掌握账户的含义与结构。
- ◆ 掌握会计科目与账户的关系。

学习重点

- ◆ 会计要素的构成内容。
- ◆ 会计等式的内容。
- ◆ 会计科目与账户。

第一节 会计要素

一、会计要素的概念

在前面章节提到会计的对象是社会再生产过程中的资金运动,这个概念涉及面过于宽泛,在会计实践中,为了进行分类核算,提供各种分门别类的会计信息,应运而生了会计要素这一概念。会计要素是对会计对象的具体内容进行适当的分类,也是会计对象的最基本的分类。会计要素为会计核算提供了基础,它依据各个要素的性质和特点分别进行记录、计量和报告。

《企业会计准则——基本准则》严格定义了资产、负债、所有者权益、收入、费用和利润六大会计要素。这六大会计要素又可以划分为两大类,即反映财务状况的会计要素和反映经营成果的会计要素。其中,反映财务状况的会计要素包括资产、负债和所有者权益;反映经营成果的会计要素包括收入、费用和利润。

二、会计要素的内容

(一)资产

1. 资产的定义

资产是指过去交易或事项形成的、由企业拥有或者控制的、预期会给企业带来经济利益的资源。其具体含义包括以下几个方面。

① 资产从本质上讲是一种经济资源,即可以作为要素投入到生产经营中去,主要是为了与不能再投入作为生产经营要素的耗费项目相区别。

② 资产是由过去的交易或事项所形成的。资产的成因是资产存在和计价的基础,未来的、尚未发生的事项的可能后果不能确认为资产,也没有可靠的计量依据。

③ 资产是由企业拥有或控制的,强调权属问题,体现了排他性。拥有是指该项资产的法定所有权属于本企业;控制是指虽然本企业并不拥有该项资产的所有权,但该项资产的收益和风险已经由本企业承担,它主要指融资租入固定资产,这符合实质重于形式的会计信息质量要求。

④ 资产应该预期能给企业带来经济利益,强调未来的经济利益流入。

2. 资产的确认条件

① 与该资源有关的经济利益很可能流入企业。

② 该资源的成本或价值能够可靠地计量。

以上两个条件必须同时满足才能确认为资产。符合资产定义和资产确认条件的项目,应当列入资产负债表;符合资产定义但不符合确认条件的项目,不应当列入资产负债表。

3. 资产的分类

资产按其流动性分为流动资产和非流动资产。

(1) 流动资产

流动资产是指可以在一年内或超过一年的一个营业周期内变现或者耗用的资产。它包括库存现金、银行存款、其他货币资金、交易性金融资产、应收及预付款项、存货等。

① 库存现金,是指企业库存的人民币或外币,用于企业日常的零星开支。

② 银行存款,是指企业存入银行和其他金融机构的各种款项。根据规定,企业必须设立一个基本存款账户,一切收入、支出必须经由该账户处理。企业根据需要还可设立一般存款账户、临时存款账户和专用存款账户。

③ 其他货币资金,是指存放地点和用途与现金和银行存款不同的资金,如外埠存款、银行汇票存款、银行本票存款、信用卡存款、信用证保证金存款、存出投资款等。

④ 交易性金融资产,是指各种可随时变现,持有时间不准备超过一年的股票、债券和基金等。

⑤ 应收及预付款项,包括应收账款、应收票据、其他应收款、预付账款、应收股利和应收利息等。

⑥ 存货,是指企业在生产经营过程中为销售或耗用而储存的各种资产,包括商品、半成品、在产品,以及各种原材料、燃料、周转材料等。

(2) 非流动资产

非流动资产是指不可以在一年内或超过一年的一个营业周期内变现或者耗用的资产。它包括可供出售金融资产、持有至到期投资、长期股权投资、长期应收款、固定资产、无形资产、长期待摊费用、递延所得税资产等。

① 可供出售金融资产,是指初始确认时即被指定为可供出售的非衍生金融资产。

② 持有至到期投资,是指到期日固定、回收金额固定或可确定,且企业有明确意图和能

力持有至到期的非衍生金融资产。

③ 长期股权投资,是指企业持有的对其他企业的权益性投资。

④ 长期应收款,是指企业融资租入产生的应收款项和采用递延方式的分期收款,实质上是具有融资性质的销售商品和提供劳务等经营活动产生的应收款项。

⑤ 固定资产,是指企业使用年限超过1年的房屋、建筑物、机器、机械、运输工具,以及其他与生产、经营有关的设备、器具、工具等。

⑥ 无形资产,是指企业拥有或者控制的没有实物形态的可辨认非货币性资产,包括专利权、非专利技术、商标权、著作权、土地使用权等。

⑦ 长期待摊费用,是指企业已经发生但应由本期和以后各期负担的分摊期限在一年以上的各项费用,如以经营租赁方式租入的固定资产发生的改良支出等。

(二) 负债

1. 负债的定义

负债是指过去交易或事项形成的,预期会导致经济利益流出企业的现时义务。其具体含义有以下几个方面。

① 负债是企业承担的现时义务。现时义务是指企业现行条件下已承担的义务,未来发生的交易或者事项形成的义务不属于现时义务,不应归属为负债的范畴。

② 清偿负债会导致企业预期经济利益的流出。经济利益流出企业的形式千变万化。例如,用现金清偿或以实物资产清偿,以提供劳务偿还,部分提供资产部分提供劳务,将负债转为所有者权益,等等。

③ 负债是企业过去的交易或事项的一种后果。

2. 负债的确认条件

① 与该义务有关的经济利益很可能流出企业。

② 未来流出的经济利益的金额能够可靠地计量。

以上两个条件必须同时满足才能确认为负债。符合负债定义和负债确认条件的项目,应当列入资产负债表;符合负债定义但不符合负债确认条件的项目,不应当列入资产负债表。

3. 负债的分类

负债按偿还期限长短可分为流动负债和非流动负债。

(1) 流动负债

流动负债是指可以在一年内或超过一年的一个营业周期内偿还的债务。它包括短期借款、应付票据、应付账款、预收账款、其他应付款、应付职工薪酬、应付股利、应交税费等。

① 短期借款,是指企业借入的、期限在一年以下(含一年)的各种借款,主要是用于生产周转的临时性借款。

② 应付票据,是指出票人签发的,由承兑人承诺在不超过6个月的某日期支付一定款项给持票人的商业汇票,包括商业承兑汇票和银行承兑汇票。

③ 应付账款,是指企业因购买材料、商品或接受劳务等而应付给供应单位的款项。

④ 预收账款,是指企业按照合同规定向购货单位预收的款项,它构成企业的负债,以后要用商品、劳务等偿付。

⑤ 其他应付款,是指企业发生的一些其他应付、暂收其他单位或个人的款项,如押金等。

⑥ 应付职工薪酬,是指企业为获得职工提供的服务而给予职工的各种形式的报酬及其他相关支出。

⑦ 应付股利,是指企业在取得利润后应向投资者分配的红利。

⑧ 应交税费,是指企业在一定时期内取得的营业收入和实现的利润按规定应向国家缴纳的各种税费。

(2) 非流动负债

非流动负债是指偿还期在一年或超过一年的一个营业周期以上的负债。它包括长期借款、应付债券、长期应付款等。与流动负债相比,非流动负债具有债务金额大、偿还期限长、可以分期偿还的特点。

① 长期借款,是指企业从银行或其他金融机构借入的期限在一年以上(不含一年)的各种借款。

② 应付债券,是指企业为筹集长期资金而实际发行的债券及应付的利息。这是企业筹集长期资金的一种重要方式。

③ 长期应付款,是指企业融资租入固定资产而应分期支付的租赁费,在尚未偿还价款或尚未支付完租赁费用前,也就必然形成企业的一项长期应付款。

(三) 所有者权益

1. 所有者权益的定义

所有者权益是指在企业资产扣除负债后,由所有者享有的剩余权益,在股份制企业又称股东权益,其实质是企业从投资者手中所吸收的投入资本及其增值,同时也是企业进行经济活动的"本钱"。

2. 所有者权益的特点

① 所有者权益是一种剩余权益,企业必须保证其所有债务得以清偿后,才归为所有者分配范围。因此,在金额上,所有者权益等于企业的全部资产减去全部负债后的余额。它是保障债权人权益的一种权益,又称为剩余权益。

② 所有者以其出资额的比例享有分配企业净利润的权利,并相应承担企业生产经营风险,除非企业破产清算,其他情况下所有者不能收回所有者权益。

③ 所有者有对企业的经营管理权利。企业所有者有权行使企业的经营管理权,或者授权管理人员行使经营管理权。

3. 所有者权益的内容

所有者权益的来源包括所有者投入的资本、其他综合收益、留存收益等,通常由股本(或实收资本)、资本公积(含股本溢价或资本溢价、其他资本公积)、其他综合收益、盈余公积和未分配利润等构成。

① 所有者投入的资本是指所有者投入企业的资本部分,既包括构成企业注册资本或股本的金额,也包括投入资本超过注册资本或股本部分的金额,即资本溢价或股本溢价,这部分投入资本作为资本公积(资本溢价)反映。

② 其他综合收益是指企业根据会计准则规定未在当期损益中确认的各项利得和损失。

③ 留存收益是指企业从历年实现的利润中提取或形成的留存于企业的内部积累,包括盈余公积和未分配利润。

4. 所有者权益与负债的区别

所有者权益和负债虽然同是企业的权益,都体现企业的资金来源,但两者之间却有着本质的不同,具体表现如下。

① 负债是企业对债权人所承担的经济责任,企业负有偿还的义务;而所有者权益是企业对投资人所承担的经济责任,在一般情况下是不需要归还给投资者的。

② 债权人只享有近期收回利息和债务本金的权利,无权参与企业的利润分配和经营管理;而投资者既可以参与企业的利润分配,也可以参与企业的经营管理。

③ 在企业清算时,负债拥有优先求偿权;而所有者权益只能在清偿了所有的负债以后,才返还给投资者。

(四) 收入

1. 收入的定义

收入是指企业在日常活动中形成的、会导致所有者权益增加的、与所有者投入资本无关的经济利益的总流入。收入的实质是企业经济活动的产出过程,即企业生产经营活动的结果。收入包括销售商品收入、提供劳务收入、让渡资产使用权收入(利息收入、使用费收入等)。

2. 收入的特点

① 收入从企业的日常活动中产生,而不是从偶发的交易或事项中产生。

② 收入可能表现为企业资产的增加,也可能表现为企业负债的减少,或者二者兼而有之。

③ 收入最终能导致企业所有者权益的增加。

④ 收入只包括本企业经济利益的流入,不包括为第三方或客户代收的款项。

3. 收入的分类

收入主要包括主营业务收入、其他业务收入和投资收益等。

① 主营业务收入,也称基本业务收入,是指企业在其经常性的、主要业务活动中所获得的收入,如工商企业的商品销售收入、服务业的劳务收入。

② 其他业务收入,也称附营业务收入,是指企业在其非主要业务活动中所获得的收入,如工业企业销售原材料、出租包装物等业务取得的收入。

③ 投资收益,是指企业对外投资所取得的收益减去发生的投资损失后的净额(购买债券的利息、购买股票的股利、被投资单位的分红等)。

应予以强调的是,上面所说的收入是指狭义的收入,它是营业性收入的同义语。广义的收入还包括直接计入当期利润的利得,即营业外收入。营业外收入是指企业发生的与其生产经营活动无直接关系的各项收入,包括处置固定资产净收益和取得的罚款收入,等等。

(五) 费用

1. 费用的定义

费用是指企业在日常活动中发生的、会导致所有者权益减少的、与向所有者分配利润无关的经济利益的流出。

2. 费用的特点

① 费用是企业在日常活动中发生的各项支出,如日常经营中的职工薪酬、折旧费、管理费用等。

② 费用的发生会导致经济利益的流出,即费用可能表现为资产的减少或负债的增加,或两者兼而有之。

③ 费用最终能导致所有者权益的减少,但导致企业所有者权益减少的经济利益流出中须排除向投资者分配的利润。

3. 费用的确认条件

① 与费用相关的经济利益很可能流出企业。

② 经济利益流出企业的结果会导致企业资产的减少或负债的增加。

③ 经济利益的流出额能够可靠地计量。

4. 费用的构成

这里所说的费用其实包括两方面的内容,即成本和费用。

① 成本是指企业为生产产品、提供劳务而发生的各种耗费,包括为生产产品、提供劳务而发生的直接材料费用、直接人工费用和各种间接费用。企业应当在确认收入时,将已销售产品或已提供劳务的成本等从当期收入中扣除,即计入当期损益。

② 费用一般是指企业在日常活动中发生的税费、期间费用和资产减值损失。

- 税费,也称销售税费,是指企业营业活动应当负担并根据销售收入确定的各种税费,如消费税、城建税和教育费附加等。
- 期间费用包括销售费用、管理费用和财务费用。
- 资产减值损失是指企业计提的坏账准备、存货跌价准备和固定资产减值准备等所形成的损失。

费用和成本既有联系又有区别。费用是和期间相联系的,而成本是和产品相联系的;成本有实物承担者,而费用一般没有实物承担者。二者都反映资金的耗费,都意味着企业经济利益的减少,也都是由过去已经发生的经济活动引起或形成的。

上面所定义的费用亦是狭义上的概念。广义的费用还包括直接计入当期利润的损失和所得税费用。

直接计入当期利润的损失,即营业外支出,是指企业发生的与其生产经营活动无直接关系的各项支出,包括固定资产盘亏、处置固定资产净损失、处置无形资产净损失、罚款支出、捐赠支出和非常损失等。

所得税费用是指企业按《中华人民共和国企业所得税法》(以下简称《企业所得税法》)的规定向国家缴纳的所得税。

(六) 利润

1. 利润的定义及特征

利润是指企业在一定会计期间的经营成果,包括收入减去费用后的净额、直接计入当期利润的利得和损失等。利润的实现,会相应地表现为资产的增加或负债的减少,其结果是所有者权益的增值。

2. 利润的构成

利润具体指营业利润、利润总额和净利润。

① 营业利润是指主营业务收入加上其他业务收入,减去主营业务成本、其他业务成本、税金及附加、销售费用、管理费用、财务费用、资产减值损失,再加上公允价值变动净收益和投资净收益后的金额。它是狭义收入与狭义费用配比后的结果。

② 利润总额是指营业利润加上营业外收入,减去营业外支出后的金额。

③ 净利润是指利润总额减去所得税费用后的金额。它是广义收入与广义费用配比后的结果。

第二节 会计等式

一、资金平衡原理

任何一个会计主体要进行正常的生产经营和管理活动就必须要有一定的资金作为保证,资金分布及运用在生产经营和管理的每个阶段。资金以各种表现形式,如现金、原材料、固定资产等被使用;同时,资金也必定有一定的来源,如短期借款、应付账款、实收资本等。资金的使用和资金的来源有着相互依存、互为转化的关系。资金平衡关系如图2-1所示。

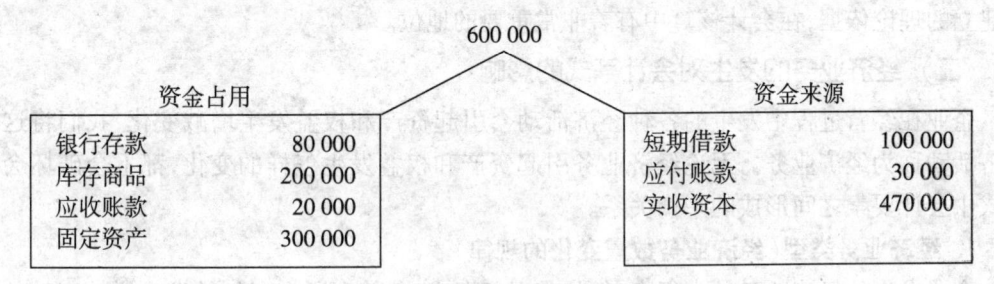

600 000

资金占用		资金来源	
银行存款	80 000	短期借款	100 000
库存商品	200 000	应付账款	30 000
应收账款	20 000	实收资本	470 000
固定资产	300 000		

图2-1 资金平衡关系

二、会计平衡等式

(一)会计等式的含义

在会计核算中反映各个会计要素之间数量关系的等式,称为会计等式。

任何企业和行政、事业单位,从事经济活动的资产(实物资产或非实物的无形资产)形态,如房屋、建筑物、机器设备、原材料、产成品、货币资金、专利权等都是从一定的渠道取得的,或者说是由不同的资产所有者提供的,这些资产提供者对企业资产拥有的要求权,在会计中被称为权益。根据资金平衡原理,在任何时候、任何场合它们都是等额的,可以用公式表示如下。

$$资产 = 权益$$

由于资产取得或形成的来源渠道通常有两种,即企业所有者投入和向债权人借入,因此权益也可分为所有者权益和债权人权益(简称为负债)。这一平衡关系用公式表示如下。

$$资产 = 负债 + 所有者权益$$

资金运动在静态情况下,其循环周转过程中发生的收入、费用和利润也存在着平衡关系。其平衡公式表示如下。

$$收入 - 费用 = 利润$$

上述两个平衡公式互相之间存在着有机的联系。在会计期间的任一时刻,两个公式可以合并表示如下。

$$资产 = 负债 + 所有者权益 + (收入 - 费用)$$

企业在结算时,利润经过分配,一部分利润将向所有者分配,退出企业;另一部分将作为留存收益计入盈余公积和未分配利润,从而计入所有者权益,会计等式又恢复到原来的形式,即上述平衡公式又可表示如下。

$$资产 = 负债 + 所有者权益$$

上述等式称为会计恒等式,主要揭示了三方面内容。第一,会计主体内各会计要素之间的数字平衡关系。从数量上看,有一定数额的资产,必定有一定数额的负债和所有者权益;反之,有一定数额的负债和所有者权益,也必定有一定数额的资产。第二,各会计要素增减变化的相互联系。在一个要素的项目发生变化时,其他会计要素项目也必然发生增减变化,以维持等式的平衡关系。第三,等式有关因素之间是对立统一的关系。资产、负债和所有者权益分列于等式的两边,左边是资产,右边是负债和所有者权益,形成对立和统一的关系。会计恒等式是会计学重要的理论基础,是设置账户、复式记账和编制会计报表等会计核算方法建立的理论依据,在会计核算中有着非常重要的地位。

(二) 经济业务的发生对会计等式的影响

企业在经营过程中发生的各种经济活动会引起资产和权益发生增减变化,我们将这些经济活动称为经济业务。无论经济业务引起资产和权益发生怎样的变化,都不会破坏会计等式中会计要素之间形成的平衡关系。

1. 经济业务类型(经济业务数量变化的规律)

企业发生的经济业务种类很多,但从其引起资产、负债和所有者权益发生增减变动的情况看,是有规律可循的,可以归纳为以下四种类型九种情况。

(1) 资产和权益同时增加,双方增加金额相等

① 资产和负债同时增加。

② 资产和所有者权益同时增加。

(2) 资产和权益同时减少,双方减少金额相等

① 资产和负债同时减少。

② 资产和所有者权益同时减少。

(3) 资产项目内部有增有减,增减金额相等

一项资产增加,另一项资产减少。

(4) 权益项目内部有增有减,增减金额相等

① 一项所有者权益增加,另一项所有者权益减少。

② 一项负债增加,另一项负债减少。

③ 一项负债增加,一项所有者权益减少。

④ 一项负债减少,一项所有者权益增加。

2. 举例说明上述类型经济业务的变化对会计等式的影响

工作实例2-1 假设森宇有限责任公司2019年7月31日的资产、负债和所有者权益的状况如表2-1所示。

表2-1　　　　　　　　　资产、负债和所有者权益项目的余额　　　　　　　　　元

资产	金额	负债和所有者权益	金额
库存现金	500	短期借款	4 000
银行存款	13 100	应付账款	5 100
应收账款	17 600	应交税费	4 150
原材料	21 150	长期借款	9 100
长期股权投资	20 100	实收资本	100 100
固定资产	100 100	盈余公积	50 100
合计	172 550	合计	172 550

该公司8月份发生如下经济业务。

① 经济业务的发生,引起资产项目、负债和所有者权益项目同时增加,双方增加的金额相等(一项资产增加,一项负债同时增加)。

森宇有限责任公司从银行取得短期借款49 900元,存入银行。

实例分析:这项经济业务的发生,引起森宇有限责任公司资产中的银行存款增加了49 900元,同时,负债中的短期借款也增加了49 900元。资产项目和权益项目以相等的金额同时增加,双方总额仍保持平衡关系。

② 经济业务的发生,引起资产项目、负债和所有者权益项目同时增加,双方增加的金额相等(一项资产增加,一项所有者权益同时增加)。

森宇有限责任公司接受甲公司投入的全新设备一台,评估价值为100 000元。

实例分析:这项经济业务的发生,引起森宇有限责任公司资产中的固定资产增加了100 000元,同时,所有者权益中的实收资本也增加了100 000元。资产项目和权益项目以相等的金额同时增加,双方总额仍保持平衡关系。

③ 经济业务的发生,引起资产项目、负债和所有者权益项目同时减少,双方减少的金额相等(一项资产减少,一项所有者权益同时减少)。

甲公司对森宇有限责任公司的部分投资20 000元按法定程序抽回,森宇有限责任公司以银行存款支付。

实例分析:这项经济业务的发生,引起森宇有限责任公司资产中的银行存款减少了20 000元,同时,所有者权益中的实收资本也减少了20 000元。资产项目和权益项目以相等的金额同时减少,双方总额仍保持平衡关系。

④ 经济业务的发生,引起资产项目、负债和所有者权益项目同时减少,双方减少的金额相等(一项资产减少,一项负债同时减少)。

森宇有限责任公司以银行存款偿还短期借款3 500元。

实例分析:这项经济业务的发生,引起森宇有限责任公司资产中的银行存款减少了3 500元,同时,负债中的短期借款也减少了3 500元。资产项目和权益项目以相等的金额

同时减少,双方总额仍保持平衡关系。

⑤ 经济业务的发生,引起资产项目之间此增彼减,增减的金额相等(一项资产增加,另一项资产同时减少)。

森宇有限责任公司从银行提取现金 2 100 元备用。

实例分析:这项经济业务的发生,引起森宇有限责任公司资产中的银行存款减少了 2 100 元,同时,资产中的库存现金增加了 2 100 元。这一增一减,只表明资产形态的转化,而不会引起资产总额的变动,更不涉及负债和所有者权益项目,因此,资产与权益的总额仍保持平衡关系,且平衡总额不变。

⑥ 经济业务的发生,引起负债和所有者权益项目之间此增彼减,增减的金额相等(一项负债增加,另一项负债同时减少)。

森宇有限责任公司从银行取得短期借款直接用来偿还前欠购货款 6 000 元。

实例分析:这项经济业务的发生,引起森宇有限责任公司负债中的应付账款减少了 6 000 元,同时,负债中的短期借款增加了 6 000 元。这一增一减,只表明资金来源渠道的转化,既不会引起负债总额发生变动,也没有涉及所有者权益和资产项目。因此,资产与权益的总额仍保持平衡关系,且平衡总额不变。

⑦ 经济业务的发生,引起负债和所有者权益项目之间此增彼减,增减的金额相等(一项所有者权益增加,另一项所有者权益同时减少)。

森宇有限责任公司用盈余公积 20 000 元转增资本。

实例分析:这项经济业务的发生,引起森宇有限责任公司所有者权益中的盈余公积减少了 20 000 元,同时,所有者权益中的实收资本增加了 20 000 元。这一增一减,只表明资金来源渠道的转化,既不会引起所有者权益总额发生变动,也没有涉及负债和资产项目。因此,资产与权益的总额仍保持平衡关系,且平衡总额不变。

⑧ 经济业务的发生,引起负债和所有者权益项目之间此增彼减,增减的金额相等(一项负债增加,一项所有者权益同时减少)。

乙公司委托森宇有限责任公司代为偿还前欠购货款 30 500 元,并决定作为对森宇有限责任公司投资的减少。

实例分析:这项经济业务的发生,引起森宇有限责任公司负债中的应付账款增加了 30 500 元,同时,所有者权益中的实收资本减少了 30 500 元。这一增一减,只表明资金来源渠道的转化,虽然引起负债和所有者权益总额发生了增减变动,但权益总额并没有变动,更没有涉及资产项目的变动。因此,资产与权益的总额仍保持平衡关系,且平衡总额不变。

⑨ 经济业务的发生,引起负债和所有者权益项目之间此增彼减,增减的金额相等(一项负债减少,一项所有者权益同时增加)。

森宇有限责任公司委托甲公司为其偿还短期借款 40 000 元,并决定作为对森宇有限责任公司的追加投资。

实例分析:这项经济业务的发生,引起森宇有限责任公司负债中的短期借款减少了 40 000 元,同时,所有者权益中的实收资本增加了 40 000 元。这一增一减,只表明资金来源渠道的转化,虽然引起负债和所有者权益总额发生了增减变动,但权益总额并没有变动,更没有涉及资产项目的变动。因此,资产与权益的总额仍保持平衡关系,且平衡总额不变。

上述实例代表着企业不同的业务类型,得出的结论是不论哪一项经济业务的发生,均未破坏资产总额与负债、所有者权益总额的平衡,同时也阐明了资金运动数量变化的规律。上述九种情况的变化结果如表2-2所示。

表2-2　　　　　　　　　经济业务对会计等式的影响及结果　　　　　　　　　元

业务	资产	=	负债	+	所有者权益
变动前金额	172 550		22 350		150 200
①	+49 900		+49 900		
②	+100 000				+100 000
③	-20 000				-20 000
④	-3 500		-3 500		
⑤	+2 100 -2 100				
⑥			+6 000 -6 000		
⑦					+20 000 -20 000
⑧			+30 500		-30 500
⑨			-40 000		+40 000
变动后金额	298 950		59 250		239 700

根据上述举例,可以总结如下。

① 任何一项经济业务,都会对会计等式产生双重影响,而且影响的金额是相等的。

② 有些经济业务的发生,引起资产与权益两个方面变动的,会使双方总额同时发生增加或减少,但变动后的双方总额仍然相等,如上述实例①、②、③、④。

③ 有些经济业务的发生只涉及资产或权益一方彼此增减变动的,不但不会影响双方总额的平衡,而且还不会改变平衡总额,如上述实例⑤、⑥、⑦、⑧、⑨。

总之,任何经济业务的发生,都不会破坏资产总额与权益总额之间的平衡关系。

前面所提及的会计恒等式可扩展为"资产=负债+所有者权益+(收入-费用)",即企业取得收入、发生费用的经济业务会影响会计恒等式,但不会改变平衡关系。下面举例说明收入、费用的发生对会计恒等式的影响。

工作实例2-2　承上述工作实例2-1。

① 经济业务的发生,引起收入项目和资产项目同时增加,双方增加的金额相等(一项收入增加,一项资产同时增加)。

森宇有限责任公司销售产品一批,取得销货款50 500元,存入银行(不考虑增值税)。

实例分析:这项经济业务的发生,引起森宇有限责任公司资产中的银行存款增加了50 500元,同时,收入中的主营业务收入也增加了50 500元。收入项目和资产项目以相等的金额同时增加,双方总额仍保持平衡关系。

② 经济业务的发生,引起收入项目的增加和负债项目的减少,双方增减的金额相等(一项收入增加,一项负债同时减少)。

森宇有限责任公司以销售产品的收入10 000元,用于抵偿前欠购货款。

实例分析:这项经济业务的发生,引起森宇有限责任公司负债中的应付账款减少了10 000元,同时,收入中的主营业务收入增加了10 000元。收入项目和负债项目以相等的金额增减,双方总额仍保持平衡关系。

③ 经济业务的发生,引起费用项目的增加和资产项目的减少,双方增减的金额相等(一项费用增加,一项资产同时减少)。

森宇有限责任公司生产产品领用材料20 500元。

实例分析:这项经济业务的发生,引起森宇有限责任公司资产中的原材料减少了20 500元,同时,费用中的生产成本增加了20 500元。费用项目和资产项目以相等的金额增减,双方总额仍保持平衡关系。

④ 经济业务的发生,引起费用项目的增加和负债项目的增加,双方增加的金额相等(一项费用增加,一项负债同时增加)。

森宇有限责任公司计算所得税费为13 700元。

实例分析:这项经济业务的发生,引起森宇有限责任公司负债中的应交税费增加了13 700元,同时,费用中的所得税费用增加了13 700元。费用项目和负债项目以相等的金额增加,双方总额仍保持平衡关系。

⑤ 经济业务的发生,引起利润项目的减少和所有者权益项目的增加,双方增减的金额相等(一项利润减少,一项所有者权益同时增加)。

森宇有限责任公司将税后利润26 300元全部留归企业。

实例分析:这项经济业务的发生,引起森宇有限责任公司利润中的本年利润减少了26 300元,同时,所有者权益中的未分配利润增加了26 300元。利润项目和所有者权益项目以相等的金额增减,双方总额仍保持平衡关系。

上述所列的经济业务对会计等式的影响如表2-3所示。

表2-3　　　　　　　经济业务对会计等式的影响及结果　　　　　　　元

业务	资产	=	负债	+	所有者权益	+	(收入	-	费用)
变动前	298 950		59 250		239 700				
①	+50 500						+50 500		
②			-10 000				+10 000		
③	-20 500								+20 500
④			+13 700						+13 700
⑤					+26 300				-26 300
变动后	328 950		62 950		266 000				

上述实例说明,收入、费用、利润要素的变化仍未破坏会计等式的恒等关系。

第三节　会计科目

一、会计科目的概念

会计要素是对会计对象的基本分类,而这六项会计要素仍显得过于粗略,难以满足各有关方面对会计信息的需要。例如,债权人关心其债务能否按时收回并获得利息,需要关注企业资产的构成情况,债权人中的短期债权人关注企业的短期偿债能力,如现金、银行存款等;而长期债权人关注企业的长期偿债能力,如企业的资产规模及构成,企业资产的收益能力等信息。为了全面、系统、分类核算与监督各项经济业务的发生情况,以及由此引起的各项资产、负债、所有者权益及各项损益的增减变动,就有必要按照各种会计对象分别设置会计科目。

会计科目是对会计要素的具体内容进行分类核算的项目。具体地说,它是按照经济业务的内容和经济管理的要求,对会计要素所做的进一步分类,以达到对各种不同类型、不同内容的经济业务进行分类核算、分类控制、分类考核的目的。

每个会计科目都有其特定的核算内容,具体地反映某一类经济活动,提供相应的经济指标,而将全部会计科目所提供的信息联系起来,就可以反映企业的全部经济活动,提供系统的指标体系。例如,企业的房屋及建筑物、机器设备、运输工具等劳动资料,具有单位价值高、使用期限长、使用过程中保持原有实物形态等特点,因此将其归为一个类别或项目,设置"固定资产"科目加以核算;企业的原料及主要材料、辅助材料、修理用备品、备件等劳动对象,在生产经营过程中领用并耗费,其价值依次转移,根据这些特点,将其归为一个类别或项目,设置"原材料"科目加以核算。

二、会计科目的设置意义

设置会计科目能使填制记账凭证、登记账簿有所依据,为编制会计报表提供了方便,并能提供全面、统一的会计信息,便于投资人、债权人,以及其他会计信息使用者掌握和分析企业的财务状况、经营成果和现金流量。具体来说,设置会计科目具有如下意义。

(一) 会计科目是复式记账的基础

通过设置会计科目,可以将企业纷繁复杂、性质不同的经济业务按照预先设置的会计科目进行学科分类,转换为有规律的会计信息。复式记账也是会计核算的一种基本方法,它要求每一笔经济业务在两个或两个以上相互联系的账户中进行登记,以完整地反映企业价值运动。使用复式记账方法的前提是预先设置好会计科目。

(二) 会计科目是设置账户的基础

会计系统要完整地反映企业的经济业务,就需要按照规定的会计科目在账簿中对发生的经济业务和会计事项进行分类、系统、连续地登记入账。账户是根据会计科目开设的,所以会计科目是设置账户的基础。

(三) 会计科目是编制会计凭证的基础

填制会计凭证是会计核算工作的起点和基础,记账凭证是登记账簿的依据,账簿是根据会计科目开设的,所以会计科目是编制记账凭证的基础。

(四) 会计科目是编制财务会计报表的基础

财务会计报表是会计信息的载体,会计报表的项目是根据会计账簿汇总、分析填列的,会计账簿又是根据会计科目开设的,所以,会计科目也是编制财务会计报表的基础。

三、会计科目的设置原则

会计科目作为反映会计要素的构成及其变化情况,是为投资者、债权人、企业经营管理者等提供会计信息的重要手段,在其设置过程中应努力做到科学、合理、适用,会计科目必须根据《企业会计准则》和国家统一会计制度的规定设置和使用。

设置会计科目应遵循下列基本原则。

(一) 统一性与灵活性相结合原则

为了规范企业的会计核算,真实、完整地提供会计信息,2006年10月30日,财政部在颁布的《企业会计准则——应用指南》中,对企业会计核算所使用的会计科目做了具体规定,并明确了每个会计科目的核算内容和范围。同时,企业可根据自己生产经营的特点和经济管理的要求适当增、减或合并某些会计科目,但绝大多数是一致的、统一的。

(二) 完整性和互排性相结合原则

会计科目的设置在总体上要系统、完整,所设置的会计科目足以全面反映企业可能发生的全部经济业务,既不能出现发生了经济业务,没有相应会计科目反映的现象,也不能出现同一经济业务可以在几个会计科目中反映的会计科目内涵交叉的现象。同时,从个体上看,各个会计科目都有其特定的核算内容,不存在同一经济业务同时可以套用两个或更多的会计科目的现象。

(三) 清晰性与稳定性相结合原则

会计科目名称力求根据经济业务的特点尽可能做到简明扼要、内容确切、字义相符,以避免误解和混乱。同时,为了便于对不同时期的会计核算指标进行比较分析和对同一时期不同企业的同一核算指标进行比较分析,对会计科目的设置应保持相对稳定,不能经常变动,以保持会计核算指标具有可比性。

四、会计科目的分类

(一) 按反映的经济内容分类

会计科目按反映的经济内容不同,通常可以分为六大类:资产类、负债类、所有者权益类、成本类、损益类、共同类。

1. 资产类科目

按照资产的流动性可分为以下两类。

① 反映流动资产的科目,有库存现金、银行存款、交易性金融资产、应收账款、应收票据、预付账款、应收股利、应收利息、其他应收款、原材料、库存商品、在途物资、周转材料等。

② 反映非流动资产的科目,有持有至到期投资、可供出售金融资产、长期应收款、长期股权投资、固定资产、在建工程、累计折旧、无形资产、长期待摊费用、待处理财产损溢等。

2. 负债类科目

按照负债的偿还期可分为以下两类。

① 反映流动负债的科目,有短期借款、应付票据、应付账款、其他应付款、预收账款、应付职工薪酬、应交税费、应付股利、应付利息等。

② 反映非流动负债的科目,有长期借款、应付债券、长期应付款等。

3. 所有者权益类科目

反映所有者权益类的科目有实收资本、资本公积、盈余公积、本年利润、利润分配等。

4. 成本类科目

反映成本类的科目有生产成本和制造费用等。

5. 损益类科目

反映损益类的科目有主营业务收入、主营业务成本、其他业务收入、其他业务成本、税金及附加、销售费用、管理费用、财务费用、营业外收入、营业外支出、所得税费用等。

6. 共同类科目

反映共同类的科目有衍生工具、套期工具等。

以上为企业设置的基本会计科目。对于不同性质的企业,可以结合企业的经营特点和管理要求修订或增减。本书以工业企业为例,工业企业会计科目如表2-4所示。

表2-4　　　　　　　　　　会计科目表

编号	会计科目	编号	会计科目
	一、资产类		
1001	库存现金	2211	应付职工薪酬
1002	银行存款	2221	应交税费
1012	其他货币资金	2231	应付利息
1101	交易性金融资产	2232	应付股利
1121	应收票据	2241	其他应付款
1122	应收账款	2501	长期借款
1123	预付账款	2502	应付债券
1131	应收股利	2701	长期应付款
1132	应收利息	2801	预计负债
1221	其他应收款		三、所有者权益
1231	坏账准备	4001	实收资本
1401	材料采购	4002	资本公积
1402	在途物资	4101	盈余公积
1403	原材料	4103	本年利润
1404	材料成本差异	4104	利润分配
1405	库存商品		四、成本类
1411	周转材料	5001	生产成本
1471	存货跌价准备	5101	制造费用
1511	长期股权投资		五、损益类
1512	长期股权投资减值准备	6001	主营业务收入

(续表)

编　号	会计科目	编　号	会计科目
1601	固定资产	6051	其他业务收入
1602	累计折旧	6101	公允价值变动损益
1603	固定资产减值准备	6111	投资收益
1604	在建工程	6301	营业外收入
1606	固定资产清理	6401	主营业务成本
1701	无形资产	6402	其他业务成本
1702	累计摊销	6403	税金及附加
1703	无形资产减值准备	6601	销售费用
1801	长期待摊费用	6602	管理费用
1901	待处理财产损溢	6603	财务费用
	二、负债类	6701	资产减值损失
2001	短期借款	6711	营业外支出
2201	应付票据	6801	所得税费用
2202	应付账款	6901	以前年度损益调整
2203	预收账款		

注：此表中共同类科目包括的衍生工具、套期工具省略。

（二）按所提供指标的详细程度分类

按会计科目提供信息的详细程度一般可分为总分类科目（一级会计科目）、明细分类科目两个层次。

① 总分类会计科目是对会计要素的具体内容进行总括分类，提供总括信息的会计科目。上述科目按其经济内容或性质的分类就属于这一层次的科目，如"原材料""固定资产""应付账款"等都是总分类科目，也称一级科目或总账科目。它们对资产、负债、所有者权益的概括性最强，每个会计科目之间相互区别，各有特性。在经济管理中，我们要了解某个企业某类经济业务的总括指标时，总分类科目就能提供所需要的核算指标。

② 明细分类科目反映资产、负债和所有者权益的经济内容比总分类科目更具体、明确。明细科目又可分为二级明细科目和三级明细科目。二级明细科目是对总账科目所做的进一步分类；三级明细科目是对二级明细科目的分类。例如，"工程物资"科目属于总账科目，下设"专用材料""专用设备"等二级明细科目，而在二级明细科目下再根据不同的品种、规格、型号分设三级明细科目。又如，"原材料"科目属于总账科目，可以按照原材料的类别设置"原料及主要材料""辅助材料""燃料"等明细分类科目。明细科目还可以做进一步的分类，如"原材料"在上述分类基础上，还可以按材料的品种、规格设置更进一步的明细科目。

下面将会计科目按其提供指标的详细程度不同所做的分类进行简单举例，如表 2-5 所示。

表2-5　　　　　　会计科目按其提供指标的详细程度不同所做的分类

总分类科目	明细分类	
	二级科目	三级科目
生产成本	基本生产成本	甲产品
		乙产品
	辅助生产成本	供电车间
		机修车间
原材料	原料及主要材料	钢材
		铝材
		……
	辅助材料	润滑油
		防锈剂
	燃料	汽油
		柴油

总分类科目和明细分类科目两者的关系为：总分类会计科目是概括地反映会计要素的指标，明细分类科目是总分类会计科目的具体内容指标；总分类科目对明细分类科目具有统驭控制作用，明细分类科目是总分类科目的补充和说明；我国现行制度规定，总分类科目一般由财政部或企业主管部门统一制定，明细分类科目除少量由会计制度设置外，一般由企业根据自身经济业务的特点和经济管理的要求自行设定。

第四节　会计账户

通过科学地设置会计科目，就能达到对企业会计核算内容（会计要素）进行分类的目的，但是要对企业在生产经营活动中所发生的各项经济业务进行分类、连续、系统和完整地登记，必须为每个已设置的会计科目设置相应的账户（或账簿），用于分类反映会计要素增减变动的情况及其结果。设置账户是会计核算的重要方法之一。

一、会计账户概述

（一）定义

会计账户是用于连续记录经济业务，以全面、系统地反映各个会计要素的增减变化和结果的一种信息载体。

（二）会计科目与会计账户的关系

会计科目与会计账户都是对会计对象具体内容的科学分类，两者口径一致，性质相同。会计科目是会计账户的名称，也是设置会计账户的依据；会计账户是会计科目的具体运用。

没有会计科目,会计账户便失去了设置的依据;没有会计账户,就无法发挥会计科目的作用。会计账户与会计科目是两个既有区别又有联系的概念,两者的区别如下。

① 会计账户具有一定的格式和结构,而会计科目只是对会计要素具体内容的分类,本身没有任何结构、格式问题。

② 会计科目是会计账户的名称,会计账户以会计科目作为户头,会计科目的核算内容是通过会计账户反映出来的。

③ 会计科目是由国家财政部门统一制定的,是会计的一项基本制度,会计账户是各核算单位根据会计科目的规定和管理的需要自行在账簿中开设的。

因此,会计账户比会计科目分户更为明细,内容更为丰富。两者的联系在于:会计科目与会计账户的名称一致,两者反映的经济业务内容相同,习惯上常常把会计科目作为会计账户的代名词。

二、会计账户的结构

会计账户要起到分类记录经济业务并初步加工有关数据的作用,必须具有一定的结构。会计账户的结构是指账户的基本构成要素,其实质就是在账户中如何反映和记录会计要素的增加、减少及结存情况。由于经济业务所引起的各项会计要素的变动,从数量上看,不外乎是增加和减少两种情况,因此,账户的结构也相应地分为左右两个基本部分,一方登记增加额,另一方登记减少额。至于在账户的左右两方中,哪一方记增加,哪一方记减少,则取决于采用的记账方法和所记录的经济业务内容。账户的基本结构内容包括以下几个方面:

① 账户的名称,即会计科目的名称,用以说明记入账户的数据是何内容;

② 日期,记录经济业务的日期;

③ 摘要,简要说明业务的内容;

④ 记录的金额,标明经济业务的增加、减少及结存数额。

在会计分期假设的前提下,每一个账户的记录都是通过结账作为某一会计核算期间的结束。因此,会计核算资料在不同的会计核算期间的衔接与连续,还应该在账户的基本结构中体现出来。其具体表现在以下四项金额之间的关系。

① 期初余额:是指上期转入本期的结转额,也就是上期的期末余额,反映的是会计核算资料在不同会计核算期之间的联系,起着承前的作用。

② 本期增加额:是指在本会计期间内登记在账户中的增加金额,也称本期增加发生额。增加发生额记录在账户的哪一方,取决于所采用的记账方法和账户的性质。

③ 本期减少额:是指在本会计期间内登记在账户中的减少金额,也称本期减少发生额。减少发生额记录在账户的哪一方,取决于所采用的记账方法和账户的性质。

④ 期末余额:是在每一个会计期末结出的账户余额。本期的期末余额转入下期,就是下一个会计期的期初余额。它反映本期会计核算资料与下一期会计核算资料的衔接,起着启后的作用。在没有期初余额的情况下,期末余额是指本期增加额与本期减少额相抵后的差额,如果有期初余额,期末余额应按下列公式进行计算。

$$期末余额 = 期初余额 + 本期增加额 - 本期减少额$$

在会计教学中,往往把账户的基本结构简化为"丁"字形或 T 形。这种格式只将其中最重要的金额部分突出出来,其他部分略而不记。T形账户的基本结构分为左右两方,若左方记录增加额,右方记录减少额,期初、期末余额一般在左方;反之则相反。现将简化的账户格式举例,如图2-2、图2-3所示。

借方	账户名称(银行存款)	贷方
期初余额		
本期增加额	本期减少额	
本期增加额合计	本期减少额合计	
期末余额		

图2-2　T形账户(银行存款)

借方	账户名称(短期借款)	贷方
	期初余额	
本期减少额	本期增加额	
本期减少额合计	本期增加额合计	
	期末余额	

图2-3　T形账户(短期借款)

本章小结

通过本章的学习,我们了解了第一种会计核算方法——设置会计科目和账户。在制造业中,将六大会计要素按经济内容做进一步分类,形成资产、负债、所有者权益、成本、损益和共同类六大类会计科目。由于科目只是名称,要想把经济业务进行连续的登记就需要载体,于是出现了与会计科目相对应的会计账户。通过了解会计科目和账户的含义及分类,学生掌握如何设置会计科目和账户,并且明确会计科目与账户的联系,对于企业发生的每一笔经济业务,只要熟练地判断出涉及的会计科目就能进行账务处理。

思考题

1. 会计要素及构成内容是什么?有哪些特征?它们之间存在着什么样的关系?
2. 为什么经济业务的发生不会破坏会计等式的平衡关系?
3. 简述会计科目与会计账户之间的关系。

练习题

一、单项选择题

1. 属于负债要素的是(　　)。
    A. 专利权　　　　B. 预收账款　　　　C. 预付账款　　　　D. 应收账款
2. 账户是根据(　　)开设的。

A. 核算需要　　　B. 会计科目　　　C. 主观意志　　　D. 上级指令

3. 某企业以银行存款 8 万元购入一台生产设备,该项经济业务会引起企业的(　　)。
   A. 资产增加 8 万元　　　　　　　B. 负债增加 8 万元
   C. 资产总额不变　　　　　　　　D. 权益总额增加 8 万元

4. 某企业决定向投资者分配利润 2 万元,该项经济业务不会引起(　　)。
   A. 资产减少 2 万元　　　　　　　B. 所有者权益减少 2 万元
   C. 资产总额不变　　　　　　　　D. 权益总额不变

5. 某企业接受追加投资 180 万元,款已到并存入银行,该项业务使得企业的(　　)。
   A. 资产增加 180 万元,同时负债增加 180 万元
   B. 资产增加 180 万元,同时所有者权益增加 180 万元
   C. 所有者权益增加 180 万元,同时负债增加 180 万元
   D. 所有者权益增加 180 万元,同时负债减少 180 万元

6. 属于资产类会计科目的是(　　)。
   A. 财务费用　　　B. 累计折旧　　　C. 本年利润　　　D. 应付账款

7. 属于一级会计科目的有(　　)。
   A. 基本生产成本　B. 未分配利润　　C. 在途物资　　　D. 应交增值税

8. 负债账户的借方登记(　　)。
   A. 收入的增加　　B. 负债的增加　　C. 费用的增加　　D. 负债的减少

9. 账户余额方向一般与(　　)在同一方向。
   A. 增加额　　　　B. 减少额　　　　C. 发生额　　　　D. 金额

10. 期末结转后无余额的账户有(　　)。
    A. 实收资本　　　B. 应付账款　　　C. 固定资产　　　D. 管理费用

二、多项选择题

1. 属于资产特征的有(　　)。
   A. 是由过去的交易或事项引起的
   B. 是企业拥有或控制的
   C. 是现在已经承担的责任并且是企业将来要清偿的义务
   D. 预期会给企业带来经济利益

2. 资金运动包括(　　)。
   A. 资金的投入　　　　　　　　　B. 资金的退出
   C. 资金的循环和周转　　　　　　D. 资金的保值和增值

3. 属于长期负债的是(　　)。
   A. 应付票据　　　B. 长期借款　　　C. 应付债券　　　D. 长期应付款

4. 反映企业财务状况的会计要素是(　　)。
   A. 所有者权益　　B. 资产　　　　　C. 管理费用　　　D. 负债

5. 属于成本类的会计科目有(　　)。
   A. 主营业务成本　B. 生产成本　　　C. 制造费用　　　D. 销售费用

6. 会计科目按照提供核算指标的详细程度不同,可以分为(　　)。

A. 总分类科目　　　B. 具体科目　　　C. 明细分类科目　　D. 一般科目
7. 同资产类账户结构相反的是(　　　)账户。
   A. 收入　　　　　　B. 费用　　　　　C. 负债　　　　　　D. 成本
8. 属于损益类账户的是(　　　)。
   A. 所得税　　　　　B. 投资收益　　　C. 制造费用　　　　D. 生产成本

三、判断题

1. 无论采用哪种记账方法,账户的期末余额一般与增加数在同一方向。（　　）
2. 会计科目同会计账户之间的主要区别在于账户有结构而会计科目无结构。（　　）
3. 为了保证会计核算的质量,会计科目设置得越多越好。（　　）
4. "收入－费用＝利润"这一会计等式,是复式记账法的理论基础,也是编制资产负债表的依据。（　　）
5. 在所有账户中,左方均登记增加额,右方均登记减少额。（　　）
6. 每个账户的余额反映的是该类经济业务内容在本期内变动的情况,而本期发生额则反映变动的结果。（　　）

四、业务题

1. 某企业发生经济业务如下。
（1）用银行存款购买材料。
（2）用银行存款支付前欠 A 单位货款。
（3）企业年末分红,将欲分配的利润暂转入应付股利核算。
（4）向银行借入长期借款,存入银行。
（5）收到所有者投入的设备。
（6）用银行存款归还长期借款。
（7）将到期无力支付的商业票据转为应付账款。
（8）退回投资者投入的资本金。
（9）企业所有者甲代企业归还银行借款,并将其转为投入资本。
（10）将盈余公积金转作资本。
要求:分析上述各项经济业务的类型,填入下表。

类　型	经济业务序号
一项资产增加,另一项资产减少	
一项负债增加,另一项负债减少	
一项所有者权益增加,另一项所有者权益减少	
一项资产增加,一项负债增加	
一项资产增加,一项所有者权益增加	
一项资产减少,一项负债减少	
一项资产减少,一项所有者权益减少	
一项负债减少,一项所有者权益增加	
一项负债增加,一项所有者权益减少	

2. 下列会计科目属于哪一类，将其填入适当栏内。(用"√"表示)

会计科目	资产类	负债类	所有者权益类	成本类	损益类
银行存款	√				
实收资本			√		
在途物资	√				
原材料	√				
制造费用				√	
应付账款		√			
生产成本				√	
库存商品	√				
主营业务收入					√
主营业务成本					√
短期借款		√			
固定资产	√				
累计折旧	√				
库存现金	√				
财务费用					√
应收账款	√				
资本公积			√		
利润分配			√		
盈余公积			√		
销售费用					√
管理费用					√

第三章 复式记账

学习目标
- 掌握复式记账法及其特点。
- 理解和掌握借贷记账法的基本原理。
- 运用借贷记账法熟练地处理经济业务。
- 掌握平行登记的概念规则、方法及其对登记结果的核对。

学习重点
- 借贷记账法的基本原理及应用。
- 平行登记的方法。

第一节 复式记账的基本原理

一、记账方法概述

记账方法是根据一定的原理、记账符号,采用一定的计量单位,利用文字和数字,将交易或事项发生所引起的各会计要素的增减变动在有关账户中进行记录的方法。记账方法按记录方式不同,分为单式记账法和复式记账法。

(一) 单式记账法

单式记账法是一种较简单、不完整的记账方法。这种方法的特点是对于每项经济业务,通常只登记现金和银行存款的收付业务,以及应收款、应付款的结算业务,而不登记实物的收付业务;除了有关应收款、应付款的现金收付业务需要在两个或两个以上账户中各自进行登记外,其他业务只在一个账户中登记或不予登记。具体举例如下。

① 企业从某单位购入一批材料计价 1 500 元,货已收到,货款尚未支付。在单式记账法下,只在结算债务账户中作增加 1 500 元的登记,而材料的增加,则不予登记。

② 企业以库存现金 800 元支付办公费用。在单式记账法下,只在现金账户中作减少 800 元的登记,而费用的增加,则不予登记。

(二) 复式记账法

复式记账是指对发生的每一项经济业务,都以相等的金额,在相互关联的两个或两个以上账户中进行记录的记账方法。现仍以前例说明其特征。

① 企业从某单位购入一批材料计价1 500元，货已收到，货款尚未支付。在复式记账法下，一方面在结算债务账户中作增加1 500元的登记，另一方面要在有关材料账户中作增加1 500元的记录。

② 企业以库存现金800元支付办公费用。在复式记账法下，一方面在现金账户中作减少800元的登记，另一方面在有关费用账户作增加800元的记录。

上述两个举例登记的结果表明，企业现金的付出同费用的发生两者之间是相互联系的，债务的发生同材料的购进两者之间也是相互联系的。

二、复式记账法的理论依据和特点

（一）复式记账法的理论依据

通过前面章节的介绍，会计的对象是资金运动，而企业经营过程中发生的每一项经济业务，都是资金运动的具体过程。只有把企业所有经济业务无一遗漏地进行核算，才能完整地反映企业资金运动的全貌，为信息使用者提供其所需要的全部会计资料。

企业发生的所有经济业务无非涉及资金增加和减少两个方面，并且某项资金在量上的增加或减少，总是与另一项资金在量上的增加或减少相伴而生。即在资金运动中，一部分资金的减少或增加，总是有另一部分资金的增减变动作为变化的原因。这样就要求在会计记账时，必须把每项经济业务所涉及的资金增减变化的原因和结果都记录下来，从而完整、全面地反映经济业务所引起的资金运动的来龙去脉。复式记账方法正是适应了资金运动的这一规律性的客观要求，把每一项经济业务所涉及的资金在量上的增减变化，通过两个或两个以上账户的记录予以全面反映。由此得出，资金运动的内在规律性是复式记账法的理论依据。

（二）复式记账法的特点

复式记账法是以会计等式为依据建立的一种记账方法，其特点如下所述。

① 对于每一项经济业务，都在两个或两个以上相互关联的账户中进行记录。这样，在将全部经济业务都相互联系地记入各有关账户以后，通过账户记录不仅可以全面、清晰地反映出经济业务的来龙去脉，还能够全面、系统地反映经济活动的过程和结果。例如，从银行提取现金2 000元，一方面要在"库存现金"账户中记录库存现金增加2 000元；另一方面还要在"银行存款"账户中记录银行存款减少2 000元。这样，既表明了现金的来源渠道，同时也说明了银行存款的去向，完整地反映了经济业务的全貌。

② 由于每项经济业务发生后，都是以相等的金额在有关账户中进行记录，因而可据以进行试算平衡，以检查账户记录是否正确。

复式记账法由于具备上述特点，因而被世界各国公认为是一种科学的记账方法。它包括借贷记账法、增减记账法、收付记账法等几种具体的方法。其中，借贷复式记账法经过数百年的实践，已被全世界的会计工作者普遍接受，广泛采用，是一种比较成熟、完善的记账方法，也是世界各国通用的记账方法。目前，我国的企业和行政、事业单位采用的记账方法都是复式记账法中的借贷记账法。

第二节 借贷记账法及应用

一、借贷记账法的概念

借贷记账法是以"借""贷"为其记账符号,对每一项经济业务以借贷相等的金额在相互联系的两个或两个以上账户中进行记录的一种复式记账方法。

借贷记账法起源于中世纪商品经济比较发达的意大利,并经历了佛罗伦萨簿记法、热那亚簿记法和威尼斯簿记法三个发展阶段,历时300年左右,到了15世纪已经逐步形成了比较完备的复式记账法。这一过程早在公元13世纪,在商品经济比较发达的意大利佛罗伦萨市,专做贷金业的经纪人——高利贷者,居间借贷,借贷款项在银行账簿上按借方和贷方设立人名账户,上下分列记载,借出款项按借方记入上方,贷入款项按贷方记入下方。这时的借与贷,如实地反映了债权与债务情况,但还不是一种记账符号,这种方法叫佛罗伦萨簿记法。到了公元14世纪,热那亚市政厅为适应商业记账的需要,采用按账户分左右两页的形式,左页记借方,右页记贷方,互相对照,结出余额,这种方法叫热那亚簿记法。直到公元15世纪末,威尼斯商人在热那亚簿记法的基础上增加损益账户、资本账户和余额账户(试算表),使所有账户都能平衡,这种方法叫威尼斯簿记法。至此,已经初步形成了借贷复式记账法。1494年11月,卢卡·帕乔利出版的《算术、几何、比与比例概要》著作中,对威尼斯簿记法做了详细介绍,并在理论上加以说明,其中,第三篇"计算和记录的详论"系统论述了借贷复式记账原理及其运用。帕乔利的著作,对欧美各国产生了很大影响,传入欧洲大陆形成了大陆式会计,传入英国和美国形成了英美式会计。日本1868年明治维新后从英国学习西式簿记,20世纪初清政府派员赴日学习,英美式的复式记账由日本传入我国。目前,借贷记账法已经成为国际通用的一种记账方法。《企业会计准则——基本准则》规定会计记账采用借贷记账法。

二、借贷记账法的基本原理

(一)记账符号

借贷记账法是以"借"和"贷"为其记账符号。在这里借贷二字已经失去了原有的字面含义,只作为纯粹的记账符号,具体运用如表3-1所示。

表3-1　　　　　　　　"借""贷"记账符号运用表

账户类别	借	贷
资产类	增加	减少
成本类	增加	减少
损益类(费用、支出)	增加	减少
负债类	减少	增加
所有者权益类	减少	增加
损益类(收入、收益)	减少	增加

（二）账户的结构

在借贷记账法下，账户的基本结构是：左方为借方，右方为贷方。但哪一方登记增加，哪一方登记减少，需要根据账户的性质决定。

下面具体说明在借贷记账法下各类账户的结构。

1. 资产类、成本类账户的结构

资产类、成本类账户的结构是借方登记增加额，贷方登记减少额。在一个会计期间内，借方记录的合计数称为借方发生额，贷方记录的合计数称为贷方发生额。该类账户的期末余额一般在借方，有些账户期末可能无余额。其余额的计算公式为：

期末借方余额 = 期初借方余额 + 本期借方发生额 - 本期贷方发生额

资产类和成本类账户的基本结构用T形账户表示，如图3-1所示。

借方	资产类、成本类账户	贷方
期初余额		
本期增加额	本期减少额	
……	……	
本期借方发生额合计	本期贷方发生额合计	
期末余额		

图3-1 资产类、成本类账户基本结构

2. 负债及所有者权益类账户的结构

负债及所有者权益类账户结构与资产类账户结构正好相反，其贷方登记负债及所有者权益的增加额，借方登记负债及所有者权益的减少额，期末余额一般在贷方，有些账户期末可能无余额。其余额的计算公式为：

期末贷方余额 = 期初贷方余额 + 本期贷方发生额 - 本期借方发生额

负债及所有者权益类账户的基本结构用T形账户表示，如图3-2所示。

借方	负债类、所有者权益类账户	贷方
	期初余额	
本期减少额	本期增加额	
……	……	
本期借方发生额合计	本期贷方发生额合计	
	期末余额	

图3-2 负债类、所有者权益类账户基本结构

3. 共同类账户的结构

共同类账户的结构是借方登记资产增加额、负债减少额，贷方登记资产减少额、负债增加额。期末借方余额，反映企业各种投资工具形成资产的公允价值；期末贷方余额，反映企业各种投资工具形成负债的公允价值。

共同类账户的结构用T形账户表示，如图3-3所示。

借方	共同类账户	贷方
期初余额 资产增加额 负债减少额		期初余额 资产减少额 负债增加额
本期借方发生额合计		本期贷方发生额合计
期末余额		期末余额

图3-3 共同类账户基本结构

4. 损益类账户的结构

(1) 损益类中费用、支出账户的结构

损益类中费用、支出账户的结构是借方登记增加额,贷方登记减少额和结转额。结转后期末一般无余额。

损益类中费用、支出账户的基本结构用T形账户表示,如图3-4所示。

借方	损益类(费用、支出)账户	贷方
本期增加额 ……		本期减少额 …… 期末结转额
本期借方发生额合计		本期贷方发生额合计

图3-4 损益类(费用、支出)账户基本结构

(2) 损益类中收入、收益账户的结构

损益类中收入、收益账户的结构是贷方登记增加额,借方登记减少额和结转额。结转后期末一般无余额。

损益类中收入、收益账户的基本结构用T形账户表示,如图3-5所示。

借方	损益类(收入、收益)账户	贷方
本期减少额 …… 期末结转额		本期增加额 ……
本期借方发生额合计		本期贷方发生额合计

图3-5 损益类(收入、收益)账户基本结构

综上所述,账户的基本结构如表3-2所示。

表3-2　　　　　　　　　　　账户的基本结构

账户的借方	账户的贷方	余额方向
资产的增加 成本的增加	资产的减少 成本的减少	余额一般在借方
损益类中费用、支出的增加	损益类中费用、支出的减少	月末一般无余额

(续表)

账户的借方	账户的贷方	余额方向
负债的减少 所有者权益的减少	负债的增加 所有者权益的增加	余额一般在贷方
损益类中收入、收益的减少	损益类中收入、收益的增加	月末一般无余额

注:表中提及的是一般情况下的账户结构,特殊情况下的账户结构,将在相关的章节中进一步阐明。

此外,在借贷记账法下,可以使用双重性质的账户。双重性质的账户是指兼有资产与权益两种性质的账户。这类账户的结构是借方登记资产的增加,负债的减少;贷方登记资产的减少,负债的增加;期末根据余额的方向判断账户的性质,若为借方余额,则是资产类账户,若为贷方余额则是负债类账户。具有这种性质的账户有应收账款、应付账款、预收账款、预付账款、其他应收款和其他应付款等。

双重性质账户的基本结构用T形账户表示,如图3-6所示。

借方	双重性质的账户	贷方
期初余额 资产增加额 负债减少额		期初余额 资产减少额 负债增加额
本期借方发生额合计		本期贷方发生额合计
期末余额		期末余额

图3-6 双重性质账户的基本结构

(三) 记账规则

借贷记账法的记账规则是"有借必有贷,借贷必相等"。可以通过两个步骤来运用此规则:①根据所发生经济业务的具体内容确定该业务所涉及的账户或会计科目及增减情况;②根据账户的性质及增减情况确定增加记在哪一方,减少记在哪一方。下面列举几笔简单的经济业务,说明借贷记账法的具体运用,进而总结出借贷记账法的记账规则(又称记账规律)。

工作实例 3-1 森宇有限责任公司从银行取得为期3个月的借款10 000元。

实例分析:这项经济业务涉及"银行存款"和"短期借款"两个账户。"银行存款"账户属于资产类账户,增加应记入其借方;而"短期借款"账户属于负债类账户,增加应记入其贷方。该项经济业务的会计处理如下。

借	短期借款	贷		借	银行存款	贷
	10 000	←			10 000	

工作实例 3-2 森宇有限责任公司收到乙公司投入的全新设备一台价值60 000元。

实例分析:这项经济业务涉及"固定资产"和"实收资本"两个账户。"固定资产"账户属于资产类账户,增加应记入其借方;而"实收资本"账户属于所有者权益类账户,增加应记入其贷方。该项经济业务的会计处理如下。

借	实收资本	贷	借	固定资产	贷
	60 000	←		60 000	

工作实例3-3 森宇有限责任公司用银行存款偿还前欠购货款8 000元。

实例分析：这项经济业务涉及"银行存款"和"应付账款"两个账户。"银行存款"账户属于资产类账户，减少应记入其贷方；而"应付账款"账户属于负债类账户，减少应记入其借方。该项经济业务的会计处理如下。

借	银行存款	贷	借	应付账款	贷
		8 000	←	8 000	

工作实例3-4 森宇有限责任公司按法定程序退回某投资公司的投资，用银行存款20 000元支付。

实例分析：这项经济业务涉及"银行存款"和"实收资本"两个账户。"银行存款"账户属于资产类账户，减少应记入其贷方；而"实收资本"账户属于所有者权益类账户，减少应记入其借方。该项经济业务的会计处理如下。

借	银行存款	贷	借	实收资本	贷
		20 000	←	20 000	

工作实例3-5 森宇有限责任公司从银行提取现金1 500元，以备日常零星开支用。

实例分析：这项经济业务涉及"库存现金"和"银行存款"两个账户。"银行存款"账户属于资产类账户，减少应记入其贷方；而"库存现金"账户也属于资产类账户，增加应记入其借方。该项经济业务的会计处理如下。

借	银行存款	贷	借	库存现金	贷
		1 500	←	1 500	

工作实例3-6 森宇有限责任公司用提取的盈余公积金转增资本90 000元。

实例分析：这项经济业务涉及"实收资本"和"盈余公积"两个账户。"实收资本"账户属于所有者权益类账户，增加应记入其贷方；而"盈余公积"账户也属于所有者权益类账户，减少应记入其借方。该项经济业务的会计处理如下。

借	实收资本	贷	借	盈余公积	贷
		90 000	←	90 000	

工作实例3-7 森宇有限责任公司用银行存款偿还银行短期借款10 000元、前欠某购货单位货款30 000元。

实例分析：这项经济业务涉及"银行存款""短期借款"和"应付账款"三个账户。"银行存款"账户属于资产类账户,减少应记入其贷方;"短期借款"和"应付账款"两个账户属于负债类账户,减少应记入其借方。该项经济业务的会计处理如下。

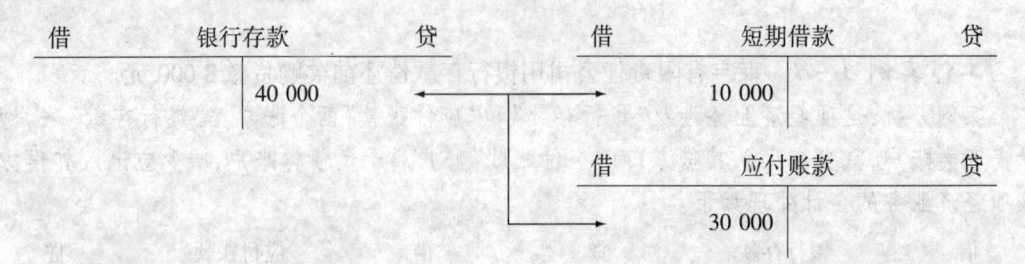

借	银行存款	贷		借	短期借款	贷
	40 000		← →		10 000	

借	应付账款	贷
		30 000

工作实例3-8 森宇有限责任公司生产部门生产产品耗电50 000元。其中,用银行存款支付40 000元,其余10 000元尚欠。

实例分析:这项经济业务涉及"银行存款""生产成本"和"应付账款"三个账户。"银行存款"账户属于资产类账户,减少应记入其贷方;"应付账款"账户属于负债类账户,增加应记入其贷方;"生产成本"账户属于成本类账户,增加应记入其借方。该项经济业务的会计处理如下。

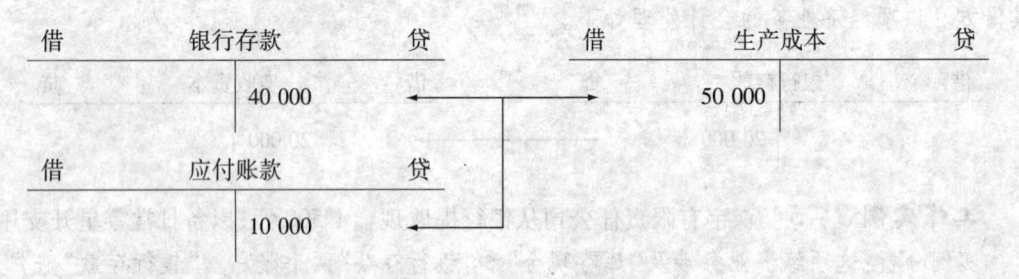

借	银行存款	贷		借	生产成本	贷
		40 000			50 000	

借	应付账款	贷
		10 000

通过以上举例说明,采用借贷记账法处理每一项经济业务时,都必须以相等的金额,借贷相反的方向,在两个或两个以上相互联系的账户中进行记录。有的记入一个账户的借方,同时也要记入一个或几个账户的贷方;有的记入一个或几个账户的借方,同时还要记入另一个账户的贷方。借、贷二字总是同时出现来反映任何一项经济业务,体现了借贷记账法的记账规则。

(四)账户对应关系和会计分录

1. 账户的对应关系

采用借贷记账法,在某项经济业务发生时,会在有关账户之间形成应借、应贷的关系,这种应借、应贷的关系就叫作账户的对应关系,把形成对应关系的账户称为对应账户。例如,从银行提取现金5 000元,应在"库存现金"账户的借方和"银行存款"账户的贷方分别进行记录,各登记5 000元,这样"库存现金"和"银行存款"账户就发生了对应关系,这两个账户也就成了互为对应账户。

2. 会计分录

会计分录是指明经济业务应记账户的名称、方向及其金额的记录,简称分录。编制会计分录是会计工作的初始阶段,在实际工作中,这项工作一般是通过编制记账凭证或登记日记账来完成的。编制会计分录意味着对经济业务做会计确认,为经济业务数据记入账户提供依据,为保证账户记录的真实和正确,必须严格把好编制会计分录这一关。

会计分录的书写格式通常是"借"在上,"贷"在下,每一会计科目占一行,"借""贷"前后错位表示。会计分录包括如下内容:

① 一组对应的记账符号:借方和贷方;
② 涉及两个或两个以上的账户名称;
③ 借贷双方的相等金额。

现以上述8笔经济业务为例,说明会计分录的编制方法。

工作实例3-1　借:银行存款　　　　　　　　　　　　　　10 000
　　　　　　　　　贷:短期借款　　　　　　　　　　　　　　　　10 000

工作实例3-2　借:固定资产　　　　　　　　　　　　　　60 000
　　　　　　　　　贷:实收资本　　　　　　　　　　　　　　　　60 000

工作实例3-3　借:应付账款　　　　　　　　　　　　　　8 000
　　　　　　　　　贷:银行存款　　　　　　　　　　　　　　　　8 000

工作实例3-4　借:实收资本　　　　　　　　　　　　　　20 000
　　　　　　　　　贷:银行存款　　　　　　　　　　　　　　　　20 000

工作实例3-5　借:库存现金　　　　　　　　　　　　　　1 500
　　　　　　　　　贷:银行存款　　　　　　　　　　　　　　　　1 500

工作实例3-6　借:盈余公积　　　　　　　　　　　　　　90 000
　　　　　　　　　贷:实收资本　　　　　　　　　　　　　　　　90 000

工作实例3-7　借:短期借款　　　　　　　　　　　　　　10 000
　　　　　　　　　　应付账款　　　　　　　　　　　　　　30 000
　　　　　　　　　贷:银行存款　　　　　　　　　　　　　　　　40 000

工作实例3-8　借:生产成本　　　　　　　　　　　　　　50 000
　　　　　　　　　贷:银行存款　　　　　　　　　　　　　　　　40 000
　　　　　　　　　　应付账款　　　　　　　　　　　　　　　　10 000

会计分录按其对应关系的复杂程度分为简单会计分录和复合会计分录两种。简单会计分录是指一项经济业务只涉及两个有对应关系账户的分录,即一借一贷的会计分录,如上述所编制的前6笔会计分录。复合会计分录是指一项经济业务涉及两个以上有对应关系账户的分录,即一借多贷或多借一贷的会计分录,如上述的后2笔会计分录。需要注意的是一笔复合的会计分录实际是由若干个简单会计分录组成的,例如,工作实例3-7的会计分录是由以下两个简单会计分录组成的。

借:短期借款　　　　　　　　　　　　　　　　　　　　　　10 000
　贷:银行存款　　　　　　　　　　　　　　　　　　　　　　　10 000
借:应付账款　　　　　　　　　　　　　　　　　　　　　　30 000
　贷:银行存款　　　　　　　　　　　　　　　　　　　　　　　30 000

此外,复合会计分录既可以集中反映某项经济业务的具体内容,又可以简化记账手续。实际工作中,有些经济业务还须编制多借多贷的会计分录,也称复合会计分录。需要注意的是,只有对一些复杂的经济业务,客观上又不能分解为若干个简单会计分录时,才编制多借多贷的会计分录。一般情况下,尽量避免编制多借多贷的会计分录,更不能把不同类型的经济业务合并编制多借多贷的会计分录,因为这种分录容易使账户之间的对应关系模糊不清,难以据此分析经济业务的实际情况。

(五) 试算平衡

为了检验一定时期内发生经济业务的账户记录的正确性,在会计期末应进行账户的试算平衡。试算平衡是根据"资产 = 负债 + 所有者权益"的平衡关系式,利用借贷记账法的记账规则,通过对本期各账户的全部记录进行汇总、计算和比较,来检查账户记录是否正确的过程,包括发生额试算平衡和余额试算平衡。

1. 全部账户发生额试算平衡

在借贷记账法中,根据"有借必有贷,借贷必相等"的记账规则,每一笔经济业务都要以相等的金额,分别记入两个或两个以上相关账户的借方和贷方,借贷双方的发生额必然相等。推而广之,当一定期间内的全部会计分录都记入有关账户后,全部账户的借方发生额合计数与贷方发生额合计数也必然相等。因此,全部账户发生额试算平衡的公式为:

全部账户本期借方发生额合计数 = 全部账户本期贷方发生额合计数

2. 全部账户余额试算平衡

全部账户余额试算平衡是以会计恒等式为依据,检验本期账户记录是否正确的方法。在借贷记账法下,凡是借方余额的账户都是资产类账户,凡是贷方余额的账户都是负债和所有者权益类账户,根据"资产 = 负债 + 所有者权益"的等式,全部账户借方余额合计和全部账户贷方余额合计也必然相等。因此,全部账户余额试算平衡的公式为:

全部账户本期借方余额合计数 = 全部账户本期贷方余额合计数

根据期初、期末的余额时间不同,又分为期初余额平衡与期末余额平衡两类。期初余额平衡是期初所有账户借方余额合计与贷方余额合计相等,期末余额平衡是期末所有账户借方余额合计与贷方余额合计相等,这是由"资产 = 负债 + 所有者权益"的恒等关系决定的。公式为:

全部账户的借方期初余额合计 = 全部账户的贷方期初余额合计

全部账户的借方期末余额合计 = 全部账户的贷方期末余额合计

月末,在已经结出各个账户的本月发生额和月末余额的基础上,试算平衡通常是通过编制总分类账户试算平衡表进行的,如表3-3所示。

表3-3　　　　　　账户本期发生额及余额试算平衡表　　　　　　　　　　　元

会计科目	期初余额		本期发生额		期末余额	
	借方	贷方	借方	贷方	借方	贷方
合　计						

下面通过例题来系统说明如何采用借贷记账法编制会计分录、登记账户和进行试算平衡。

第三章 复式记账

工作实例 3-9 3月31日,森宇有限责任公司总分类账户及月末余额如表3-4所示。该公司4月份发生下列经济业务。

① 国家投资给公司一台机器设备,价值 100 000 元。
② 从银行取得为期10个月的借款 80 000 元。
③ 购入材料 60 000 元,已经验收入库。货款未付(不考虑增值税)。
④ 用银行存款偿还银行短期借款 20 000 元。
⑤ 开出转账支票,偿还前欠购货款 15 000 元。
⑥ 接到银行收款通知,收回宏远公司的前欠购货款 25 000 元。
⑦ 开出现金支票,从银行提取现金 3 000 元。
⑧ 采购员小王预借差旅费 3 500 元。用现金支付。

表3-4　　　　　　　　　森宇有限公司总分类账户及月末余额　　　　　　　　　元

资产类账户	期末余额	负债及所有者权益类账户	期末余额
库存现金	1 500	短期借款	82 500
银行存款	8 600	应付账款	93 600
应收账款	32 000	应交税费	28 000
其他应收款	5 000	实收资本	461 000
原材料	116 000		
库存商品	42 000		
固定资产	460 000		
合　计	665 100	合　计	665 100

根据上述资料,说明借贷记账法下试算平衡的方法。

根据上述经济业务,编制会计分录如下。

① 借:固定资产　　　　　　　　　　　　　　　　100 000
　　　贷:实收资本　　　　　　　　　　　　　　　　　　100 000
② 借:银行存款　　　　　　　　　　　　　　　　 80 000
　　　贷:短期借款　　　　　　　　　　　　　　　　　　 80 000
③ 借:原材料　　　　　　　　　　　　　　　　　 60 000
　　　贷:应付账款　　　　　　　　　　　　　　　　　　 60 000
④ 借:短期借款　　　　　　　　　　　　　　　　 20 000
　　　贷:银行存款　　　　　　　　　　　　　　　　　　 20 000
⑤ 借:应付账款　　　　　　　　　　　　　　　　 15 000
　　　贷:银行存款　　　　　　　　　　　　　　　　　　 15 000
⑥ 借:银行存款　　　　　　　　　　　　　　　　 25 000
　　　贷:应收账款　　　　　　　　　　　　　　　　　　 25 000
⑦ 借:库存现金　　　　　　　　　　　　　　　　　3 000
　　　贷:银行存款　　　　　　　　　　　　　　　　　　　3 000
⑧ 借:其他应收款　　　　　　　　　　　　　　　　3 500

    贷:库存现金   3 500

根据总分类账户的月初余额开设 T 形账户,并登记各账户的期初余额。

根据以上会计分录登记有关账户,并结出各个账户的本期发生额和期末余额。

借	银行存款		贷	借	库存现金		贷
期初余额	8 600			期初余额	1 500		
②	80 000	④	20 000	⑦	3 000	⑧	3 500
⑥	25 000	⑤	15 000				
		⑦	3 000				
本期发生额	105 000	本期发生额	38 000	本期发生额	3 000	本期发生额	3 500
期末余额	75 600			期末余额	1 000		

借	应收账款		贷	借	其他应收款		贷
期初余额	32 000			期初余额	5 000		
		⑥	25 000	⑧	3 500		
本期发生额		本期发生额	25 000	本期发生额	3 500	本期发生额	
期末余额	7 000			期末余额	8 500		

借	固定资产		贷	借	短期借款		贷
期初余额	460 000					期初余额	82 500
①	100 000			④	20 000	②	80 000
本期发生额	100 000	本期发生额		本期发生额	20 000	本期发生额	80 000
期末余额	560 000					期末余额	142 500

借	原材料		贷	借	应付账款		贷
期初余额	116 000					期初余额	93 600
③	60 000			⑤	15 000	③	60 000
本期发生额	60 000	本期发生额		本期发生额	15 000	本期发生额	60 000
期末余额	176 000					期末余额	138 600

借	实收资本		贷	借	应交税费		贷
		期初余额	461 000			期初余额	28 000
		①	100 000				
					库存商品		
本期发生额		本期发生额	100 000	期初余额	42 000		
		期末余额	561 000				

根据账户记录编制试算平衡表,进行试算平衡,如表3-5所示。

表3-5　　　　　总分类账户本期发生额及余额试算平衡表　　　　　　　　元

会计账户	期初余额		本期发生额		期末余额	
	借方	贷方	借方	贷方	借方	贷方
库存现金	1 500		3 000	3 500	1 000	
银行存款	8 600		105 000	38 000	75 600	
应收账款	32 000			25 000	7 000	
其他应收款	5 000		3 500		8 500	
原材料	116 000		60 000		176 000	
库存商品	42 000				42 000	
固定资产	460 000		100 000		560 000	
短期借款		82 500	20 000	80 000		142 500
应付账款		93 600	15 000	60 000		138 600
应交税费		28 000				28 000
实收资本		461 000		100 000		561 000
合　计	665 100	665 100	306 500	306 500	870 100	870 100

在编制试算平衡表时,应注意以下几点。

① 必须保证所有账户期初余额和发生额均已记入试算表。因为会计等式是对六项会计要素整体而言的,缺少任何一个账户的金额,都会造成期初或期末借方余额合计与贷方余额合计不相等。

② 如果试算表借贷不相等,肯定是账户记录有错误,应认真查找,直到实现平衡为止。

③ 即便实现了有关三栏的平衡关系,并不能说明账户记录绝对正确,因为有些错误并不会影响借贷双方的平衡关系。例如,漏记某项经济业务,将使本期借贷双方的发生额等额减少,借贷仍然平衡;重记某项经济业务,将使本期借贷双方的发生额等额虚增,借贷仍然平衡;某项经济业务记错有关账户,借贷仍然平衡;某项经济业务在账户记录中,颠倒了记账方向,借贷仍然平衡;借方或贷方发生额中,偶然发生多记、少记并相互抵销,借贷仍然平衡,等等。所以在编制试算平衡表之前,应认真核对有关账户记录,消除上述错误。

第三节　总分类账户和明细分类账户的平行登记

一、总分类账户和明细分类账户的设置

在会计核算工作中,为了适应经济管理的需要,对于一切经济业务都要在有关账户中进行登记,既要提供总括的核算资料,又要提供详细的核算资料。各会计主体日常使用的账户,按提供资料的详细程度不同,可以分为总分类账户和明细分类账户两种。

总分类账户也称一级账户或总账账户,是指按资产类、负债类、共同类、所有者权益类、成本类、损益类六大类总分类科目开设的账户,对总分类科目的经济内容进行总括的核算,

提供总括性指标的账户。前述业务中所使用的库存现金、银行存款、原材料、短期借款、应付账款、实收资本等均为总分类账户。

明细分类账户，也称明细账户，是指根据明细分类科目（根据总分类账户的内容，按照更详细的类别或项目）开设的账户，对总分类账户的经济内容进行明细分类核算，提供详细、具体的核算资料。例如，为了详细了解各种材料的收、发、结存情况，应在"原材料"总分类账户下，按照材料的品种、规格分别设置材料明细分类账户，以提供具体而详细的核算资料，加强对实物和资金的管理。又如，为了掌握企业与各个供货单位之间的货款结算情况，应该在"应付账款"总分类账户下按照各供货单位名称分别设置明细分类账户。

除总分类账户和明细分类账户外，有时还要设置二级账户。二级账户是介于总分类账户和明细分类账户之间的账户，它所提供的资料比总分类账户详细、具体，但比明细分类账户概括、综合。例如，在"原材料"总分类账户下，可以按原料及主要材料、辅助材料、燃料等材料类别设置若干二级账户，其下再按材料的品种等设置明细分类账户。设置二级账户后，总分类账户可以把它作为中间环节来控制所属明细分类账户，这对加强经营管理有一定的作用，但也会增加核算工作量。因此，二级账户一般不宜多设，必要时也可不设。在不设置二级账户的情况下，所需数据可根据有关明细分类账户的记录汇总求得。

二、总分类账户和明细分类账户的关系

总分类账户与明细分类账户既相互联系又相互区别。

（一）总分类账户与明细分类账户的联系

总分类账户与明细分类账户的联系主要体现在以下两个方面。

① 二者所反映的经济业务内容相同，如"应收账款"总分类账户与所属的各购货单位明细分类账户都是用以反映债权结算情况的。

② 二者登记账户的原始依据相同，登记总分类账户与所属明细分类账户所依据的原始凭证是相同的。

（二）总分类账户与明细分类账户的区别

1. 反映经济业务的详细程度不同

总分类账户反映资金增减变化的总括情况，提供的是总括核算资料，只提供价值指标。明细分类账户反映资金增减变化的详细情况，提供的是某一方面的具体资料，既可以提供价值指标，又可以提供实物数量和劳动量等指标。

2. 二者所起的作用不同

总分类账户是所属明细分类账户的统制账户，对所属明细分类账户具有统驭、控制的作用；而明细分类账户是相关总分类账户的从属账户、辅助账户，对总分类账户具有具体的补充说明的作用。

正是由于总分类账户与明细分类账户存在着这样的联系与区别，在会计核算中，这两类账户密切配合、互相补充，全面、系统地记录各项经济业务，因此，对于各项经济业务在总分类账户和明细分类账户中要采用平行登记的方法进行登记。

三、总分类账户和明细分类账户的平行登记

(一) 总分类账户与明细分类账户平行登记的含义

总分类账户与明细分类账户的平行登记简称账户的平行登记,是指对发生的每项经济业务,一方面要在有关的总分类账户中进行总括的记录,另一方面还要在其所属的有关明细分类账户中进行较详细的记录。

(二) 总分类账户与明细分类账户平行登记的要点

1. 同时期登记

对发生的每项经济业务,要根据同一会计凭证,一方面在有关的总分类账户中进行总括登记,另一方面要在有关的明细分类账户中进行明细登记。这里的同期是指在同一会计期间,而非同一时点,因为明细分类账户一般根据记账凭证及其所附的原始凭证在平时登记,而总分类账户因会计核算组织程序不同,可能在平时登记,也可能定期登记,但登记总分类账户和明细分类账户必须在同一会计期间内完成。

2. 同方向登记

登记总分类账户及其所属的明细分类账户时,借贷记账方向必须一致。在总分类账户中记入借方,在它所属的明细分类账户中也应记入借方;在总分类账户中记入贷方,在其所属的明细分类账户中也应记入贷方。

3. 等金额登记

登记总分类账户及其所属的明细分类账户时,总分类账户的金额,必须与记入其所属的一个或几个明细分类账户的金额合计数相等。

综上所述,总分类账户及其所属的明细分类账户,按平行登记规则进行登记,一般可以概括为:在依据相同的前提下,时期相同,方向一致,金额相等。

(三) 总分类账户与明细分类账户平行登记的方法

下面以"原材料"和"应付账款"账户为例说明总分类账户和明细分类账户平行登记的方法。

工作实例 3-10 森宇有限公司"原材料"和"应付账款"账户期初余额资料如下:原材料 82 000 元,其中,甲材料 55 000 元,乙材料 27 000 元;应付账款 67 000 元,其中宏大公司 22 000 元、旺新公司 45 000 元。

森宇有限公司本期发生的部分经济业务及会计处理如下:

① 从宏大公司购进甲材料 1 500 千克,单价 40 元/千克,乙材料 500 千克,单价 100 元/千克。材料全部验收入库。货款尚未支付(不考虑增值税)。

  借:原材料——甲材料   60 000
    原材料——乙材料   50 000
    贷:应付账款——宏大公司   110 000

② 用银行存款偿还前欠宏大公司的材料款 20 000 元,旺新公司的材料款 15 000 元。

  借:应付账款——宏大公司   20 000
    应付账款——旺新公司   15 000

贷：银行存款　　　　　　　　　　　　　　　　　　　　　　　35 000

③ 从旺新公司购进甲材料500千克，单价40元/千克，乙材料100千克，单价100元/千克。材料全部验收入库，货款尚未支付(不考虑增值税)。

借：原材料——甲材料　　　　　　　　　　　　　　　　　　20 000
　　原材料——乙材料　　　　　　　　　　　　　　　　　　10 000
　　贷：应付账款——旺新公司　　　　　　　　　　　　　　　30 000

上述经济业务在账户中平行登记的情况如下。

借	原材料		贷	借	应付账款		贷
期初余额	82 000					期初余额	67 000
①	110 000			②	35 000	①	110 000
③	30 000					③	30 000
本期发生额	140 000	本期发生额		本期发生额	35 000	本期发生额	140 000
期末余额	222 000					期末余额	172 000

借	甲材料		贷	借	宏大公司		贷
期初余额	55 000					期初余额	22 000
①	60 000			②	20 000	①	110 000
③	20 000						
本期发生额	80 000	本期发生额		本期发生额	20 000	本期发生额	110 000
期末余额	135 000					期末余额	112 000

借	乙材料		贷	借	旺新公司		贷
期初余额	27 000					期初余额	45 000
①	50 000			②	15 000	③	30 000
③	10 000						
本期发生额	60 000	本期发生额		本期发生额	15 000	本期发生额	30 000
期末余额	87 000					期末余额	60 000

（四）总分类账户与明细分类账户的核对

为使总分类账户和明细分类账户的记录始终保持一致，就要定期(一般为月末)检查账户平行登记的结果，将总分类账户与所属明细分类账户的记录于期末进行相互核对。检查时，根据总分类账户与明细分类账户之间的数量关系，来检查总分类账户与其所属明细分类账户记录的正确性。核对的内容如下所述。

1. 总分类账户本期借、贷发生额与其所属的明细分类账户的本期借、贷方发生额之和必然相等

① "原材料"总分类账户本期借方发生额与其所属各明细分类账户本期借方发生额合计核对相等。

"原材料"140 000 元 = "甲材料"80 000 元 + "乙材料"60 000 元

②"应付账款"总分类账户本期借方发生额与其所属各明细分类账户本期借方发生额合计核对相等。

"应付账款"35 000 元 = "宏大公司"20 000 元 + "旺新公司"15 000 元

③"应付账款"总分类账户本期贷方发生额与其所属各明细分类账户本期贷方发生额合计核对相等。

"应付账款"140 000 元 = "宏大公司"110 000 元 + "旺新公司"30 000 元

2. 总分类账户期末余额与其所属的明细分类账户的期末余额之和必然相等

①"原材料"总分类账户期末借方余额与其所属各明细分类账户期末借方余额之和核对相等。

"原材料"222 000 元 = "甲材料"135 000 元 + "乙材料"87 000 元

②"应付账款"总分类账户期末贷方余额与其所属各明细分类账户期末贷方余额之和核对相等。

"应付账款"172 000 元 = "宏大公司"112 000 元 + "旺新公司"60 000 元

利用总分类账户与明细分类账户平行登记所形成的有关数字必然相等的关系,还可以通过定期核对双方有关数字,检查账户的记录是否正确、完整。如果通过核对发现有关数字不等,则表明账户的登记必有差错,应及时查明原因,予以更正。在实际工作中,这项核对工作通常采用月末编制"明细分类账户本期发生额及余额表"的形式来进行。例如,根据前面举例的"原材料""应付账款"总分类账户与明细分类账户的记录,编制其本期发生额及余额对照表,如表 3-6 和表 3-7 所示。

表 3-6　"原材料"总分类账户与明细分类账户发生额及余额对照表　　元

账户名称	月初余额		本期发生额		期末余额	
	借 方	贷 方	借 方	贷 方	借 方	贷 方
甲材料	55 000		80 000		135 000	
乙材料	27 000		60 000		87 000	
原材料	82 000		140 000		222 000	

表 3-7　"应付账款"总分类账户与明细分类账户发生额及余额对照表　　元

账户名称	月初余额		本期发生额		期末余额	
	借 方	贷 方	借 方	贷 方	借 方	贷 方
宏大公司		22 000	20 000	110 000		112 000
旺新公司		45 000	15 000	30 000		60 000
应付账款		67 000	35 000	140 000		172 000

本章小结

通过本章的学习,我们了解到为了能够更加完整地记录经济业务,了解经济业务的来龙去脉,也为了便于账簿记录的核对与检查,现代会计均要求采用复式记账法,即对发生的每一项经济业务,都以相等的金额同时在两个或两个以上相互联系的账户中进行记录。复式记账法中,最典型的是借贷记账法。借贷记账法是以"借"和"贷"作为记账符号的一种复式记账方法,其特点非常明显:记账符号是"借"和"贷";记账规则是"有借必有贷,借贷必相等";允许设置双重性质的账户等。借贷记账法是目前全球通用的、唯一的记账方法。

掌握本章的内容后,就可以将企业发生的经济业务运用借贷记账法记入事先设置好的账户中。记入账户之前,先编写指导登账的会计分录;记账以后,还应根据账户记录对账、结账,并通过编制试算平衡表对记账的过程和结果加以检验。

思考题

1. 什么是复式记账法?其理论依据是什么?有何特点?
2. 什么是借贷记账法?借贷记账法的主要内容是什么?
3. 什么是借贷记账法的试算平衡?如何进行试算平衡?
4. 什么是总分类账户?什么是明细分类账户?为什么要分别设置总分类账户和明细分类账户?
5. 什么是总分类账户与明细分类账户的平行登记?如何进行平行登记?平行登记的结果如何核对?

练习题

一、单项选择题

1. 按复式记账的原理,经济业务发生都要在相互关联的(　　)进行登记。
   A. 一个资产账户   B. 一个总账账户,一个明细账户
   C. 一个账户的借方,一个账户的贷方   D. 两个或两个以上的账户中
2. 借贷记账法下的记账符号,"借"表示(　　)。
   A. 资产增加、权益增加   B. 资产减少、权益减少
   C. 资产减少、权益增加   D. 资产增加、权益减少
3. 本期发生额减少登记在借方的账户是(　　)。
   A. 累计折旧   B. 固定资产   C. 应收账款   D. 无形资产
4. 企业收到包装物押金,该项经济业务发生后,应在借记现金的同时,贷记(　　)。
   A. 资产   B. 负债   C. 收入   D. 费用
5. 如果某个总分类账户的期末余额在借方,其所属的各明细分类账户的期末余额(　　)。
   A. 可能在借方,也可能在贷方   B. 有的在借方,有的在贷方
   C. 一定在借方   D. 一定在贷方
6. 采用借贷记账法,账户的贷方表示资产的减少、负债的增加和(　　)。
   A. 所有者权益和收入的增加,成本费用的增加
   B. 所有者权益和收入的增加,成本费用的减少
   C. 所有者权益和资产的增加,成本费用的减少
   D. 所有者权益和收入的减少,成本费用的增加

7. 某企业"应付账款"账户期初贷方余额3 000元,本期增加应付账款5 000元,减少应付账款1000元,则该账户期末余额为(　　)。
   A. 借方7 000元　　　B. 贷方7 000元　　　C. 借方1 000元　　　D. 贷方1 000元
8. 某企业原有资产10万元,本期收回应收账款3万元,用银行存款归还应付账款2万元,投资者投入资金5万元,本期该企业的资产总额为(　　)。
   A. 10万元　　　　　B. 13万元　　　　　C. 16万元　　　　　D. 18万元
9. 某企业有甲、乙两种材料,"原材料"总分类账户期初余额4万元,贷方本期发生额3万元,"甲材料"明细分类账户期末余额4万元,"乙材料"明细分类账户期末余额2万元,"原材料"总分类账户本期借方发生额是(　　)。
   A. 1万元　　　　　　B. 3万元　　　　　　C. 5万元　　　　　　D. 7万元
10. (　　)属于简单会计分录。
    A. 一借多贷　　　　B. 一贷多借　　　　C. 一借一贷　　　　D. 多借多贷
11. 资产类和成本类账户期末余额的计算公式是(　　)。
    A. 期末余额 = 期初借方余额 + 本期借方发生额 − 本期贷方发生额
    B. 期末余额 = 期初贷方余额 + 本期贷方发生额 − 本期借方发生额
    C. 期末余额 = 期初借方余额 + 本期贷方发生额 − 本期借方发生额
    D. 期末余额 = 期初贷方余额 + 本期借方发生额 − 本期贷方发生额
12. 借贷记账法发生额试算平衡法的依据是(　　)。
    A. 会计等式　　　　B. 会计要素　　　　C. 会计职能　　　　D. 借贷记账规则

二、多项选择题
1. 会计分录必须具备的要素包括(　　)。
   A. 记账方向　　　　　　　　　　　B. 记账手段
   C. 记账金额　　　　　　　　　　　D. 会计科目或账户的名称
2. 借贷记账法的特点是(　　)。
   A. 账户设置不要求固定分类
   B. 以"借""贷"为其记账符号
   C. 以"有借必有贷,借贷必相等"为记账规则
   D. 试算平衡包括发生额平衡和余额平衡
3. 借贷记账法下账户的借方可以登记(　　)。
   A. 资产的增加　　　　　　　　　　B. 成本费用的增加
   C. 收入的增加　　　　　　　　　　D. 所有者权益的增加
4. 期末余额通常在借方账户的有(　　)。
   A. 资产类账户　　　　　　　　　　B. 负债类账户
   C. 所有者权益类账户　　　　　　　D. 成本类账户
5. 借贷记账法试算平衡公式正确的有(　　)。
   A. 资产账户借方发生额合计 = 负债账户贷方发生额合计
   B. 全部账户借方发生额合计 = 全部账户贷方发生额合计
   C. 全部账户借方余额合计 = 全部账户贷方余额合计

D. 资产账户借方发生额合计＝资产账户贷方发生额合计

6. 不能通过试算平衡来发现的错误有（　　　）。
   A. 记账凭证重复记账　　　　　　B. 记账凭证漏记账
   C. 记账凭证应借应贷科目记错账　D. 记账凭证借方科目漏记账
7. 借贷记账法下，账户的贷方可以登记（　　　）。
   A. 资产的增加　　　　　　　　　B. 负债的增加
   C. 成本费用的增加　　　　　　　D. 所有者权益的增加
8. 一项会计分录包含的基本要素有（　　　）。
   A. 账户的名称　B. 记账的方向　C. 记账金额　D. 发生日期
9. 总分类账户和明细分类账户平行登记的原则是（　　　）。
   A. 登记的次数相同　　　　　　　B. 登记的会计期间相同
   C. 记账的方向相同　　　　　　　D. 登记的金额相等
10. 总分类账户与所属明细分类账户进行核对时，应核对的内容包括（　　　）。
    A. 期初余额是否相等　　　　　　B. 期末余额是否相等
    C. 借方发生额是否相等　　　　　D. 贷方发生额是否相等

三、判断题

1. 在借贷记账法下，账户的借方反映增加，贷方反映减少。（　　　）
2. 平行登记是指在登记总分类账户的同时，必须登记明细分类账户，两者不得分别进行登记。（　　　）
3. 运用发生额试算平衡方法，可以检查一定时期会计分录的编制是否正确。（　　　）
4. 在借贷记账法下，账户可以划分为两部分，借方登记业务增加额，贷方登记业务减少额。（　　　）
5. 只要试算平衡，就可以保证记账工作准确无误。（　　　）
6. 会计分录不管是多借多贷，一贷多借，还是一借一贷，借方金额合计一定等于贷方金额合计。（　　　）
7. 复合会计分录，就是指多借多贷的会计分录。（　　　）
8. 总分类账户发生额和余额与所属各明细账户的发生额和余额一定是相同的。（　　　）
9. 总分类账户是明细分类账户的统驭账户，对所属明细分类账户具有统驭和控制的作用。（　　　）
10. 明细分类账户是相关总分类账户的辅助账户，对总分类账户具有补充说明作用。（　　　）

四、业务题

1. 某公司7月份发生下列经济业务。
   （1）国家投资建造厂房一栋，现交付使用，总价值200 000元。
   （2）从建设银行取得为期6个月的借款30 000元。
   （3）用现金支付厂部办公费500元，车间办公费300元。
   （4）购入材料100 000元，已经验收入库，货款未付（不考虑增值税）。
   （5）用银行存款偿还银行短期借款50 000元。

(6) 开出转账支票,偿还前欠购货款 45 000 元。
(7) 接到银行收款通知,收回北方公司的前欠购货款 25 000 元。
(8) 开出现金支票,从银行提取现金 2 000 元。
(9) 采购员小李预借差旅费 5 500 元,付以现金支票。
(10) 向银行借款偿还前欠东东厂的购货款 35 000 元。

企业 6 月 30 日有关总分类账户期末余额如下表所示。

元

资产类账户	期末余额	负债及所有者权益类账户	期末余额
库存现金	1 000	短期借款	100 000
银行存款	80 000	应付账款	96 000
应收账款	30 000	应交税费	28 000
其他应收款	5 000	实收资本	450 000
原材料	116 000		
生产成本	22 000		22 000
固定资产	420 000		
合 计			

要求:

(1) 根据上月末有关总分类账户期末余额资料,开设相关 T 形账户,并登记期初余额。
(2) 根据上述经济业务,编制会计分录。
(3) 根据会计分录,登记有关账户的本期发生额。
(4) 月末结算有关账户的发生额合计和期末余额。
(5) 根据有关账户的发生额合计和期末余额编制试算平衡表。

2. 某企业期初各账户余额,以及期末结账有关账户的本期发生额如下表所示。

元

账　户	期初余额	本期增加发生额	本期减少发生额	期末余额 借 方	贷 方
银行存款	500	7 000	6 000		
应付账款	200	800	600		
库存商品	1 000	800	1 500		
应收账款	2 000	1 000	1 700		
累计折旧	600		100		
固定资产	3 000	1 200			
长期借款	1 500		1 000		
实收资本	3 500	2 000	1 000		
应付职工薪酬	700	500			
合 计					

要求:

(1) 结出各账户期末借方及贷方余额并填入上表,按账户余额试算平衡法进行试算平衡。

（2）按账户发生额试算平衡法进行试算平衡。

本期借方发生额合计 = 本期贷方发生额合计。

元

账　户	借方发生额	贷方发生额
银行存款		
应付账款		
库存商品		
应收账款		
累计折旧		
固定资产		
长期借款		
实收资本		
应付职工薪酬		
合　计		

3. 某工厂1月初"原材料"账户借方余额为55 000元,其中,甲材料3 000千克,每千克5元,计15 000元;乙材料5 000千克,每千克8元,计40 000元。"应付账款"账户贷方余额为45 000元,其中,红光工厂25 000元,红星工厂20 000元。

该工厂1月份发生下列经济业务。

（1）3日,向红光工厂购入甲材料1 000千克,每千克5元,计5 000元,材料验收入库,款项未付。

（2）5日,向红星工厂购入乙材料2 000千克,每千克8元,计16 000元,以银行存款支付10 000元,其余款项暂欠。

（3）10日,以银行存款偿还前欠红光工厂材料款15 000元;偿还前欠红星工厂材料款15 000元。

（4）12日,生产产品领用甲材料3 500千克,每千克5元,计17 500元;领用乙材料6 000千克,每千克8元,计48 000元。

要求:编制会计分录,设置"原材料""应付账款"的T形总账和明细账,进行登记并计算期末余额。

第四章

工业企业主要经济业务的核算

学习目标
- ◆ 了解工业企业主要经济业务。
- ◆ 重点掌握应用借贷记账法处理资金筹集业务、采购供应业务、产品生产业务、产品销售业务、财务成果形成与分配业务。
- ◆ 理解产品成本计算的内容。

学习重点
- ◆ 各项经济业务的账户设置。
- ◆ 各项经济业务的会计账务处理。

第一节 工业企业主要经济业务概述

一、工业企业概念

工业企业是以产品的加工制造和销售为主要生产经营活动的营利性经济组织。其基本任务是努力增加产品产量,注意品质提升,满足市场需求,不断进行技术创新,减少活劳动和物化劳动耗费以降低成本,进而提高企业的经济效益。

二、工业企业主要经济业务概述

工业企业在生产经营过程中发生的主要经济业务包括资金筹集业务、采购供应业务、产品生产业务、产品销售业务、财务成果形成和分配业务。

（一）资金筹集业务

企业拥有一定数量的经营资金是其进行生产经营活动的首要前提,而这些经营资金是从一定的渠道筹集的。工业企业筹集资金的渠道主要包括接受投资人的投资和向债权人借入的各种款项。企业运用筹集到的资金开展日常的生产经营活动,进而资金会不断地循环周转。

（二）采购供应业务

企业用资金购买机器设备等劳动资料形成固定资产,购买原材料等劳动对象形成储备资金等等,这些为生产产品提供物质基础,货币资金分别转化为固定资产形态和储备资金形态。

(三) 产品生产业务

产品生产业务是工业企业经营过程中的核心环节。从加工对象的实物形态及其变化过程来看,原材料等劳动对象投入生产过程完成从在产品到产成品的转化。从价值形态来看,生产过程中的各种耗费,形成企业的生产费用,具体内容包括:生产所耗材料形成的材料费用,生产所耗活劳动形成的职工薪酬等费用,生产所耗厂房、机器设备形成的折旧费用等。上述所发生的各种耗费归集到特定的产品对象上构成了产品的生产成本,其资金形态从固定资金、储备资金和一部分货币资金形态转化为生产资金形态。当产品完工并验收入库后,其资金形态又转化为成品资金形态。生产费用的发生、归集和分配,以及完工产品生产成本的计算与结转等构成了产品生产业务核算的基本内容。

(四) 产品销售业务

企业通过销售产品,收回货款,从而使得成品资金形态转化为货币资金形态,完成了企业资金的一次循环(这种周而复始的资金循环又称资金周转)。此外,在销售过程中发生的销售费用,缴纳的各种销售税金,结转的销售成本等都属于销售业务核算的内容。

(五) 财务成果形成与分配业务

工业企业在一定时期内取得的收入抵减相应的成本费用的差额即为当期的财务成果。如果显示盈利则进行分配;如果显示亏损则进行补亏。通过资金的补偿和分配,一部分资金(税收和股息或红利)要退出企业,另一部分资金(补偿的成本和费用)则重新投入到生产经营活动中,开始新的资金循环。

第二节 资金筹集业务核算

资金是企业进行生产经营活动的前提条件。资金筹集主要有两条渠道:一是投资人的投资及其增值,形成投资人的权益即所有者权益;二是向债权人借入的资金,形成债权人的权益即负债。二者存在着本质上的区别,其会计处理也有着显著的差异。

一、所有者权益资金筹集业务的核算

(一) 实收资本业务核算

1. 定义及分类

企业的投资者按照企业章程或合同、协议的约定,实际投入企业的资本金,以及按照有关规定由资本公积、盈余公积转为资本的资金。所有者向企业投入资本,即形成企业的资本金。其分类的具体内容如下。

① 按照投资主体的不同分为:国家资本金——企业接受国家投资形成的资本金;法人资本金——企业接受其他企业或单位的投资形成的资本金;个人资本金——企业接受个人包括企业内部职工的投资形成的资本金;外商资本金——企业接受外国及中国香港、澳门、台湾地区企业的投资形成的资本金。

② 按照投入资本的不同物质形态分为:货币资金出资、实物、知识产权、土地使用权等

可以用货币估计并可以依法转让的非货币财产作价出资等。

2. 入账价值的确定

确定企业收到的各方投资者投入资本金的入账价值是一个较为重要的问题。总原则是投入资本按照实际收到的投资额作为入账标准。具体原则是：对于收到的货币资金投资，应以实际收到的货币资金额入账；对于收到的实物等其他形式投资，应以投资各方确认的价值入账；对于实际收到的货币资金额或投资各方确认的资产价值超过其在注册资本上所占的份额的部分，应作为超面额缴入资本，计入资本公积。

3. 账户设置

(1) "实收资本"账户

① 账户性质：所有者权益类账户。

② 账户结构和内容：用来核算所有者投入企业资本金的变化过程及其结果，其贷方登记所有者投入企业资本金的增加，借方登记所有者投入企业资本金的减少；期末余额在贷方，表示所有者投入企业资本金的结余额。

③ 账户明细：本账户按投资者的不同设置明细账户，进行明细分类核算。

"实收资本"账户的结构如下。

借方	实收资本	贷方
实收资本的减少额	期初余额	
	实收资本的增加额	
	期末余额：实收资本的实有额	

(2) 其他账户

除了"实收资本"账户，此项业务核算中经常用到的账户包括"银行存款""无形资产""固定资产""原材料"等。

4. 典型业务处理

(1) 接受货币资金投资

工作实例 4-1 森宇有限责任公司接受 A 公司的投资 1 500 000 元。款项通过银行划转。

实例分析：该项经济业务的发生，一方面使公司的银行存款增加了 1 500 000 元，应记入"银行存款"账户的借方；另一方面也使公司的实收资本增加了 1 500 000 元，应记入"实收资本"账户的贷方。该项业务编制的会计分录如下。

借：银行存款　　　　　　　　　　　　　　　　　　　1 500 000
　　贷：实收资本——A 公司　　　　　　　　　　　　　　　1 500 000

(2) 接受固定资产投资

工作实例 4-2 森宇有限责任公司接受 B 公司投入的一台全新设备，确定的价值为 500 000 元。设备投入使用（假设该设备不涉及增值税）。

实例分析：该项经济业务的发生，一方面使公司的固定资产增加了 500 000 元，应记入"固定资产"账户的借方；另一方面也使公司的实收资本增加了 500 000 元，应记入"实收资本"账户的贷方。该项业务编制的会计分录如下。

```
借:固定资产                                    500 000
    贷:实收资本——B公司                             500 000
```

(3) 接受无形资产投资

工作实例 4-3 森宇有限责任公司接受C公司投入的一项专利技术,投资合同确定该专利技术的价值为550 000元。设备投入使用(假设该设备不涉及增值税)。

实例分析:该项经济业务的发生,一方面使公司的无形资产增加了550 000元,应记入"无形资产"账户的借方;另一方面也使公司的实收资本增加了550 000元,应记入"实收资本"账户的贷方。该项业务编制的会计分录如下。

```
借:无形资产                                    550 000
    贷:实收资本——C公司                             550 000
```

(4) 接受其他资产(材料、商品等)投资

工作实例 4-4 森宇有限责任公司接受D公司投入的一批材料,投资合同确定该材料的价值为350 000元。

实例分析:该项经济业务的发生,一方面使公司的原材料增加350 000元,应记入"原材料"账户的借方;另一方面也使公司的实收资本增加了350 000元,应记入"实收资本"账户的贷方。该项业务编制的会计分录如下。

```
借:原材料                                      350 000
    贷:实收资本——D公司                             350 000
```

(二) 资本公积业务核算

1. 定义及来源

资本公积是投资者或他人投入到企业、所有权归属投资者、投入金额超过法定资本部分的资本金,是所有者权益的重要组成部分。资本公积从本质上讲属于投入资本的范畴,其形成的主要原因是由于我国采用注册资本制度,限于法律的规定而无法将资本公积直接以实收资本(或股本)的名义入账。资本公积和实收资本又存在一定的区别,即实收资本是公司所有者为谋求价值增值而对公司的一种原始投入(属于法定资本),而资本公积可以来源于投资者的额外投入,也可以来源于投资者以外的其他企业或个人等的投入。

资本公积通常会直接导致企业净资产的增加,其主要来源是所有者投入资本中的超过法定资本份额的部分和直接计入资本公积的各种利得或损失等。

2. 账户设置

此项业务核算用到的是"资本公积"账户。

① 账户性质:所有者权益类账户。

② 账户结构和内容:用来反映和监督资本公积的增减变动及其结余情况,其贷方登记从不同渠道取得的资本公积即资本公积的增加数,借方登记用资本公积转增资本等资本公积的减少数;期末余额在贷方,表示资本公积的期末结余数。

③ 账户明细:本账户设置"资本(或股本)溢价""其他资本公积"等明细账户,进行明细分类核算。

"资本公积"账户的结构如下。

借方	资本公积	贷方
资本公积的减少数	期初余额 资本公积的增加数	
	期末余额:资本公积的结余数	

3. 典型业务处理

工作实例 4-5 森宇有限责任公司接受某投资者的投资 7 000 000 元。其中，6 000 000 元作为实收资本，另 1 000 000 元作为资本公积。公司收到该投资者的投资后存入银行，其他手续已经办妥。

实例分析：该项经济业务的发生，一方面使公司的银行存款增加了 7 000 000 元，应记入"银行存款"账户的借方；另一方面也使公司的实收资本增加了 6 000 000 元，应记入"实收资本"账户的贷方；同时，公司的资本公积增加了 1 000 000 元，应记入"资本公积"账户的贷方。该项业务编制的会计分录如下。

借：银行存款　　　　　　　　　　　　　　　　　　　7 000 000
　　贷：实收资本　　　　　　　　　　　　　　　　　　6 000 000
　　　　资本公积——资本溢价　　　　　　　　　　　　1 000 000

工作实例 4-6 森宇有限责任公司经股东大会批准，将公司的资本公积 270 000 元转增资本。

实例分析：该项经济业务的发生，一方面使公司的实收资本增加了 270 000 元，应记入"实收资本"账户的贷方；另一方面公司的资本公积减少了 270 000 元，应记入"资本公积"账户的借方。该项业务编制的会计分录如下。

借：资本公积——资本溢价　　　　　　　　　　　　　270 000
　　贷：实收资本　　　　　　　　　　　　　　　　　　270 000

二、负债资金筹集业务的核算

（一）短期借款业务核算

1. 定义

企业为了满足其生产经营活动对资金的临时需要而向银行或其他金融机构等借入的偿还期限在 1 年以内(含 1 年)的各种借款。一般情况下企业取得短期借款是为了维持正常的生产经营活动或者是为了抵偿某项债务。

2. 确认与计量

短期借款的利息支出作为期间费用(财务费用)加以确认，但其支付方式和支付时间不同，相应的会计处理方法也不同。

① 如果银行对企业实行的是按月计收利息或在借款到期收回本金时一并收回利息(利息数额不大)，则企业可在收到计息通知或在实际支付利息时，直接将利息费用计入财务费用。

② 如果银行对企业实行的是按季或半年等较长期间计收利息或在借款到期收回本金时一并收回利息(利息数额较大)，则企业应按权责发生制的要求采取预提方式按月预提借款利息，计入财务费用，待季度或半年等结息期终了或到期支付利息时，再冲销应付利息此项负债。

3. 账户设置

(1)"短期借款"账户

① 账户性质:负债类账户。

② 账户结构和内容:用来反映和监督短期借款的增减变动及其结余情况,其贷方登记取得的短期借款,借方登记短期借款的偿还;期末余额在贷方,表示尚未偿还的短期借款的本金结余数。

③ 账户明细:本账户按照债权人的不同设置明细账户,并按照借款种类进行明细分类核算。

"短期借款"账户的结构如下。

借方	短期借款	贷方
偿还的短期借款本金	期初余额 借入的短期借款本金	
	期末余额:尚未偿还的短期借款本金	

(2)"财务费用"账户

① 账户性质:损益类账户。

② 账户结构和内容:用来核算企业为筹集生产经营所需资金等而发生的各种筹资费用,包括利息支出(减利息收入)、佣金、汇兑损失(减汇兑收益),以及相关的手续费、企业发生的现金折扣或收到的现金折扣等。其借方登记发生的财务费用,贷方登记发生的应冲减财务费用的利息收入、汇兑收益,以及期末转入"本年利润"账户的财务费用净额,结转后期末无余额。

③ 账户明细:本账户按照费用项目设置明细账户,进行明细分类核算。

"财务费用"账户的结构如下。

借方	财务费用	贷方
利息支出、手续费、汇兑损失	利息收入、汇兑收益 期末转入"本年利润"账户的财务费用净额	
	期末无余额	

(3)"应付利息"账户

① 账户性质:负债类账户。

② 账户结构和内容:用来核算企业已经发生但尚未实际支付的利息费用。其贷方登记预先按照一定的标准提取的应由本期负担的利息费用,借方登记实际支付的利息费用;期末余额在贷方,表示已经预提但尚未支付的利息费用。

③ 账户明细:本账户按照债权人设置明细账户,进行明细分类核算。

"应付利息"账户的结构如下。

借方	应付利息	贷方

| 实际支付的利息费用 | 期初余额
计算确定的利息费用
期末余额:应付未付的利息 |

4. 典型业务处理

（1）借入款项的核算

工作实例4-7 森宇有限责任公司因生产经营的临时性需要,于2019年10月1日向银行申请为期3个月的借款1 500 000元。已存入银行。

实例分析:该项经济业务的发生,一方面使公司的银行存款增加了1 500 000元,应记入"银行存款"账户的借方;另一方面公司的负债增加了1 500 000元,应记入"短期借款"账户的贷方。该项业务编制的会计分录如下。

借:银行存款　　　　　　　　　　　　　　　　1 500 000
　　贷:短期借款　　　　　　　　　　　　　　　　　1 500 000

（2）短期借款利息的核算

工作实例4-8 承接工作实例4-7,森宇有限责任公司所借款项的年利率为6%。2019年10月31日计提本月的借款利息。

实例分析:该项经济业务的发生,计算出本月应负担的利息费用7 500(1 500 000×6%÷12)元,一方面使公司的财务费用增加了7 500元,应记入"财务费用"账户的借方;另一方面公司的负债增加了7 500元,应记入"应付利息"账户的贷方。

2019年10月31日计算利息,其会计分录如下。

借:财务费用　　　　　　　　　　　　　　　　7 500
　　贷:应付利息　　　　　　　　　　　　　　　　　7 500

同理,2019年11月30日计算利息,其会计分录如下。

借:财务费用　　　　　　　　　　　　　　　　7 500
　　贷:应付利息　　　　　　　　　　　　　　　　　7 500

工作实例4-9 承接工作实例4-8,森宇有限责任公司于2019年12月31日偿还上述借款的利息。

实例分析:该项经济业务的发生,计算出本季度应负担的利息费用22 500(7 500×3)元,一方面使公司的银行存款减少了22 500元,应记入"银行存款"账户的贷方;另一方面公司前两个月的负债减少了15 000元,应记入"应付利息"账户的借方。同时,本月应负担的利息费用7 500元,应记入"财务费用"账户的借方。该项业务编制的会计分录如下。

借:财务费用　　　　　　　　　　　　　　　　7 500
　　应付利息　　　　　　　　　　　　　　　　15 000
　　贷:银行存款　　　　　　　　　　　　　　　　22 500

（3）偿还款项的核算

工作实例4-10 森宇有限责任公司于2019年12月31日偿还上述借款本金。

实例分析:该项经济业务的发生,一方面使公司的银行存款减少了1 500 000元,应记入"银行存款"账户的贷方;另一方面公司的负债减少了1 500 000元,应记入"短期借款"

账户的借方。该项业务编制的会计分录如下。

  借:短期借款   1 500 000
    贷:银行存款   1 500 000

注意:实例4-8和4-9两笔会计分录也可以合为一笔分录。

工作实例4-11 森宇有限责任公司于2019年12月31日偿还上述借款本金和利息。该项业务编制的会计分录如下。

  借:短期借款   1 500 000
    财务费用   7 500
    应付利息   15 000
    贷:银行存款   1 522 500

(二) 长期借款业务核算

1. 定义

企业向银行或其他金融机构等借入的偿还期限在1年以上或超过1年的一个营业周期以上的各种借款。一般来说,企业举借长期借款,主要是为了增添大型固定资产、购置地产、增添或补充厂房等(即为了扩充经营规模而增加各种长期耐用的固定资产)。

2. 确认与计量

长期借款的利息费用,按照会计制度的规定,要分清情况进行相应的会计处理。

① 如果在该长期借款所进行的长期工程项目完工之前发生的利息,应将其资本化,计入该工程成本。

② 如果在工程完工达到预定可使用状态之后产生的利息支出,应停止借款费用资本化而予以费用化,在利息费用发生的当期直接计入财务费用。

3. 账户设置("长期借款"账户)

① 账户性质:负债类账户。

② 账户结构和内容:用来反映和监督长期借款的增减变动及其结余情况,其贷方登记取得的长期借款和各期计算出来的到期支付的未付利息,借方登记长期借款本金和利息的偿还;期末余额在贷方,表示尚未偿还的长期借款的本息结余数。

③ 账户明细:本账户按照债权人的不同设置明细账户,并按照借款种类进行明细分类核算。

"长期借款"账户的结构如下。

借方	长期借款	贷方
偿还的本金和利息	期初余额	
	借入的本金和计算的利息	
	期末余额:尚未偿还的长期借款本息	

4. 典型业务处理

(1) 借入款项的核算

工作实例4-12 森宇有限责任公司于2019年7月1日向工商银行借入为期3年的借款3 000 000元,款项存入银行。

实例分析：该项经济业务的发生，一方面使公司的银行存款增加了3 000 000元，应记入"银行存款"账户的借方；另一方面公司的负债增加了3 000 000元，应记入"长期借款"账户的贷方。该项业务编制的会计分录如下。

借：银行存款　　　　　　　　　　　　　　　　　3 000 000
　　贷：长期借款　　　　　　　　　　　　　　　　　　　3 000 000

（2）利息的核算

长期借款利息核算业务的处理和短期借款有所不同。如果是到期还本付息的未付利息，则借记"在建工程"或"财务费用"等账户，贷记"长期借款"账户；如果是分期付息的未付利息，则借记"在建工程"或"财务费用"等账户，贷记"应付利息"账户。具体内容会在中级财务会计课程介绍，此处不再赘述。

（3）偿还款项的核算

工作实例4-13　森宇有限责任公司于2019年12月偿还建设银行的长期借款1 800 000元及利息90 000元，款项存入银行。

实例分析：该项经济业务的发生，一方面使公司的银行存款减少了1 890 000元，应记入"银行存款"账户的贷方；另一方面公司的负债减少了1 890 000元，应记入"长期借款"账户的借方。该项业务编制的会计分录如下。

借：长期借款　　　　　　　　　　　　　　　　　1 890 000
　　贷：银行存款　　　　　　　　　　　　　　　　　　　1 890 000

第三节　采购供应过程核算

企业进行生产经营活动，需要具备厂房、机器设备，以及各种材料物资等生产资料。采购供应过程核算主要包括厂房设备等固定资产的购建核算、各种材料物资的采购核算。

一、固定资产购置业务的核算

（一）定义

《企业会计准则第4号——固定资产》定义，固定资产是指为生产商品、提供劳务、出租或经营管理而持有的，使用寿命超过一个会计年度的（此处的寿命是指企业使用固定资产的预计期间，或是该固定资产所能生产产品或提供劳务的数量）有形资产，包括房屋、建筑物、机器、机械、运输工具及其他与生产经营活动有关的设备、器具、工具等。

（二）入账价值确定

《企业会计准则第4号——固定资产》规定，固定资产应按照成本进行初始计量。固定资产取得时的实际成本是指企业购建固定资产达到预定可使用状态前所发生的一切合理的、必要的支出，它反映的是固定资产处于预定可使用状态时的实际成本，主要包括买价、发生的运输费、装卸费、保险费和仓储费，以及达到预定可使用状态前的安装费、调试费，等等。

自2009年1月1日起，对增值税的管理实行了生产型向消费型的转变，即允许企业将外购固定资产所含的增值税进项税额一次性全部扣除。所以,企业外购固定资产增值税专用发票所列示的增值税税额不计入固定资产价值,而作为进项税额单独在"应交税费"账户核算。

需要注意的是符合上述抵扣条件的固定资产仅指使用期限超过一个会计年度的机器、机械、运输工具,以及其他与生产经营有关的设备、工具、器具等。

(三) 账户设置

1. "固定资产"账户

① 账户性质:资产类账户。

② 账户结构和内容:用来反映和监督固定资产原价的增减变动及其结余情况,借方登记固定资产原价的增加,贷方登记固定资产原价的减少,期末余额在借方,表示固定资产原价的结余额。

③ 账户明细:本账户按照固定资产的种类设置明细账户,进行明细分类核算。

"固定资产"账户的结构如下。

借方	固定资产	贷方
期初余额		
固定资产取得成本的增加	固定资产取得成本的减少	
期末余额:原价的结余		

2. "在建工程"账户

① 账户性质:资产类账户。

② 账户结构和内容:用来反映企业为进行固定资产基建、安装、技术改造及大修理等工程而发生的全部支出,并据以计算确定各工程成本的账户。其借方登记工程支出的增加,贷方登记结转完工工程的成本;期末余额在借方,表示未完工工程的成本。

③ 账户明细:本账户按照工程内容,如建筑工程、安装工程、在安装设备、待摊支出,以及单项工程等设置明细账户,进行明细分类核算。"在建工程"账户的结构如下。

借方	在建工程	贷方
期初余额		
工程所发生的全部支出	结转完工工程成本	
期末余额:未完工工程成本		

需要注意的是企业购置的固定资产,对于其中需要安装的部分,在交付使用之前(达到预定可使用状态之前),因为没有形成完整的取得成本,所以要先通过"在建工程"账户进行核算。在购建过程中所发生的全部支出,也先归集到"在建工程"账户,待工程达到预定可使用状态形成固定资产后,将工程成本从"在建工程"账户转到"固定资产"账户中。

(四) 典型业务处理

1. 购入不需要安装固定资产的核算

工作实例4—14　森宇有限责任公司于2019年11月1日购入一台不需要安装的生

产用机床,买价200 000元,增值税26 000元,运杂费1 500元。全部款项已用银行存款支付。

实例分析:该项经济业务的发生,一方面使公司的固定资产取得成本增加了201 500元,应记入"固定资产"账户的借方;增值税进项税额增加了26 000元,应记入"应交税费——应交增值税(进项税额)"账户的借方;另一方面公司的银行存款减少了227 500元,应记入"银行存款"账户的贷方。该项业务编制的会计分录如下。

借:固定资产　　　　　　　　　　　　　　　　　201 500
　　应交税费——应交增值税(进项税额)　　　　　 26 000
　贷:银行存款　　　　　　　　　　　　　　　　　227 500

2. 购入需要安装固定资产的核算

(1) 购买固定资产

工作实例 4-15　森宇有限责任公司购入一台需要安装的生产用机床,买价200 000元,增值税26 000元,运杂费1 500元。全部款项已用银行存款支付。

实例分析:该项经济业务的发生,一方面使公司的在建工程支出增加了201 500元,应记入"在建工程"账户的借方;增值税进项税额增加了26 000元,应记入"应交税费——应交增值税(进项税额)"账户的借方;另一方面公司的银行存款减少了227 500元,应记入"银行存款"账户的贷方。该项业务编制的会计分录如下。

借:在建工程　　　　　　　　　　　　　　　　　201 500
　　应交税费——应交增值税(进项税额)　　　　　 26 000
　贷:银行存款　　　　　　　　　　　　　　　　　227 500

(2) 支付安装调试费

工作实例 4-16　森宇有限责任公司支付上述机床安装费用3 500元,其中领用本企业的原材料1 500元,应付本企业安装工人的薪酬2 000元。

实例分析:该项经济业务的发生,一方面使公司的在建工程支出增加了3 500元,应记入"在建工程"账户的借方;另一方面公司的原材料减少了1 500元,应记入"原材料"账户的贷方;应付职工薪酬增加了2 000元,应记入"应付职工薪酬"账户的贷方。该项业务编制的会计分录如下。

借:在建工程　　　　　　　　　　　　　　　　　　3 500
　贷:原材料　　　　　　　　　　　　　　　　　　 1 500
　　　应付职工薪酬　　　　　　　　　　　　　　　 2 000

(3) 结转工程成本

工作实例 4-17　承接工作实例 4-15 和工作实例 4-16,此机床经过安装后,达到预定可使用状态,现已交付使用。

实例分析:该项经济业务的发生,一方面使公司的固定资产增加了205 000(201 500 + 3 500)元,应记入"固定资产"账户的借方;另一方面在建工程成本减少了205 000元,应记入"在建工程"账户的贷方。该项业务编制的会计分录如下。

借:固定资产　　　　　　　　　　　　　　　　　205 000
　贷:在建工程　　　　　　　　　　　　　　　　　205 000

二、材料采购业务的核算

(一) 定义及内容

材料的采购成本是指企业购入原材料的实际成本。企业购入原材料的实际成本由以下几项内容组成。

① 买价:是指购货发票所注明的货款金额。

② 运杂费:在材料采购过程中发生的运输费、包装费、装卸费、保险费、仓储费等。

③ 合理损耗:材料在运输途中发生的合理损耗。

④ 挑选整理费:材料在入库之前发生的整理挑选费用(包括整理挑选中发生的人工费支出和必要的损耗,并减去回收的下脚废料价值)。

⑤ 税金:按规定应计入材料采购成本中的各种税金,例如,为国外进口材料支付的关税,购买材料发生的消费税,以及不能从增值税销项税额中抵扣的进项税额等。

⑥ 其他费用。

需要说明的是,上述第①项费用应直接计入所购材料的采购成本中,其他项目的费用,凡能分清是某种材料直接负担的,可以直接计入该材料的采购成本,不能分清的,则按照一定的标准(重量、体积等)分配计入材料的采购成本中。

按照我国会计规范的规定,原材料既可以按照实际成本计价核算,也可按计划成本计价核算,具体选择哪一种核算方法,须根据企业的具体情况而定。本书以实际成本计价核算为例,计划成本计价核算内容将在中级财务会计课程中介绍,此处不再赘述。

在企业的经营规模较小,原材料的种类不是很多,且原材料的收、发业务的发生也不频繁的情况下,企业可以按照实际成本计价法组织原材料日常的收、发核算,即从材料的收、发凭证到材料明细分类账和总分类账,全部按实际成本计价。

(二) 账户设置

1. "原材料"账户

① 账户性质:资产类账户。

② 账户结构和内容:用来核算企业库存材料实际成本的增减变动及其结存情况。其借方登记已验收入库材料实际成本的增加,贷方登记发出材料的实际成本;期末余额在借方,表示库存材料实际成本的期末结余额。

③ 账户明细:本账户按照材料的品种、规格设置明细账户,进行明细分类核算。

"原材料"账户的结构如下。

借方	原材料	贷方
期初余额		
购入并验收入库各种材料的成本	材料发出、减少的数额	
期末余额:库存材料实际成本		

2. "在途物资"账户

① 账户性质:资产类账户。

② 账户结构和内容：用来核算货款已经支付但尚未运到企业，或虽已运到企业但尚未验收入库的在途材料实际成本。其借方登记购入材料的买价和采购费用（实际采购成本），贷方登记已验收入库材料的实际采购成本；期末余额在借方，表示尚未运达企业或者已经运达企业但尚未验收入库的在途材料成本。

③ 账户明细：本账户按照供货单位和物资品种设置明细账户，进行明细分类核算。

"在途物资"账户的结构如下。

借方	在途物资	贷方
期初余额		
购入材料买价和采购费用（实际采购成本）	已验收入库材料的实际采购成本	
期末余额：在途材料成本		

对于"在途物资"账户，在具体使用时要注意的问题是：企业对购入的材料，不论是否已经付款，一般都应该先记入该账户，在材料验收入库结转成本时，再将其成本转入"原材料"账户中。

3. "应付账款"账户

① 账户性质：负债类账户。

② 账户结构和内容：用来核算企业因购买原材料、商品和接受劳务供应等经营活动应支付的款项。其贷方登记应付供应单位的款项，借方登记实际支付给供应单位的款项；期末余额一般在贷方，表示尚未偿还的应付账款的结余额。

③ 账户明细：本账户按照供应单位的名称设置明细账户，进行明细分类核算。

"应付账款"账户的结构如下。

借方	应付账款	贷方
	期初余额	
应付账款的实际偿还数	应付账款的实际发生数	
	期末余额：尚未清偿的款项	

4. "应付票据"账户

① 账户性质：负债类账户。

② 账户结构和内容：用来核算采用商业汇票结算方式购买材料物资等开出、承兑的商业汇票的增减变动及其结余情况，包括银行承兑汇票和商业承兑汇票。其贷方登记企业开出、承兑商业汇票的增加，借方登记到期商业汇票的减少；期末余额在贷方，表示尚未到期的商业汇票的期末结余额。

③ 账户明细：本账户按照债权人设置明细账户，进行明细分类核算。

"应付票据"账户的结构如下。

借方	应付票据	贷方
	期初余额	
到期承付的商业汇票	登记开出、承兑的商业汇票	

借方		贷方
		期末余额:尚未到期的商业汇票的金额

5. "预付账款"账户

① 账户性质:资产类账户。

② 账户结构和内容:用来核算企业因购买材料物资和接受劳务供应,根据合同约定而预付给供应单位货款结算情况的账户。其借方登记预付和补付供应单位的货款,贷方登记收到所购材料物资核销的预付账款,以及退回多付的预付款;期末余额一般在借方,表示尚未结算的预付款的结余额,余额如果出现在贷方,则表示企业尚未补付的款项。

③ 账户明细:本账户按照供应单位的名称设置明细账户,进行明细分类核算。

"预付账款"账户的结构如下。

借方	预付账款	贷方
期初余额		
① 本期支付的预付货款		① 本期收到货物而冲减的预付货款
② 补付的货款		② 收到退回多付的预付款
期末余额:尚未收到货物的预付款		期末余额:尚未补付的货款

6. "应交税费"账户

① 账户性质:负债类账户。

② 账户结构和内容:用来核算企业按税法规定应缴纳的各种税费(印花税等不需要预计税额的税种除外)的计算与实际缴纳情况。其贷方登记计算出的各种应交而未交税费的增加,包括计算出的增值税、消费税、城市维护建设税、所得税、资源税、房产税、土地使用税、车船税、教育费附加、矿产资源补偿费等。其借方登记实际缴纳的各种税费(包括支付的增值税进项税额等)。期末余额如果在贷方,表示应交而未交税费的结余额;如果在借方,表示多交或未抵扣的税费。

③ 账户明细:本账户按照税费品种设置明细账户,进行明细分类核算。

材料采购业务中设置"应交税费"账户主要是为了核算增值税税种。增值税是对在中华人民共和国境内销售货物或提供加工、修理修配劳务,以及进口货物的单位和个人,就其取得的货物或应税劳务销售额计算税款,并实行税款抵扣制的一种流转税。其分为增值税进项税额和销项税额,当期应纳税额=当期销项税额-当期进项税额。

"应交税费"账户的结构如下。

借方	应交税费	贷方
期初余额		
应缴纳的各种税费(包括增值税进项税额)		应交而未交的税费(包括增值税销项税额)
期末余额:多交或未抵扣的税费		期末余额:应交而未交的税费

（三）典型业务处理

1. 钱货两清业务核算

工作实例 4-18 森宇有限责任公司从新兴公司购入下列材料：甲材料 6 000 千克，单价 20 元/千克；乙材料 3 000 千克，单价 15 元/千克，增值税税率 13%。款项用银行存款支付，材料尚未验收入库。

实例分析：该项经济业务的发生，一方面使公司的材料买价增加了 165 000（6 000×20+3 000×15）元，应记入"在途物资"账户的借方；增值税进项税额增加了 21 450 元，记入"应交税费——应交增值税（进项税额）"账户的借方；另一方面公司的银行存款减少了 186 450 元，应记入"银行存款"账户的贷方。该项业务编制的会计分录如下。

借：在途物资——甲材料　　　　　　　　　　　　　　120 000
　　在途物资——乙材料　　　　　　　　　　　　　　 45 000
　　应交税费——应交增值税（进项税额）　　　　　　 21 450
　贷：银行存款　　　　　　　　　　　　　　　　　　186 450

工作实例 4-19 森宇有限责任公司用银行存款 9 000 元支付上述甲、乙材料的外地运杂费，按材料的重量比例进行分配。

分配率 = 9 000÷(6 000+3 000) = 1（元/千克）
甲材料负担的采购费用 = 6 000×1 = 6 000（元）
乙材料负担的采购费用 = 3 000×1 = 3 000（元）

实例分析：该项经济业务的发生，一方面使公司的材料成本增加了 9 000 元，应记入"在途物资"账户的借方；另一方面公司的银行存款减少了 9 000 元，应记入"银行存款"账户的贷方。该项业务编制的会计分录如下。

借：在途物资——甲材料　　　　　　　　　　　　　　 6 000
　　在途物资——乙材料　　　　　　　　　　　　　　 3 000
　贷：银行存款　　　　　　　　　　　　　　　　　　 9 000

2. 赊购业务核算

工作实例 4-20 森宇有限责任公司从星旺公司购入丙材料 206 000 元，增值税税率 13%，星旺公司为其垫付材料的运杂费 4 000 元。款项尚未支付，材料尚未到达。

实例分析：该项经济业务的发生，一方面使公司的材料买价增加了 210 000（206 000+4 000）元，应记入"在途物资"账户的借方；增值税进项税额增加了 26 780（206 000×13%）元，记入"应交税费——应交增值税（进项税额）"账户的借方；另一方面公司的应付账款增加了 236 780 元，应记入"应付账款"账户的贷方。该项业务编制的会计分录如下。

借：在途物资——丙材料　　　　　　　　　　　　　　210 000
　　应交税费——应交增值税（进项税额）　　　　　　 26 780
　贷：应付账款——星旺公司　　　　　　　　　　　　236 780

工作实例 4-21 森宇有限责任公司从建新公司购入丁材料 16 000 元，增值税税率 13%。价税尚未支付，向对方开出 6 个月的商业承兑汇票一张，并用现金支付 500 元的运费。材料当日送达，尚未入库。

实例分析:该项经济业务的发生,一方面使公司的材料成本增加了 16 500(16 000 + 500)元,应记入"在途物资"账户的借方;增值税进项税额增加了 2 080(16 000×13%)元,应记入"应交税费——应交增值税(进项税额)"账户的借方;另一方面公司的应付票据增加了 18 145 元,应记入"应付票据"账户的贷方;同时,公司的现金减少了 500 元,应记入"库存现金"账户的贷方。该项业务编制的会计分录如下。

借:在途物资——丁材料　　　　　　　　　　　　　　　　　16 500
　　应交税费——应交增值税(进项税额)　　　　　　　　　　2 080
　贷:应付票据——建新公司　　　　　　　　　　　　　　　　18 145
　　　库存现金　　　　　　　　　　　　　　　　　　　　　　　500

3. 材料入库结转成本业务核算

工作实例 4-22　森宇有限责任公司购入的甲、乙、丙、丁材料已经验收入库,结转各种材料的实际采购成本。

实例分析:该项经济业务的发生,一方面使公司已经验收入库材料的实际采购成本增加了 400 500(126 000 + 48 000 + 210 000 + 16 500)元,应记入"原材料"账户的借方;另一方面公司的材料采购支出结转 400 500 元,应记入"在途物资"账户的贷方。该项业务编制的会计分录如下。

借:原材料——甲材料　　　　　　　　　　　　　　　　　126 000
　　原材料——乙材料　　　　　　　　　　　　　　　　　 48 000
　　原材料——丙材料　　　　　　　　　　　　　　　　　210 000
　　原材料——丁材料　　　　　　　　　　　　　　　　　 16 500
　贷:在途物资——甲材料　　　　　　　　　　　　　　　　126 000
　　　在途物资——乙材料　　　　　　　　　　　　　　　　 48 000
　　　在途物资——丙材料　　　　　　　　　　　　　　　　210 000
　　　在途物资——丁材料　　　　　　　　　　　　　　　　 16 500

4. 预付购买材料业务核算

工作实例 4-23　森宇有限责任公司按照合同约定用银行存款预付给利好公司订货款 17 000 元。

实例分析:该项经济业务的发生,一方面使公司预付的订货款增加了 17 000 元,应记入"预付账款"账户的借方;另一方面公司的银行存款减少了 17 000 元,应记入"银行存款"账户的贷方。该项业务编制的会计分录如下。

借:预付账款——利好公司　　　　　　　　　　　　　　　　17 000
　贷:银行存款　　　　　　　　　　　　　　　　　　　　　　17 000

工作实例 4-24　森宇有限责任公司收到利好公司发运来的前已预付货款的材料,并验收入库。随货物附来的发票注明该批材料的价款 25 000 元,增值税进项税额 3 250 元。除冲销原预付款 17 000 元外,不足的款项立即用银行存款支付。

实例分析:该项经济业务的发生,一方面使公司的材料采购成本增加了 25 000 元,应记入"原材料"账户的借方;另一方面增值税进项税额增加了 3 250(25 000×13%)元,应记入"应交税费——应交增值税(进项税额)"账户的借方;同时,公司的预付账款减少了

17 000元,应记入"预付账款"账户的贷方,银行存款减少了11 250元,应记入"银行存款"账户的贷方。该项业务编制的会计分录如下。

　　借:原材料　　　　　　　　　　　　　　　　　　　　　　　　25 000
　　　应交税费——应交增值税(进项税额)　　　　　　　　　　　　3 250
　　　贷:预付账款——利好公司　　　　　　　　　　　　　　　　　17 000
　　　　　银行存款　　　　　　　　　　　　　　　　　　　　　　11 250

5. 偿还材料欠款业务核算

工作实例4-25　森宇有限责任公司偿还前欠星旺公司丙材料的货款245 020元。

实例分析:该项经济业务的发生,一方面使公司的应付账款减少了245 020元,应记入"应付账款"账户的借方;另一方面公司的银行存款减少了245 020元,应记入"银行存款"账户的贷方。该项业务编制的会计分录如下。

　　借:应付账款——星旺公司　　　　　　　　　　　　　　　　　245 020
　　　贷:银行存款　　　　　　　　　　　　　　　　　　　　　　245 020

工作实例4-26　森宇有限责任公司6个月前向建新公司开出的商业承兑汇票到期。用银行存款承兑,票面金额18 720元。

实例分析:该项经济业务的发生,一方面使公司的应付票据减少了18 720元,应记入"应付票据"账户的借方;另一方面公司的银行存款减少了18 720元,应记入"银行存款"账户的贷方。该项业务编制的会计分录如下。

　　借:应付票据——建新公司　　　　　　　　　　　　　　　　　18 720
　　　贷:银行存款　　　　　　　　　　　　　　　　　　　　　　18 720

第四节　产品生产过程核算

　　工业企业的主要经济活动是生产符合社会需要的产品,产品生产的过程要发生生产资料中的劳动手段(如机器设备)和劳动对象(如原材料)的耗费,以及劳动力等方面的耗费,这些耗费即为生产费用,具体包括:生产产品所消耗的原材料、辅助材料、燃料及动力,生产工人的工资及福利费,厂房和机器设备等固定资产的折旧费,以及管理和组织生产、为生产服务而发生的各种费用。因此,生产过程的核算主要是正确地计算、归集、分配和记录各项生产性耗费,合理确定所生产产品或提供劳务的成本等。

一、领用材料业务核算

(一) 账户设置

1. "生产成本"账户

① 账户性质:成本类账户。
② 账户结构和内容:用来核算企业在产品生产过程中所发生的各项费用,主要包括为生产产品所发生的直接材料费、直接人工费及制造费用,并据以计算产品成本。其借方登记

本月发生的直接生产费用和月末分配转入的间接生产费用,贷方登记完工产品的实际成本;期末余额在借方,表示生产过程中尚未完工的在产品的实际生产成本。

③ 账户明细:本账户按照产品种类设置明细账户,进行明细分类核算。

"生产成本"账户的结构如下。

借方	生产成本	贷方
期初余额 发生的直接生产费用(直接材料、直接人工) 分配转入的间接费用(制造费用)	产品完工结转的成本	
期末余额:尚未完工的产品的实际成本		

2. "制造费用"账户

① 账户性质:成本类账户。

② 账户结构和内容:用来归集和分配企业为产品生产而发生的各种间接费用,主要包括车间管理人员工资及福利费、车间固定资产折旧费等。其借方登记发生的各种制造费用,贷方登记月末分配转入到生产成本的数额;期末一般无余额。

③ 账户明细:本账户按照不同的车间设置明细账户,账内按费用项目设置专栏,进行明细分类核算。

"制造费用"账户的结构如下。

借方	制造费用	贷方
本期发生的各种间接生产费用	期末分配转入的生产成本	
期末无余额		

3. "管理费用"账户

① 账户性质:损益类中的费用类账户。

② 账户结构和内容:用来核算企业为组织和管理生产经营活动所发生的费用,包括企业在筹建期间内发生的开办费、董事会和行政管理部门在企业的经营管理中发生的或者应由企业统一负担的公司经费(包括行政管理部门职工薪酬、物料消耗、低值易耗品摊销、办公费和差旅费等)、工会经费、董事会费、聘请中介机构费、咨询费、诉讼费、业务招待费、房产税、车船税、土地使用税、印花税、技术转让费、矿产资源补偿费、研究费用、排污费等。其借方登记本期发生的各项管理费用,贷方登记期末转入"本年利润"的数额;期末一般无余额。

③ 账户明细:本账户按照费用项目设置专栏,进行明细分类核算。

"管理费用"账户的结构如下。

借方	管理费用	贷方
本期发生的各项管理费用	期末转入"本年利润"账户数额	
期末无余额		

（二）典型业务处理

工作实例4-27 森宇有限责任公司生产A产品耗用甲材料5 000千克,单价2.50元/千克;生产B产品耗用乙材料3 000千克,单价3.50元/千克;车间一般耗用丙材料1 000千克,单价2.00元/千克;管理部门领用甲材料500千克。

实例分析:该项经济业务的发生,一方面成本费用增加根据领用部门记入不同的成本费用账户的借方,即生产A产品消耗甲材料12 500(5 000×2.50)元,生产B产品消耗乙材料10 500(3 000×3.50)元,应记入"生产成本"账户的借方;车间领料2 000(1 000×2.0)元,应记入"制造费用"账户的借方;管理部门领料1 250(500×2.50)元,应记入"管理费用"账户的借方;另一方面原材料减少了26 250元,应记入"原材料"账户的贷方。该项业务编制的会计分录如下。

借:生产成本——A产品　　　　　　　　　　　　　　　　　12 500
　　生产成本——B产品　　　　　　　　　　　　　　　　　10 500
　　制造费用　　　　　　　　　　　　　　　　　　　　　　2 000
　　管理费用　　　　　　　　　　　　　　　　　　　　　　1 250
　贷:原材料——甲材料　　　　　　　　　　　　　　　　　13 750
　　　原材料——乙材料　　　　　　　　　　　　　　　　　10 500
　　　原材料——丙材料　　　　　　　　　　　　　　　　　2 000

二、薪资业务核算

（一）账户设置

1."应付职工薪酬"账户

① 账户性质:负债类账户。

② 账户结构和内容:用来核算企业根据有关规定应付给职工的各种薪酬,包括职工工资、奖金、津贴、福利费等。其借方登记支付给职工的各种薪酬及支付的工会经费、职工教育经费、缴纳的社会保险费、住房公积金等,贷方登记企业应付给职工的各种薪酬;期末余额在贷方,表示应付未付的职工薪酬。

③ 账户明细:本账户按照"工资""职工福利""社会保险费""住房公积金""工会经费""职工教育经费"等设置明细账户,进行明细分类核算。

"应付职工薪酬"账户的结构如下。

借方	应付职工薪酬	贷方
	期初余额	
支付的各种薪酬	应付的各种薪酬	
	期末余额:应付未付的职工薪酬	

（二）典型业务处理

1. 计算工资

工作实例4-28 森宇有限责任公司结算本月应付职工工资如下:生产A产品工人

工资总额 300 000 元,生产 B 产品工人工资总额 200 000 元,生产车间管理人员工资 7 000 元,行政管理人员工资总额 50 000 元,专设产品销售机构人员工资 20 000 元。

实例分析:该项经济业务的发生,一方面成本费用增加根据工资发放部门记入不同的成本费用账户的借方,即生产 A 产品工人工资 300 000 元,生产 B 产品工人工资 200 000 元,应记入"生产成本"账户的借方;车间管理人员工资 7 000 元,应记入"制造费用"账户的借方;管理人员工资 50 000 元,应记入"管理费用"账户的借方;销售机构人员工资 20 000元,应记入"销售费用"账户的借方;另一方面应付未付工资增加了 640 000 元,应记入"应付职工薪酬"账户的贷方。该项业务编制的会计分录如下。

借:生产成本——A 产品　　　　　　　　　　　　　　　　300 000
　　生产成本——B 产品　　　　　　　　　　　　　　　　200 000
　　制造费用　　　　　　　　　　　　　　　　　　　　　 70 000
　　管理费用　　　　　　　　　　　　　　　　　　　　　 50 000
　　销售费用　　　　　　　　　　　　　　　　　　　　　 20 000
　贷:应付职工薪酬——工资　　　　　　　　　　　　　　640 000

2. 计提社会保险等各项费用

工作实例 4-29　根据公司所在地政府的规定,公司分别按照职工工资的 10%、12%、2% 和 10.5% 计提医疗保险费、养老保险费、失业保险费和住房公积金,缴纳给当地社会保险经办机构和住房公积金管理机构。根据上年实际发生的职工福利费情况,公司预计本年应承担的职工福利费义务金额为职工工资总额的 2%,职工福利的受益对象为上述所有人员。此外,公司分别按照职工工资总额的 2% 和 1.5% 计提工会经费和职工教育经费。

实例分析:应计入 A 产品生产成本的职工薪酬金额
=300 000×(10%+12%+2%+10.5%+2%+2%+1.5%)=120 000(元)
应计入 B 产品生产成本的职工薪酬金额
=200 000×(10%+12%+2%+10.5%+2%+2%+1.5%)=80 000(元)
应计入制造费用的职工薪酬金额
=70 000×(10%+12%+2%+10.5%+2%+2%+1.5%)=28 000(元)
应计入管理费用的职工薪酬金额
=50 000×(10%+12%+2%+10.5%+2%+2%+1.5%)=20 000(元)
应计入销售费用的职工薪酬金额
=20 000×(10%+12%+2%+10.5%+2%+2%+1.5%)=8 000(元)
该项业务编制的会计分录如下。

借:生产成本——A 产品　　　　　　　　　　　　　　　　120 000
　　生产成本——B 产品　　　　　　　　　　　　　　　　 80 000
　　制造费用　　　　　　　　　　　　　　　　　　　　　 28 000
　　管理费用　　　　　　　　　　　　　　　　　　　　　 20 000
　　销售费用　　　　　　　　　　　　　　　　　　　　　 8 000
　贷:应付职工薪酬——职工福利　　　　　　　　　　　　 12 800
　　　应付职工薪酬——社会保险费　　　　　　　　　　　153 600

应付职工薪酬——住房公积金	67 200
应付职工薪酬——工会经费	12 800
应付职工薪酬——职工教育经费	9 600

3. 发放工资

目前,企业发放职工薪酬有两种形式:一是直接用现金发放;二是通过银行代发。这两种发放工资的形式,企业可根据自身情况进行选择。

工作实例 4-30 森宇有限责任公司从银行存款中提取现金 640 000 元,准备发放职工工资。

实例分析:该项经济业务的发生,一方面使公司增加了 640 000 元库存现金,记入"库存现金"账户的借方;另一方面银行存款减少了 640 000 元,应记入"银行存款"账户的贷方。该项业务编制的会计分录如下。

借:库存现金	640 000
贷:银行存款	640 000

工作实例 4-31 森宇有限责任公司用库存现金 640 000 元发放职工工资。

实例分析:该项经济业务的发生,一方面使公司的库存现金减少了 640 000 元,记入"库存现金"账户的贷方;另一方面公司的应付未付工资减少了 640 000 元,应记入"应付职工薪酬"账户的借方。该项业务编制的会计分录如下。

借:应付职工薪酬	640 000
贷:库存现金	640 000

工作实例 4-32 承接上述工作实例,森宇有限责任公司委托开户银行发放职工工资 640 000 元,另向银行支付代发工资的手续费 300 元。

实例分析:该项经济业务的发生,一方面使公司的银行存款减少了 640 300 元,记入"银行存款"账户的贷方;另一方面公司的应付未付工资减少了 640 000 元,应记入"应付职工薪酬"账户的借方,支付手续费增加 300 元,应记入"财务费用"账户的借方。该项业务编制的会计分录如下。

借:应付职工薪酬	640 000
财务费用	300
贷:银行存款	640 300

三、其他费用业务核算

(一)账户设置

1. "累计折旧"账户

固定资产在使用过程中,价值会逐渐损耗,固定资产由于使用发生磨损而减少的价值称为固定资产折旧。由于"固定资产"账户是用来核算企业固定资产的原始价值的增减变动和结存情况,而"累计折旧"账户是专门用来核算固定资产损耗价值的账户,以便于计算和反映固定资产的账面净值。

① 账户性质:资产类账户,按用途结构其属于固定资产的抵减账户。

② 账户结构和内容:用来核算固定资产因磨损而减少的价值。其登记方向与一般资产账户相反,即借方登记处置固定资产时累计折旧的减少,贷方登记按期计提的固定资产累计折旧;期末余额在贷方,表示现有固定资产已提累计折旧额。

"累计折旧"账户的结构如下。

借方	累计折旧	贷方
累计折旧的减少	期初余额	
	计提的固定资产累计折旧	
	期末余额:已计提的累计折旧额	

2. "其他应收款"账户

① 账户性质:资产类账户。

② 账户结构和内容:用来核算企业除应收账款、应收票据、预付账款以外的各种应收、暂付款项,包括应收各种赔款、罚款、存出保证金、预借职工的差旅费等。借方登记企业其他应收、暂付款项的增加数,贷方登记其他应收、暂付款项的减少数;余额在借方,表示尚未收回的其他应收、暂付款项数额。

③ 账户明细:本账户按照不同的债务人设置明细账户,进行明细分类核算。

"其他应收款"账户的结构如下。

借方	其他应收款	贷方
其他应收、暂付款项的增加数	期初余额	
	其他应收、暂付款项的减少数	
期末余额:尚未收回的其他应收、暂付款项数		

3. "制造费用"账户

"制造费用"账户在前面已介绍过,此处不再赘述。

4. "管理费用"账户

"管理费用"账户在前面已介绍过,此处不再赘述。

(二) 典型业务处理

1. 计提折旧费用

工作实例4-33 森宇有限责任公司月末计提本月固定资产折旧10 850元。其中,生产车间固定资产折旧额10 000元,行政管理部门固定资产折旧额850元。

实例分析:该项经济业务的发生,生产车间提取固定资产的折旧费用10 000元,记入"制造费用"账户的借方;行政管理部门提取固定资产的折旧费用850元,记入"管理费用"账户的借方;同时,固定资产的折旧额增加10 850元,应记入"累计折旧"账户的贷方。该项业务编制的会计分录如下。

借:制造费用　　　　　　　　　　　　　　　　　　　　　　　　10 000
　　管理费用　　　　　　　　　　　　　　　　　　　　　　　　　　850
　　贷:累计折旧　　　　　　　　　　　　　　　　　　　　　　　10 850

2. 支付各项费用

工作实例 4-34 森宇有限责任公司以银行存款支付车间水电费 2 500 元,行政管理部门水电费 1 200 元。

实例分析:该项经济业务的发生,生产车间水电费增加了 2 500 元,记入"制造费用"账户的借方;行政管理部门水电费增加了 1 200 元,记入"管理费用"账户的借方;同时,公司的银行存款减少了 3 700 元,应记入"银行存款"账户的贷方。该项业务编制的会计分录如下。

借:制造费用　　　　　　　　　　　　　　　　　　　　　　2 500
　　管理费用　　　　　　　　　　　　　　　　　　　　　　1 200
　　贷:银行存款　　　　　　　　　　　　　　　　　　　　　　3 700

工作实例 4-35 森宇有限责任公司以银行存款购买办公用品 1 000 元,其中用于生产车间 400 元,用于行政管理部门 600 元。

实例分析:该项经济业务的发生,生产车间办公费增加了 400 元,记入"制造费用"账户的借方;行政管理部门办公费增加 600 元,记入"管理费用"账户的借方;同时,公司的银行存款减少了 1 000 元,应记入"银行存款"账户的贷方。该项业务编制的会计分录如下。

借:制造费用　　　　　　　　　　　　　　　　　　　　　　　400
　　管理费用　　　　　　　　　　　　　　　　　　　　　　　600
　　贷:银行存款　　　　　　　　　　　　　　　　　　　　　1 000

工作实例 4-36 森宇有限责任公司办公室张新出差预借差旅费 3 500 元。

实例分析:该项经济业务的发生,公司其他应收款项增加了 3 500 元,记入"其他应收款"账户的借方;同时,公司的库存现金减少了 3 500 元,应记入"库存现金"账户的贷方。该项业务编制的会计分录如下。

借:其他应收款——张新　　　　　　　　　　　　　　　　　3 500
　　贷:库存现金　　　　　　　　　　　　　　　　　　　　　3 500

工作实例 4-37 森宇有限责任公司办公室张新出差回来报销差旅费 3 000 元,退回多借的 500 元。

实例分析:该项经济业务的发生,公司其他应收款项减少了 3 500 元,记入"其他应收款"账户的贷方;同时,公司的管理费用增加了 3 000 元,应记入"管理费用"账户的借方,库存现金增加 500 元,应记入"库存现金"账户的借方。该项业务编制的会计分录如下。

借:管理费用　　　　　　　　　　　　　　　　　　　　　　3 000
　　库存现金　　　　　　　　　　　　　　　　　　　　　　　500
　　贷:其他应收款——张新　　　　　　　　　　　　　　　　3 500

四、结转制造费用业务核算

(一)定义及内容

制造费用是产品制造企业为了生产产品和提供劳务而发生的各种间接费用。其具体内容可以分为以下三个部分。

① 间接用于产品生产的费用,例如,机物料消耗费用,车间生产用固定资产的折旧费、修理费、保险费,车间生产用的照明费、劳动保护费等。

② 直接用于产品生产,但管理上不要求或者不便于单独核算,因而没有单独设置成本项目进行核算的某些费用,例如,生产工具的摊销费、设计制图费、试验费,以及生产工艺用的动力费等。

③ 车间用于组织和管理生产的费用,例如,车间管理人员的工资及福利费,车间管理用的固定资产折旧费、修理费,车间管理用的摊销费,车间管理用的水电费、办公费、差旅费等。

(二) 分配

制造费用属于多种产品共同负担的间接费用,月末采用一定的方法分配计入产品生产成本。而分配方法有多种,一般按各种产品耗用的生产工时或生产工人的工资比例进行分配。计算公式如下。

$$制造费用分配率 = \frac{制造费用总额}{各种产品分配标准之和}$$

每种产品应负担的制造费用 = 该种产品的分配标准 × 制造费用分配率

(三) 典型业务处理

工作实例 4-38 承接上述工作实例,假定这些业务属于一个月份,则本月月末须归集计算本月发生的制造费用,并分配转入到 A 产品和 B 产品的生产成本中。(A 产品的生产工时 6 000 小时,B 产品的生产工时 4 000 小时。)

实例分析:该项经济业务的发生,公司的产品生产成本增加了 112 900 元,记入"生产成本"账户的借方;同时,公司的制造费用减少了 112 900 元,应记入"制造费用"账户的贷方。该项业务编制的会计分录如下。

本月制造费用 = 2 000 + 70 000 + 28 000 + 10 000 + 2 500 + 400 = 112 900(元)
制造费用分配率 = 112 900 ÷ (6 000 + 4 000) = 11.29(元/小时)
A 产品应分配的制造费用 = 11.29 × 6 000 = 67 740(元)
B 产品应分配的制造费用 = 11.29 × 4 000 = 45 160(元)

```
借:生产成本——A 产品                                    67 740
    生产成本——B 产品                                    45 160
  贷:制造费用                                          112 900
```

五、结转完工产品业务核算

(一) 定义及内容

1. 产品成本的计算

产品制造成本的计算,就是按照生产的各种产品,归集和分配在生产过程中所发生的各种生产费用,并按成本项目计算各种产品的总成本和单位成本。

实际工作中,产品成本的计算通过设置和登记"生产成本"的总账及明细账来完成。账内按产品成本项目设置专栏或专行,来归集应计入各种产品成本的生产费用。产品成本项目主要由直接材料、直接人工和制造费用构成。具体如下。

① 直接材料,是指直接用于产品生产、构成产品实体的原料及主要材料,有助于产品形成的辅助材料。

② 直接人工,是指直接参加产品生产的工人工资,以及按生产工人工资和规定比例计提的社会保险费等。

③ 制造费用,是指直接用于产品生产,但不便于计入产品成本,因而没有专设成本项目的费用和间接用于产品生产的各项费用,以及车间为组织管理生产所发生的费用等。

在以产品品种为成本计算对象的企业或车间,如果只生产一种产品,计算产品成本时,只需为这种产品开设一个生产成本明细账,账内按照成本项目设立专栏或专行。在这种情况下,发生的生产费用全部计入费用,可以直接记入该产品生产成本明细账,不存在在各成本计算对象之间分配费用的问题。如果生产产品两种及以上,按照产品品种分别开设生产成本明细账。发生的成本费用,凡能分得清为哪种产品所消耗的,则直接记入该种产品生产成本明细账中;凡不能分清的,则采用适当的分配方法在各成本计算对象之间进行分配,分别记入各产品生产成本明细账中。

2. 完工产品成本的结转

按产品品种设置并登记的产品生产成本明细账,归集计算产品成本。具体有以下几种情况。

① 月末如果某种产品全部完工,该种产品生产成本明细账所归集的费用总额,就是该种完工产品的总成本,除以该种产品的总产量即可计算出该产品的单位成本。

② 月末如果某种产品全部未完工,该种产品生产成本明细账所归集的费用总额,就是该种产品在产品的总成本。

③ 月末如果某种产品部分完工,部分未完工,该种产品生产成本明细账所归集的费用总额,就要通过适当的分配方法在完工产品和在产品之间进行分配,从而计算出完工产品的总成本和单位成本。此种情况涉及的问题将在成本会计课程中详细阐述,此处不再赘述。

(二) 账户设置

1. "库存商品"账户

① 账户性质:资产类账户。

② 账户结构和内容:用来核算企业已完成全部生产工序并已验收入库的可供销售的产品。其借方登记已经完工验收入库产品的实际成本,贷方登记结转已经出售的各种产品的实际成本;期末余额在借方,表示库存产成品的实际成本。

③ 账户明细:本账户按照产成品的品种、规格或类别设置明细账户,进行明细分类核算。

"库存商品"账户的结构如下。

借方	库存商品	贷方
期初余额		
完工验收入库的产成品		结转已出售产品的成本
期末余额:库存未售出的产品的实际成本		

2. "生产成本"账户

前面已经述及,此处不再赘述。

(三) 典型业务处理

工作实例 4-39　森宇有限责任公司月末 A 产品全部完工、B 产品全部完工。将前面所述的有关产品生产的各项费用直接记入或分别记入 A、B 两种产品的成本明细账,如表 4-1 和表 4-2 所示,即可据以计算出 A 种产品的完工产品成本和 B 种产品的完工产品成本,并据此编制产品生产成本计算表,如表 4-3 所示。

表 4-1　　　　　　　　　　　　"生产成本"明细账

产品品种或类别:A 产品　　　　　　　　　　　　　　　　　　　　　　　　　　　　元

年		凭证字号	摘 要	借方(成本项目)				贷方	借或贷	余额
月	日			直接材料	直接人工	制造费用	合计			
(略)	(略)	(略)	领用材料 分配工资 计提社保等费用 分配制造费用 结转完工产品成本	12 500	300 000 120 000	67 740	12 500 300 000 120 000 67 740	500 240	借 借 借 借 平	12 500 312 500 432 500 500 240 —
			本期发生额及余额	12 500	420 000	67 740	500 240	500 240	平	

表 4-2　　　　　　　　　　　　"生产成本"明细账

产品品种或类别:B 产品　　　　　　　　　　　　　　　　　　　　　　　　　　　　元

年		凭证字号	摘 要	借方(成本项目)				贷方	借或贷	余额
月	日			直接材料	直接人工	制造费用	合计			
(略)	(略)	(略)	领用材料 分配工资 计提社保等费用 分配制造费用 结转完工产品成本	10 500	200 000 80 000	45 160	10 500 200 000 80 000 45 160	335 660	借 借 借 借 平	10 500 210 500 290 500 335 660 —
			本期发生额及余额	10 500	280 000	45 160	335 660	335 660	平	

表 4-3　　　　　　　　　　　　　产品成本计算表　　　　　　　　　　　　　　　　元

成本项目	A 产品		B 产品	
	总成本(1 000 件)	单位成本/(元/件)	总成本(1 500 件)	单位成本/(元/件)
直接材料	12 500	12.5	10 500	7
直接人工	420 000	420	280 000	186.67
制造费用	67 740	67.74	45 160	30.1
合 计	500 240	500.24	335 660	223.77

工作实例 4-40　本月投产的 1 000 件 A 产品、1 500 件 B 产品全部完工验收入库,计算并结转 A 产品、B 产品的实际生产成本。

实例分析:该项经济业务的发生,公司的库存产成品 A 产品成本增加了 500 240 元,B 产品成本增加了 335 660 元,均记入"库存商品"账户的借方;同时,由于结转完工入库产成品的实际生产成本使生产过程中占用的资金减少了 835 900 元,应记入"生产成本"账户的贷方。该项业务编制的会计分录如下。

借：库存商品——A产品　　　　　　　　　　　　　　500 240
　　库存商品——B产品　　　　　　　　　　　　　　335 660
　贷：生产成本——A产品　　　　　　　　　　　　　　500 240
　　生产成本——B产品　　　　　　　　　　　　　　335 660

第五节　产品销售过程核算

企业经过产品生产过程，生产出符合要求、可供对外销售的产品，形成了商品存货，接下来就进入销售过程。在销售过程中，将生产出来的产品销售出去，实现它们的价值。销售过程是企业经营过程的最后一个阶段。产品制造企业在销售过程中结转的商品销售成本，以及发生的运输、包装、广告等销售费用，按照国家税法的规定计算缴纳的各种销售税金等都应该从销售收入中得到补偿，补偿之后的差额即为企业销售商品的业务成果即利润或亏损。

企业在销售过程中除了发生销售商品、自制半成品及提供工业性劳务等业务（属于主营业务）外，还会发生销售材料、出租包装物、出租固定资产等业务（属于其他业务）。

一、产品销售业务处理

（一）账户设置

1. "主营业务收入"账户

① 账户性质：损益类中的收入账户。

② 账户结构和内容：用来核算企业在销售商品、提供劳务等日常活动中所实现的收入。其借方登记发生销售退回和销售折让时，应冲减本期主营业务收入和期末转入"本年利润"账户的主营业务收入（按净额结转），贷方登记企业实现的主营业务收入；结转后无期末余额。

③ 账户明细：本账户按照主营业务的种类设置明细账户，进行明细分类核算。

"主营业务收入"账户的结构如下：

借方	主营业务收入	贷方
销售退回、销售折让		实现的主营业务收入
期末转入"本年利润"账户的净收入		
	期末无余额	

2. "应收账款"账户

① 账户性质：资产类账户。

② 账户结构和内容：用来核算企业因销售商品和提供劳务等而应向购货单位或接受劳务单位收取货款的结算情况（还包括代购货单位垫付的各种款项）。其借方登记由于销售商品及提供劳务等发生的应收账款（即应收账款的增加，包括应收取的价款、税款和代垫款项等），贷方登记已经收回的应收账款（即应收账款的减少）；期末余额在借方，表示尚未收回的应收账款。

③ 账户明细：本账户按照不同的购货单位或接受劳务单位设置明细账户，进行明细分

类核算。

"应收账款"账户的结构如下。

借方	应收账款	贷方
期初余额		
发生的应收账款	收回的应收账款	
期末余额:应收未收款项		

3. "应收票据"账户

① 账户性质:资产类账户。

② 账户结构和内容:用来核算企业销售商品而收到购货单位开出并承兑的商业承兑汇票或银行承兑汇票的增减变动及其结余情况。其借方登记收到购货单位开出并承兑的商业汇票,表明企业票据应收款的增加,贷方登记到期票据、贴现的银行承兑汇票、背书转让的票据等;期末余额在借方,表示企业持有的尚未到期的商业汇票。

③ 账户明细:本账户按照购货单位或接受劳务单位设置明细账户,进行明细分类核算。

"应收票据"账户的结构如下。

借方	应收票据	贷方
期初余额		
收到商业汇票的金额	到期票据、贴现的银行承兑汇票、背书转让的票据金额	
期末余额:尚未到期的商业汇票金额		

下面对商业汇票的有关内容作简单介绍。商业汇票是由收款人或付款人(或承兑申请人)签发,由承兑人承兑,并于到期日向收款人或持票人无条件支付款项的票据。商业汇票结算方式适用于企业先发货后收款或者双方约定延期付款的具有真实交易关系或债权、债务关系等款项的结算,同城结算和异地结算均可使用。商业汇票按承兑人的不同可以分为商业承兑汇票和银行承兑汇票两种。

4. "预收账款"账户

① 账户性质:负债类账户。

② 账户结构和内容:用来核算企业按照合同约定预收购货单位订货款的增减变动及其结余情况。其借方登记企业因提供产品或劳务核销的预收账款,贷方登记预收购买单位订货款的增加。期末余额在贷方,表示企业尚未提供产品或劳务的预收货款;如有借方余额,表示企业应补收的款项。

③ 账户明细:本账户按照购货单位设置明细账户,进行明细分类核算。

"预收账款"账户的结构如下。

借方	预收账款	贷方
	期初余额	
实现的销售收入冲减的预收款	企业向购货单位预收的款项	
退回多收的预收款	补收的货款	
期末余额:企业应补收的款项	期末余额:企业预收的款项	

(二) 典型业务处理

1. 钱货两清业务核算

工作实例 4-41 森宇有限责任公司向环华公司销售 A 产品 500 件,每件售价 800 元(不含税价),增值税税率为 13%,以上全部款项存入银行。

实例分析: 该项经济业务的发生,公司的银行存款增加了 452 000 元,记入"银行存款"账户的借方;公司的主营业务收入增加了 400 000 元,记入"主营业务收入"账户的贷方;同时,增值税销项税额增加了 52 000 元,应记入"应交税费——应交增值税(销项税额)"账户的贷方。该项业务编制的会计分录如下。

借:银行存款　　　　　　　　　　　　　　　　　　　　　452 000
　贷:主营业务收入——A 产品　　　　　　　　　　　　　400 000
　　　应交税费——应交增值税(销项税额)　　　　　　　 52 000

2. 赊销业务核算

工作实例 4-42 森宇有限责任公司向环华公司销售 B 产品 300 件,每件售价 500 元(不含税价),增值税税率为 13%,货款暂未收到,同时用银行存款代垫运费 1 000 元。

实例分析: 该项经济业务的发生,公司的应收款项增加了 176 500 元,记入"应收账款"账户的借方;公司的主营业务收入增加了 150 000 元,记入"主营业务收入"账户的贷方;同时,增值税销项税额增加了 19 500 元,应记入"应交税费——应交增值税(销项税额)"账户的贷方;用银行存款支付的代垫运费记入"银行存款"账户的贷方。该项业务编制的会计分录如下。

借:应收账款——环华公司　　　　　　　　　　　　　　　170 500
　贷:主营业务收入——B 产品　　　　　　　　　　　　　150 000
　　　应交税费——应交增值税(销项税额)　　　　　　　 19 500
　　　银行存款　　　　　　　　　　　　　　　　　　　　 1 000

工作实例 4-43 森宇有限责任公司向明云公司销售 B 产品 600 件,每件售价 500 元(不含税价),增值税税率为 13%,收到对方公司签发的 3 个月期商业承兑汇票一张。

实例分析: 该项经济业务的发生,公司的应收票据款增加了 339 000 元,记入"应收票据"账户的借方;公司的主营业务收入增加了 300 000 元,记入"主营业务收入"账户的贷方;同时,增值税销项税额增加了 39 000 元,应记入"应交税费——应交增值税(销项税额)"账户的贷方。该项业务编制的会计分录如下。

借:应收票据——明云公司　　　　　　　　　　　　　　　339 000
　贷:主营业务收入——B 产品　　　　　　　　　　　　　300 000
　　　应交税费——应交增值税(销项税额)　　　　　　　 39 000

3. 预收业务核算

工作实例4-44 2019年12月25日,由于市场上A产品货源紧张,森宇有限责任公司收到庆生公司购买A产品的预付款338 400元,存入银行。

实例分析:该项经济业务的发生,公司的银行存款增加了338 400元,记入"银行存款"账户的借方;同时,公司的预收款项增加了338 400元,记入"预收账款"账户的贷方。该项业务编制的会计分录如下。

借:银行存款　　　　　　　　　　　　　　　　　　　　　　　338 400
　　贷:预收账款——庆生公司　　　　　　　　　　　　　　　　　338 400

工作实例4-45 2019年12月31日,森宇有限责任公司生产的A产品完工,按照合同向庆生公司发出A产品400件。双方约定产品验收3日后无问题补足余款。

实例分析:公司原预收庆生公司的货款338 400元,而现在发货的价税款为374 400(320 000+54 400)元,不足款项的差额为36 000(374 400-338 400)元。该项经济业务的发生,公司的预收款项减少了338 400元,记入"预收账款"账户的借方;银行存款增加了23 200元,记入"银行存款"账户的借方;公司的主营业务收入增加了320 000元,记入"主营业务收入"账户的贷方;同时,增值税销项税额增加了41 600元,应记入"应交税费——应交增值税(销项税额)"账户的贷方。该项业务编制的会计分录如下。

借:预收账款——庆生公司　　　　　　　　　　　　　　　　　338 400
　　银行存款　　　　　　　　　　　　　　　　　　　　　　　 23 200
　　贷:主营业务收入——A产品　　　　　　　　　　　　　　　　320 000
　　　　应交税费——应交增值税(销项税额)　　　　　　　　　　 41 600

二、结转销售成本业务处理

销售收入的确认,实际上是生产成本实现价值的过程。企业在销售过程中,一方面确认收入,取得款项或相关债权,同时也要发出商品,结转商品的销售成本,确认费用。

(一)账户设置

1. "主营业务成本"账户

① 账户性质:损益类中的费用账户。

② 账户结构和内容:用来核算企业因销售商品、提供劳务等日常活动应结转的成本。其借方登记本期销售各种商品、提供劳务应结转的主营业务成本,贷方登记期末转入"本年利润"账户的数额;结转后无期末余额。

③ 账户明细:本账户按照主营业务商品的种类设置明细账户,进行明细分类核算。

"主营业务成本"账户的结构如下。

借方	主营业务成本	贷方
发生的主营业务成本	期末转入"本年利润"账户的数额	
	期末无余额	

2. "库存商品"账户

"库存商品"账户前面已经述及,在此不再赘述。

(二) 典型业务处理

工作实例 4-46　森宇有限责任公司月末结转已售产品的实际生产成本。其中,A产品的单位成本为500.24元/件,B产品的单位成本为223.77元/件。

实例分析:实际工作中,产品销售成本的确定取决于发出存货的实际单位成本,计算发出存货成本的方法很多,按现行会计制度规定,可以采用先进先出法、加权平均法及个别计价等方法来确定发出存货的实际成本,具体内容将在中级财务会计课程中详细介绍,此处不再赘述。本例使用的单位成本是当月生产产品的实际生产成本。

该项经济业务的发生,公司的销售成本增加了651 609元,记入"主营业务成本"账户的借方;同时,公司的库存商品减少了651 609元,记入"库存商品"账户的贷方。该项业务编制的会计分录如下。

A产品销售总成本 = (500 + 400) × 500.24 = 450 216(元)
B产品销售总成本 = (300 + 600) × 223.77 = 201 393(元)

借:主营业务成本——A产品　　　　　　　　　　　　450 216
　　主营业务成本——B产品　　　　　　　　　　　　201 393
　贷:库存商品——A产品　　　　　　　　　　　　　　　　450 216
　　　库存商品——B产品　　　　　　　　　　　　　　　　201 393

三、其他业务收支处理

企业在经营过程中,除了要发生主营业务之外,还会发生一些非经常性的、具有兼营性的其他业务。其他业务(又称附营业务)是指企业在经营过程中发生的除主营业务以外的其他销售业务,包括销售材料、出租包装物、出租固定资产、出租无形资产、出租商品、用材料进行非货币性资产交换或债务重组等活动。

(一) 账户设置

1. "其他业务收入"账户

① 账户性质:损益类中的收入账户。

② 账户结构和内容:用来核算企业除产品销售以外的其他经营活动实现的收入,如材料销售、技术转让、固定资产出租、无形资产出租、包装物出租、代购代销、运输等非工业性劳务收入。其借方登记期末转入"本年利润"账户的数额,贷方登记本期各项其他业务收入的发生数;结转后无期末余额。

③ 账户明细:本账户按照其他业务的种类设置明细账户,进行明细分类核算。

"其他业务收入"账户的结构如下。

借方	其他业务收入	贷方
期末转入"本年利润"账户的数额		发生的各项其他业务收入

期末无余额

2. "其他业务成本"账户

① 账户性质:损益类中的费用账户。

② 账户结构和内容:用来核算企业除产品销售以外的其他经营活动所发生的成本,如销售材料、提供劳务、出租固定资产的折旧额,出租无形资产的摊销额,出租包装物的成本或摊销额等而发生的相关成本、费用等。其借方登记本期各项其他业务成本的发生数,贷方登记期末转入"本年利润"账户的数额;结转后无期末余额。

③ 账户明细:本账户按照其他业务的种类设置明细账户,进行明细分类核算。

"其他业务成本"账户的结构如下。

借方	其他业务成本	贷方
发生的各项其他业务成本		期末转入"本年利润"账户的数额
	期末无余额	

(二) 典型业务处理

工作实例 4-47 森宇有限责任公司出售一批原材料,价款 25 000 元,增值税 3 250元。款项已经存入银行。

实例分析:该项经济业务的发生,公司的银行存款增加了 28 250 元,记入"银行存款"账户的借方;公司的材料销售收入增加了 25 000 元,记入"其他业务收入"账户的贷方;同时,增值税销项税额增加了 3 250 元,应记入"应交税费——应交增值税(销项税额)"账户的贷方。该项业务编制的会计分录如下。

借:银行存款　　　　　　　　　　　　　　　　　　　　　　28 250
　　贷:其他业务收入　　　　　　　　　　　　　　　　　　　25 000
　　　　应交税费——应交增值税(销项税额)　　　　　　　　 3 250

工作实例 4-48 承接工作实例 4-47,森宇有限责任公司月末结转本月销售材料的成本 18 000 元。

实例分析:该项经济业务的发生,公司的其他业务成本增加 18 000 元,记入"其他业务成本"账户的借方;同时,公司的原材料减少了 18 000 元,记入"原材料"账户的贷方。该项业务编制的会计分录如下。

借:其他业务成本　　　　　　　　　　　　　　　　　　　　18 000
　　贷:原材料　　　　　　　　　　　　　　　　　　　　　　18 000

四、销售费用及税金业务处理

(一) 账户设置

1. "销售费用"账户

① 账户性质:损益类中的费用账户。

② 账户结构和内容:用来核算企业为销售产品而发生的各种费用,如运输费、包装费、保险费、装卸费等产品自销费用;广告费、展览费、柜台费、销售服务费等产品促销费用;专设销售机构的职工工资、福利费、业务费、折旧费等经营费用。其借方登记本期发生的各种销售费用,贷方登记期末转入"本年利润"账户的数额;结转后无期末余额。

③ 账户明细:本账户按照费用项目设置明细账户,进行明细分类核算。

"销售费用"账户的结构如下。

借方	销售费用	贷方
为销售所发生的各种费用		期末转入"本年利润"账户的数额
	期末无余额	

2. "税金及附加"账户

① 账户性质:损益类中的费用账户。

② 账户结构和内容:用来核算企业销售商品、提供劳务等应负担的税金及附加费,包括除增值税以外的消费税、城市维护建设税、资源税、关税、土地增值税和教育费附加等。其借方登记按规定税率计算确认的、与经营活动有关的、应由企业负担的税金及附加,贷方登记期末转入"本年利润"账户的数额;结转后无期末余额。

③ 账户明细:本账户按照费用项目设置明细账户,进行明细分类核算。

"税金及附加"账户的结构如下。

借方	税金及附加	贷方
应负担的税金及附加费		期末转入"本年利润"账户的数额
	期末无余额	

(二) 典型业务处理

1. 支付销售费用

工作实例4-49 森宇有限责任公司为销售商品,用银行存款支付广告宣传费用35 000元。

实例分析:该项经济业务的发生,公司的销售费用增加了35 000元,记入"销售费用"账户的借方;同时,公司的银行存款减少了35 000元,记入"银行存款"账户的贷方。该项业务编制的会计分录如下。

借:销售费用　　　　　　　　　　　　　　　　　　　　35 000
　　贷:银行存款　　　　　　　　　　　　　　　　　　　　35 000

2. 税金费用的计算

工作实例4-50 按税法规定,森宇有限责任公司计算出本月负担的城市维护建设税9 650元和教育费附加4 136元。

实例分析:该项经济业务的发生,公司的税费增加了13 786元,记入"税金及附加"账户的借方;同时,因税费尚未缴纳,公司应交的城市维护建设税和教育费附加增加了9 650元和4 136元,记入"应交税费——应交城市维护建设税""应交税费——教育费附加"账户的贷方。该项业务编制的会计分录如下。

借:税金及附加　　　　　　　　　　　　　　　　　　　13 786
　　贷:应交税费——应交城市维护建设税　　　　　　　　　9 650
　　　　应交税费——教育费附加　　　　　　　　　　　　4 136

五、收回销售款项业务处理

工作实例4-51 森宇有限责任公司收到环华公司前欠的购货款176 500元。

实例分析：该项经济业务的发生，公司的应收账款减少了176 500元，记入"应收账款"账户的贷方；同时，公司的银行存款增加了176 500元，应记入"银行存款"账户的借方。该项业务编制的会计分录如下：

借：银行存款　　　　　　　　　　　　　　　　　　　　176 500
　　贷：应收账款——环华公司　　　　　　　　　　　　　　　176 500

工作实例4-52 森宇有限责任公司收到明云公司签发的商业承兑汇票到期，票面金额为351 000元，已经通过银行账户收存。

实例分析：该项经济业务的发生，公司的应收票据减少了351 000元，记入"应收票据"账户的贷方；同时，公司的银行存款增加了351 000元，应记入"银行存款"账户的借方。该项业务编制的会计分录如下：

借：银行存款　　　　　　　　　　　　　　　　　　　　351 000
　　贷：应收票据——明云公司　　　　　　　　　　　　　　　351 000

第六节　财务成果形成与分配业务核算

企业的财务成果，是指企业在一定时期内全部经营活动所取得的利润或发生的亏损。为了正确计算企业在一定会计期间的盈亏，首先，要正确计算一定会计期间的收入、收益，如主营业务收入、其他业务收入、投资收益等；其次，要正确计算同一会计期间与收入相关的费用、成本，如主营业务成本、税金及附加、其他业务成本、销售费用、管理费用、财务费用、所得税费用等；然后，通过收入与费用的配比来确定该会计期间的盈亏。企业实现利润后，还应按照有关规定对利润进行分配。因此，财务成果核算的主要任务就是计算、确定企业实现的利润和按规定对利润进行的分配。

一、利润形成的核算

利润就其构成内容来看，既有通过生产经营活动获得的，也有通过投资活动获得的，还有那些与生产经营活动没有直接关系的各项收入和支出等。按照我国会计准则的规定，工业企业的利润一般包括营业利润和直接计入当期利润的利得和损失等内容。即企业在生产经营过程中通过销售活动实现收入，扣除当初的投入成本及其他一系列费用，再加、减非经营性质的收支等，就形成了工业企业的利润或亏损总额。下面列示出各层次利润指标的计算公式。

利润（或亏损）总额 = 营业利润 + 直接计入当期利润的利得 - 直接计入当期利润的损失

上式中的营业利润是企业利润的主要来源（此指标能够较恰当地反映企业管理者的经营业绩），营业利润等于营业收入（包括主营业务收入和其他业务收入）减去营业成本（包括主营业务成本和其他业务成本）、期间费用、资产减值损失，再加上投资收益等。公式如下。

营业利润 = 营业收入 - 营业成本 - 税金及附加 - 销售费用 - 管理费用 - 财务费用 -

资产减值损失 + 公允价值变动收益 + 投资收益

直接计入当期利润的利得,是指与企业正常的生产经营活动没有直接关系的各项收益,包括非流动资产处置利得、非货币性资产交换利得、债务重组利得、政府补助、盘盈利得和捐赠利得等。直接计入当期利润的利得是企业的一种纯收入,不需要也不可能与有关费用进行配比(实际上企业为此并没有付出代价,因此在会计核算中应严格区分营业收入与外来营业收入的界限)。发生直接计入当期利润的所得时,应按其实际发生数进行核算,并直接增加企业的利润总额。

直接计入当期利润的损失,是指与企业正常生产经营活动没有直接关系的各种损失,包括非流动资产处置损失、非货币性资产交换损失、债务重组损失、公益性捐赠支出、非常损失、盘亏损失等。利得与损失应当分别核算,不能以利得直接冲减损失。在实际发生损失时,直接冲减企业当期的利润总额。

企业实现了利润总额后,先要向国家缴纳所得税费用,扣除所得税费用后的利润即为净利润。其计算公式如下。

净利润 = 利润总额 − 所得税费用

利润总额公式中的营业利润的内容,在销售过程核算中已经做了部分介绍,接下来要对营业利润构成项目中其他业务收支和构成利润总额的利得和损失、所得税费用的核算内容进行阐述,以便说明企业在一定时期内净利润的形成过程。

二、营业外收支业务处理

(一) 账户设置

1. "营业外收入"账户

① 账户性质:损益类中的收入账户。

② 账户结构和内容:用来核算企业发生的与企业生产经营无直接关系的各项收入,如非流动资产处置利得、非货币性资产交换利得、债务重组利得、政府补助、捐赠利得、罚没收入、违约金、赔偿金收入等。其借方登记期末转入"本年利润"账户的数额,贷方登记企业发生的各项营业外收入;结转后无期末余额。

③ 账户明细:本账户按照营业外项目设置明细账户,进行明细分类核算。

"营业外收入"账户的结构如下。

借方	营业外收入	贷方
期末转入"本年利润"账户的数额		企业发生的各项营业外收入

期末无余额

2. "营业外支出"账户

① 账户性质:损益类中的费用账户。

② 账户结构和内容:用来核算企业发生的与企业生产经营无直接关系的各项支出,如非流动资产处置损失、非货币性资产交换损失、债务重组损失、公益性捐赠支出、非常损失、固定资产盘亏损失、赔偿金、违约金、滞纳金、罚款等。其贷方登记期末转入"本年利润"账户的数额,借方登记企业发生的各项营业外支出;结转后无期末余额。

③ 账户明细:本账户按照营业外支出项目设置明细账户,进行明细分类核算。"营业外支出"账户的结构如下。

借方	营业外支出	贷方
企业发生的各项营业外支出		期末转入"本年利润"账户的数额
	期末无余额	

(二) 典型业务处理

1. 确认营业外收入核算

工作实例 4-53 森宇有限责任公司收到供应商客户违约金收入 10 000 元。

实例分析:该项经济业务的发生,公司的银行存款增加了 10 000 元,记入"银行存款"账户的借方;同时,公司的利得增加了 10 000 元,记入"营业外收入"账户的贷方。该项业务编制的会计分录如下。

借:银行存款　　　　　　　　　　　　　　　　　　　　　10 000
　　贷:营业外收入　　　　　　　　　　　　　　　　　　　　10 000

2. 发生营业外支出核算

工作实例 4-54 森宇有限责任公司向红十字会捐赠 25 000 元。

实例分析:该项经济业务的发生,公司的捐赠支出增加了 25 000 元,记入"营业外支出"账户的借方;同时,公司的银行存款减少了 25 000 元,记入"银行存款"账户的贷方。该项业务编制的会计分录如下。

借:营业外支出　　　　　　　　　　　　　　　　　　　　25 000
　　贷:银行存款　　　　　　　　　　　　　　　　　　　　　25 000

三、投资收益业务处理

企业为了合理有效地使用资金以获取更多的经济利益,除了进行正常的生产经营活动外,还可以将资金投放于债券、股票或其他财产等,形成企业的对外投资。投资收益的实现或投资损失的发生都会影响企业当期的经营成果。

(一) 账户设置("投资收益"账户)

① 账户性质:损益类中的收入账户。

② 账户结构和内容:用来核算企业在一定会计期间对外投资所取得的回报。投资收益包括对外投资所分得的股利和收到的债券利息,以及投资到期收回或到期前转让债权所得款项高于账面价值的差额等。投资活动也可能遭受损失,如投资到期收回的或到期前转让所得款低于账面价值的差额,即为投资损失。投资收益减去投资损失则为投资净收益。其借方登记发生的投资损失和期末转入"本年利润"账户的投资净收益,贷方登记实现的投资收益和期末转入"本年利润"账户的投资净损失;结转后无期末余额。

③ 账户明细:本账户按照投资的种类设置明细账户,进行明细分类核算。

"投资收益"账户的结构如下。

借方	投资收益	贷方
发生的投资损失		实现的投资收益
期末转入"本年利润"账户的投资净收益		期末转入"本年利润"账户的投资净损失

期末无余额

（二）典型业务处理

工作实例 4-55 森宇有限责任公司收到被投资单位的分红 5 600 元。已经存入银行。

实例分析：该项经济业务的发生，公司的银行存款增加了 5 600 元，记入"银行存款"账户的借方；同时，公司的投资收益增加了 5 600 元，记入"投资收益"账户的贷方。该项业务编制的会计分录如下。

借：银行存款　　　　　　　　　　　　　　　　　　　　　　　　5 600
　　贷：投资收益　　　　　　　　　　　　　　　　　　　　　　　　　5 600

四、利润形成业务处理

（一）账户设置

1．"本年利润"账户

① 账户性质：所有者权益类账户。

② 账户结构和内容：用来核算企业当期实现的净利润或发生的净亏损。其借方登记从费用支出类账户转入的本期发生的各种费用支出，包括主营业务成本、税金及附加、销售费用、管理费用、财务费用、其他业务成本、营业外支出和所得税费用；贷方登记从收入、收益类账户转入的本期发生的各项收入，包括主营业务收入、其他业务收入、投资收益（净收益）和营业外收入等；期末，将本期的收入、收益和费用支出相抵后，若为贷方余额表示当期实现的利润，若为借方余额表示当期发生的亏损。平时该账户的余额保留在本账户，表示截止到本期当年度累计实现的利润或发生的亏损，年末，再将该账户的余额转入"利润分配——未分配利润"账户，年终结转后该账户无余额。

"本年利润"账户的结构如下。

借方	本年利润	贷方
期初余额		期初余额
由费用账户转入的数额		由收入账户转入的数额
转出净利润		转出亏损

年末结转后无余额

2．"所得税费用"账户

① 账户性质：损益类中的费用账户。

② 账户结构和内容：用来核算企业按规定计入当期损益的所得税费用。其借方登记按照应纳税所得额计算出的计入当期损益的所得税费用，贷方登记期末转入"本年利润"账户

的所得税费用；结转后该账户无余额。

"所得税费用"账户的结构如下。

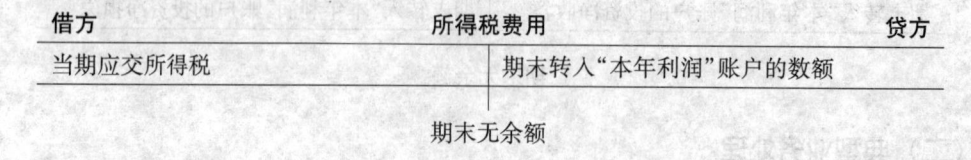

借方	所得税费用	贷方
当期应交所得税		期末转入"本年利润"账户的数额
	期末无余额	

（二）典型业务处理

1. 结转当期损益类账户

会计期末，企业在未结转各种损益类账户之前，本期实现的各项收入，以及与之相配比的成本费用是分散反映在不同的损益类账户上的，为了遵循配比的要求，使本期的收支相抵，以便确定本期经营成果，期末需要编制转账的会计分录，结清各损益类账户。

工作实例4-56 根据前述工作实例，森宇有限责任公司将2019年12月的收益类账户结转到"本年利润"账户。

实例分析：该项经济业务的发生，公司的收益类账户所记录的各种收入减少了，分别记入到各账户的借方；同时，公司的利润额增加了，记入"本年利润"账户的贷方。该项业务编制的会计分录如下。

借：主营业务收入　　　　　　　　　　　　　　1 170 000
　　其他业务收入　　　　　　　　　　　　　　 25 000
　　营业外收入　　　　　　　　　　　　　　　 10 000
　　投资收益　　　　　　　　　　　　　　　　 5 600
　　贷：本年利润　　　　　　　　　　　　　　1 210 600

工作实例4-57 根据前述工作实例，森宇有限责任公司将2019年12月的费用类账户结转到"本年利润"账户。

实例分析：该项经济业务的发生，公司的费用类账户所记录的各种费用支出减少了，分别记入到各账户的贷方；同时，公司的利润额减少了，记入"本年利润"账户的借方。该项业务编制的会计分录如下。

借：本年利润　　　　　　　　　　　　　　　　 856 095
　　贷：主营业务成本　　　　　　　　　　　　 651 609
　　　　其他业务成本　　　　　　　　　　　　 18 000
　　　　税金及附加　　　　　　　　　　　　　 13 786
　　　　营业外支出　　　　　　　　　　　　　 25 000
　　　　管理费用　　　　　　　　　　　　　　 77 200
　　　　财务费用　　　　　　　　　　　　　　 7 500
　　　　销售费用　　　　　　　　　　　　　　 63 000

通过上述结转，本月的各项收入和费用（不包括所得税）都汇集于"本年利润"账户，将收入与费用相抵，就可以根据"本年利润"账户借、贷方的记录确定利润总额。本公司实现的利润总额为354 505（1 210 600-856 095）元。根据利润总额可以计算应交所得税费用。

2. 计算并结转所得税费用

所得税费用是企业按照国家税法的有关规定,对企业某一经营年度实现的经营所得和其他所得,按照规定的所得税税率计算缴纳的一种税款。所得税费用是企业使用政府所提供的各种服务而向政府应尽的义务。

所得税费用从本质上说是以在分配领域内产生的各项收益额为课征对象的一个通行税种,即不论是企业还是个人,只要有收益就应该缴纳所得税。由于税收具有自动改变和累进的功能,它随着课征客体收益的大小随时做出适应,所以这种累进的所得税(其他税种也是如此)对国家经济起着自动调节的作用,是国家经济的内在稳定器。从另外一个角度来看,一个经营实体向国家缴纳了所得税,意味着其资源的流出、经济利益的减少,因为税收又具有强制性和无偿性,所以应将所得税作为经营实体的一种费用看待,这不仅符合费用要素的定义,也符合配比原则的要求。

企业所得税是按年计算,分期预交,年终决算,多退少补。按年计算的公式如下:

$$企业应纳所得税 = 应纳税所得额 \times 所得税税率$$
$$应纳税所得额 = 利润总额 \pm 纳税调整项目$$

分期预交所得税的计算公式如下:

$$当期累计应纳所得税额 = 当期累计应纳税所得额 \times 所得税税率$$
$$当期应纳所得税额 = 当期累计应纳税所得额 - 上期累计已纳所得税额$$

本书为了简化起见,所得税是用当期实现的利润总额(不考虑纳税调整项目)乘以所得税税率计算求得,即:

$$应交所得税 = 利润总额 \times 所得税税率$$

工作实例 4-58 根据公司当期实现的利润总额,按 25% 所得税税率计算应交所得税。

$$应交所得税额 = 354\,505 \times 25\% = 88\,626.25(元)$$

实例分析:该项经济业务的发生,公司的所得税费用支出增加了 88 626.25 元,应记入"所得税费用"账户的借方;同时,公司的应交税费增加了 88 626.25 元,记入"应交税费——应交所得税"账户的贷方。该项业务编制的会计分录如下:

借:所得税费用　　　　　　　　　　　　　　　88 626.25
　　贷:应交税费——应交所得税　　　　　　　　　　　88 626.25

工作实例 4-59 公司将本月所得税费用结转到本年利润账户。

实例分析:该项经济业务的发生,公司的所得税费用予以转销,所得税费用的结转是费用支出的减少,应记入"所得税费用"账户的贷方;同时,结转所得税费用会使公司的利润减少,应记入"本年利润"账户的借方。该项业务编制的会计分录如下:

借:本年利润　　　　　　　　　　　　　　　　88 626.25
　　贷:所得税费用　　　　　　　　　　　　　　　　88 626.25

结转本期的所得税后,该公司"本年利润"账户的贷方余额 265 878.75(354 505 - 88 626.25)元,即为公司本期实现的净利润。

五、利润分配业务处理

（一）利润分配的顺序

利润分配是企业根据法律、董事会等决议提请股东大会批准，对企业可供分配利润指定其特定用途，或者分配给投资者的行为。

企业净利润的分配涉及各个方面的利益关系，包括投资者、企业及企业内部职工的经济利益，所以必须遵循兼顾投资者利益、企业利益及企业职工利益的原则对净利润进行分配。其分配的去向主要有以利润的形式分配给投资者，作为投资者对企业投资的回报；以公积金的形式留归企业，用于企业扩大生产经营；以未分配利润的形式留存于企业。

按照《中华人民共和国公司法》（以下简称《公司法》）等法律、法规的规定，企业当年实现的净利润，首先应弥补以前年度尚未弥补的亏损，对于剩余部分，应按照下列顺序进行分配。

① 提取法定盈余公积。法定盈余公积金应按照本年实现净利润的一定比例提取，《公司法》规定，公司制企业按净利润的 10% 提取；其他企业可以根据需要确定提取比例，但不得低于 10%；企业提取的法定盈余公积金累计额超过注册资本 50% 以上的，可以不再提取。

② 提取任意盈余公积。任意盈余公积一般按照股东大会决议提取。

③ 向投资者分配利润或股利。企业实现的净利润在扣除上述项目后，再加上年初未分配利润和其他转入数（公积金弥补的亏损等），形成可供投资者分配的利润，用公式表示为：

可供投资者分配的利润 = 净利润 − 弥补以前年度的亏损 − 提取的法定盈余公积 −

提取的任意盈余公积 + 以前年度未分配利润 + 公积金转入数

可供投资者分配的利润分配的顺序分别是先支付优先股股利，再支付普通股现金股利，最后转作资本（股本）的普通股股利。

可供投资者分配的利润经过上述分配后，为企业的未分配利润（或未弥补亏损）。年末未分配利润可按下式计算：

本年末未分配利润 = 可供投资者分配的利润 − 优先股股利 − 普通股股利

未分配利润是企业留待以后年度进行分配的利润或等待分配的利润，它是所有者权益的一个重要组成部分。相对于所有者权益的其他部分来说，企业对于未分配利润的使用有较大的自主权。

（二）账户设置

1. "利润分配"账户

① 账户性质：所有者权益类账户。

② 账户结构和内容：该账户是"本年利润"账户的抵减账户，用来核算企业利润的分配和亏损弥补情况，以及历年利润分配或亏损弥补后的余额。其借方登记实际分配的利润额，包括提取的盈余公积金和分配给投资者的利润，以及年末从"本年利润"账户转入的全年累计亏损额；贷方登记用盈余公积金弥补的亏损额等其他转入数，以及年末从"本年利润"账户转入的全年实现的净利润额；期末贷方余额表示未分配的利润，借方余额表示未弥补的亏损。

③ 账户明细：本账户一般设置以下几个明细账户，"提取法定盈余公积""提取任意盈余

公积""应付现金股利或利润""盈余公积补亏"和"未分配利润"等。年末,应将"利润分配"账户的其他有关明细账户的余额转入"利润分配——未分配利润"明细账户,结转后,除"未分配利润"明细账户外,其他明细账户均无余额。

"利润分配"账户的结构如下。

借方	利润分配	贷方
期初余额		期初余额
提取盈余公积金		盈余公积补亏
应付股利		
年末转入的亏损		年末转入的净利润
期末余额:未弥补亏损		期末余额:未分配利润

2. "盈余公积"账户

① 账户性质:所有者权益类账户。

② 账户结构和内容:用来核算企业按规定从净利润中提取的盈余公积,是具有特定用途的留存收益。其贷方登记提取的盈余公积数,借方登记用以弥补亏损或转增资本的金额;期末贷方余额表示盈余公积结余数。

③ 账户明细:本账户要按提取盈余公积的不同用途设置明细分类账,包括法定盈余公积、任意盈余公积等进行明细分类核算。

"盈余公积"账户的结构如下。

借方	盈余公积	贷方
		期初余额
弥补亏损或转增资本的金额		提取的盈余公积数
		期末余额:盈余公积结余数

3. "应付股利"账户

① 账户性质:负债类账户。

② 账户结构和内容:用来核算企业经董事会、股东大会或类似机构审议确定分配支付的现金股利或利润。其借方登记实际支付的股利或利润数,贷方登记应付给投资者的股利或利润数;期末贷方余额表示企业应付未付的股利和利润数。

③ 账户明细:本账户要按投资者设置明细分类账,进行分类核算。

"应付股利"账户的结构如下。

借方	应付股利	贷方
		期初余额
实际支付的股利或利润		应付给投资者的股利或利润
		期末余额:尚未支付的股利或利润

（三）典型业务处理

1. 结转本年利润

年末，企业将全年累计的"本年利润"余额转入"利润分配——未分配利润"。

工作实例4-60 森宇有限责任公司将2019年的净利润结转到"本年利润"账户。

实例分析：该项经济业务的发生，一方面将全年实现的净利润从贷方转出，记入"本年利润"账户的借方；另一方面转入"利润分配——未分配利润"账户的贷方。该项业务编制的会计分录如下。

　　借：本年利润　　　　　　　　　　　　　　　　　　　265 878.75
　　　　贷：利润分配——未分配利润　　　　　　　　　　　265 878.75

2. 提取盈余公积金

工作实例4-61 森宇有限责任公司按税后净利润的10%提取法定盈余公积。

实例分析：该项经济业务的发生，一方面使得利润分配增加了26 587.88元，记入"利润分配"账户的借方；另一方面使得提取的盈余公积增加了26 587.88元，记入"盈余公积"账户的贷方。该项业务编制的会计分录如下。

　　借：利润分配——提取法定盈余公积　　　　　　　　　26 587.88
　　　　贷：盈余公积——法定盈余公积　　　　　　　　　　26 587.88

3. 向投资者分配

工作实例4-62 森宇有限责任公司经股东大会决定，从税后利润中分配给投资者90 000元红利。

实例分析：该项经济业务的发生，一方面使得利润分配增加了90 000元，记入"利润分配"账户的借方；另一方面使得应付投资者利润这一债务增加了90 000元，记入"应付股利"账户的贷方。该项业务编制的会计分录如下。

　　借：利润分配——应付现金股利或利润　　　　　　　　90 000
　　　　贷：应付股利　　　　　　　　　　　　　　　　　　90 000

4. 结转利润分配

工作实例4-63 年末，森宇有限责任公司结转已分配的利润额。

实例分析：该项经济业务的发生，将"利润分配"的其他有关明细账户的利润分配额，转入"利润分配——未分配利润"账户。该项业务编制的会计分录如下。

　　借：利润分配——未分配利润　　　　　　　　　　　　116 587.88
　　　　贷：利润分配——提取法定盈余公积　　　　　　　　 26 587.88
　　　　　　利润分配——应付现金股利或利润　　　　　　　 90 000

本章小结

通过本章的学习，我们一方面了解企业资金的运动状态，包括资金进入企业的筹资业务及资金退出企业的利润分配业务，以及资金在企业内部周转的采购、生产与销售业务，这些都是企业经营过程的典型经济业务；另一方面，通过对一般制造业经济业务的学习，使学生熟练掌握企业常用的会计账户并能够进行正确的账务处理，这对将来在企业的实际工作打

第四章 工业企业主要经济业务的核算

下了良好的基础。本章是全书的核心部分,运用到了前面两章所述的会计核算方法——"设置会计科目和账户""复式记账",还了解了"成本计算"这个会计核算方法。本章中的典型例题展示了企业经济业务发生的原始凭证,为学生学习"填制和审核会计凭证"这一会计核算方法打了基础。

思考题

1. 工业企业主要有哪些经济业务?其资金是如何运动变化的?
2. 工业企业在生产准备阶段主要有哪些业务?对固定资产核算须设置哪些账户?
3. 材料采购成本包括哪些内容?应设置哪些账户对其核算?
4. 产品生产过程包括哪些主要业务?应设置哪些账户对其核算?
5. 产品销售过程有哪些主要经济业务?应设置哪些账户对其核算?
6. 企业的财务成果包括哪些内容?净利润如何计算?
7. 利润形成和利润分配包括哪些内容?应设置哪些账户对其核算?

练习题

一、单项选择题

1. 企业购入材料发生的采购费用,应记入(　　)账户。
   A. 制造费用　　　B. 管理费用　　　C. 生产成本　　　D. 原材料
2. 直接计入当期损益的费用有(　　)。
   A. 生产工人薪酬　　　　　　　　B. 生产车间的机器设备的折旧费
   C. 广告费用　　　　　　　　　　D. 生产车间的材料耗费
3. 企业短期借款的利息,应记入(　　)账户。
   A. 制造费用　　　B. 管理费用　　　C. 财务费用　　　D. 销售费用
4. 属于营业外收入的项目有(　　)。
   A. 销售产品的收入　　　　　　　B. 出售废料收入
   C. 固定资产处置收入　　　　　　D. 固定资产出租收入
5. 年末结转后,"利润分配"账户的贷方余额表示(　　)。
   A. 利润实现额　　B. 利润分配额　　C. 未分配利润　　D. 未弥补亏损
6. 某企业2019年3月份发生的费用有:计提车间用固定资产折旧10万元,支付车间管理人员工资40万元,支付广告费用30万元,计提短期借款利息20万元,支付劳动保险费10万元。该企业当期的期间费用总额为(　　)万元。
   A. 50　　　　　B. 60　　　　　C. 100　　　　　D. 110
7. 甲企业本期主营业务收入为500万元,主营业务成本为300万元,其他业务收入为200万元,其他业务成本为100万元,销售费用为15万元,资产减值损失为45万元,公允价值变动收益为60万元,投资收益为20万元,假定不考虑其他因素,该企业本期营业利润为(　　)万元。
   A. 300　　　　　B. 320　　　　　C. 365　　　　　D. 380
8. (　　)科目的借方余额反映期末的在产品成本。

A. 生产成本　　　　B. 原材料　　　　C. 库存商品　　　　D. 材料采购

9. 会导致实收资本增加的业务有(　　)。
   A. 资本公积转增资本　　　　B. 分配现金股利
   C. 计提盈余公积　　　　D. 企业按照法定程序减少注册资本

10. 企业接受其他单位或个人捐赠固定资产时,应贷记的账户是(　　)。
    A. 实收资本　　　B. 营业外收入　　　C. 资本公积　　　D. 盈余公积

11. (　　)是指企业收到投资者投入资本超过其所占注册资本份额的金额,以及直接计入所有者权益的利得或损失。
    A. 实收资本　　　B. 资本公积　　　C. 盈余公积　　　D. 未分配利润

12. "所得税费用"账户的贷方登记(　　)。
    A. 实际缴纳的所得税费用　　　　B. 转入"本年利润"账户的所得税费用
    C. 转入"生产成本"账户的税费　　　　D. 应由本企业负担的税费

13. 大华公司于2019年8月6日购入一台需要安装的生产用设备,取得的增值税专用发票上注明的设备买价为100 000元,增值税税额为13 000元,支付的运输费为2 000元,设备安装时领用工程用材料价值为10 000元,购入该批工程用材料的增值税为1 300元,设备安装时支付有关人员的工资为5 000元。该固定资产的成本为(　　)元。
    A. 117 000　　　B. 134 000　　　C. 135 700　　　D. 107 000

14. 企业购入材料5 000元(不考虑增值税),以银行存款支付4 000元,余额未付,材料已入库。这一经济业务不涉及的科目是(　　)。
    A. 原材料　　　B. 应收账款　　　C. 应付账款　　　D. 银行存款

15. 能在"固定资产"账户中核算的有(　　)。
    A. 购入正在安装的设备　　　　B. 经营性租入的设备
    C. 融资租入的正在安装的设备　　　　D. 购入的不需要安装的设备

二、多项选择题

1. "生产成本"账户的借方登记(　　)。
   A. 管理费用　　　　B. 直接人工费用
   C. 分配计入的制造费用　　　　D. 直接材料费用

2. 应计入工业企业外购存货入账价值的有(　　)。
   A. 存货的购买价格　　　　B. 运输途中的保险费
   C. 入库前的挑选整理费用　　　　D. 运输途中的合理损耗

3. 企业月末结转本月制造费用27 800元,根据甲、乙产品的生产工时比例分配制造费用,甲、乙产品的生产工时分别为30 000小时和20 000小时,应编制会计分录(　　)。
   A. 借:生产成本——甲产品　　　　　　　　　　　　16 680
   　　　贷:制造费用　　　　　　　　　　　　　　　　　　　16 680
   B. 借:生产成本——甲产品　　　　　　　　　　　　11 120
   　　　贷:制造费用　　　　　　　　　　　　　　　　　　　11 120
   C. 借:生产成本——乙产品　　　　　　　　　　　　11 120
   　　　贷:制造费用　　　　　　　　　　　　　　　　　　　11 120

D. 借:生产成本——乙产品 16 680
 　　贷:制造费用 16 680
4. 制造费用是指为生产产品和提供劳务所发生的各项间接费用,包括( )。
 A. 生产车间管理人员的工资和福利费　　B. 生产车间固定资产折旧费
 C. 生产车间的办公费　　D. 行政管理部门的水电费
5. 影响企业利润总额的有( )。
 A. 资产减值损失　　B. 公允价值变动损益
 C. 所得税费用　　D. 营业外支出
6. 某企业2019年期初"利润分配"无余额,当年实现净利润600 000元,按净利润10%的比例提取盈余公积,向投资者宣告分配现金股利300 000元,下列说法中正确的有( )。
 A. 宣告分配现金股利的账务处理为:
　　借:利润分配 300 000
 　　贷:应付股利 300 000
 B. 实现本年净利润的账务处理为:
　　借:本年利润 600 000
 　　贷:利润分配 600 000
 C. 2019年末利润分配余额为240 000元
 D. 提取盈余公积的账务处理为:
　　借:利润分配 60 000
 　　贷:盈余公积 60 000
7. 为了核算企业利润分配的过程、去向和结果,企业应设置的科目有( )。
 A. 利润分配　　B. 管理费用　　C. 盈余公积　　D. 应付股利
8. 应计入"营业外支出"借方的项目有( )。
 A. 广告费用的支出　　B. 经批准、结转无法收回的应收款
 C. 处置固定资产的净损失　　D. 交纳的罚款支出
9. 管理费用包括下列内容( )。
 A. 厂部办公费　　B. 厂部固定资产折旧费
 C. 利息支出　　D. 职工报销医药费
10. 某公司当月领用材料149 200元,其中,生产甲产品耗用100 000元,生产乙产品耗用48 000元,生产部门一般耗用1 200元,应编制会计分录( )。
 A. 借:生产成本——甲产品 100 000
 　　贷:原材料 100 000
 B. 借:生产成本——乙产品 48 000
 　　贷:原材料 48 000
 C. 借:制造费用 1 200
 　　贷:原材料 1 200
 D. 借:管理费用 149 200

　　　　贷：原材料　　　　　　　　　　　　　　　　　　　　　　149 200

三、判断题

1. 制造费用属于损益类账户，故期末必定没有余额。（　）
2. 本月发生的生产费用应全部计入本月的完工产品成本。（　）
3. 企业期末结转库存商品到已销产品的成本时，应借记"库存商品"账户。（　）
4. 生产车间使用的固定资产，所计提的折旧应计入生产成本。（　）
5. "固定资产"账户的期末有借方余额，反映期末实有固定资产的净值。（　）
6. 企业在采购材料时，收料在先，付款在后，若材料发票凭证都已收到，可通过"应收账款"核算。（　）
7. "制造费用"和"管理费用"都应当在期末转入"本年利润"账户。（　）
8. 成本是企业为生产产品、提供劳务而发生的各种耗费，因而企业发生的各项费用都是成本。（　）
9. "利润分配——未分配利润"年末贷方余额表示未弥补的亏损数。（　）
10. 未分配利润有两层含义：一是留待以后年度分配的利润；二是未指定用途的利润。（　）

四、业务题

1. 某公司某月发生以下经济业务（练习资金筹集业务核算）。
   (1) 接受甲公司投资160 000元，存入银行。
   (2) 接受乙公司投资固定资产1台，价值60 000元。
   (3) 向银行借入为期3个月的借款40 000元，存入银行存款账户。
   (4) 预提本月短期借款利息300元。
   (5) 用银行存款支付本季度短期借款利息900元，其中前2个月已经预提利息600元。
   (6) 上季度短期借款已到期，用银行存款归还银行短期借款本金30 000元。

   要求：根据以上资料编制会计分录。

2. 某公司某月发生以下经济业务（练习采购供应过程业务核算）。
   (1) 向华新公司购进甲材料500千克，单价200元/千克，增值税税率13%，材料已经验收入库，货款通过银行付讫。
   (2) 向下列单位购进甲材料一批，货款未付：光响公司100千克，单价200元/千克，增值税税率13%；华宇公司200千克，单价200元/千克，增值税税率13%。
   (3) 以银行存款1 200元支付购买上述甲材料的运费，并将甲材料验收入库。
   (4) 向东东公司购进乙材料400千克，单价100元/千克，增值税税率13%，材料已经验收入库，货款已经通过银行付讫。
   (5) 购进材料一批，开出一张为期3个月的商业汇票：丙材料500千克，单价50元/千克，增值税税率13%；丁材料200千克，单价20元/千克，增值税税率13%。
   (6) 以现金支付购买丙和丁两种材料的运杂费700元，按材料的重量比例计算各自应负担的运杂费，并将上述材料验收入库。
   (7) 已向光明公司预付货款的甲材料到达企业验收入库，材料价款60 000元，光明公司代垫运费1 000元,冲销已经预付货款30 000元,不足部分以银行存款支付。

(8) 以银行存款偿还前欠光响公司和华宇公司的购料款。

(9) 用银行存款购置一辆运输用汽车,价款共计500 000元。

(10) 企业购入一台需要安装的生产设备,取得的增值税专用发票上注明的设备买价为100 000元,增值税税额为13 000元,支付的运输费为2 000元。

(11) 安装上述设备,领用材料物资价值3 000元,支付工资4 000元。

(12) 上述设备安装完毕投入使用。

要求:根据以上资料编制会计分录。

3. 某公司某月发生以下经济业务(练习产品生产过程业务核算)。

(1) 产品生产、车间与管理部门领用的各种材料汇总列表如下所示。

部 门	甲材料	乙材料	丙材料	丁材料	合 计
A产品耗用	500 000	40 000	90 000		630 000
B产品耗用	300 000	10 000	70 000		380 000
车间一般耗用				20 000	20 000
行政部门耗用				14 000	14 000
合 计	800 000	50 000	160 000	34 000	1 044 000

(2) 计算出本月应付职工工资共计450 000元,其中,A产品生产工人工资160 000元,B产品生产工人工资120 000元,车间生产管理人员工资80 000元,行政管理人员工资90 000元。

(3) 按照职工工资总额的10%、12%、2%和10.5%计提医疗保险费、养老保险费、失业保险费和住房公积金,缴纳给当地社会保险经办机构和住房公积金管理机构。公司预计本年应承担的职工福利费义务金额为职工工资总额的2%,职工福利受益对象为上述所有人员。同时,公司还按照职工工资总额的2%和1.5%分别计提工会经费和职工教育经费。

(4) 职工小刘因公出差,预借差旅费,付现金支票4 000元。

(5) 从银行提取现金300 000元,准备发放工资。

(6) 用现金300 000元发放工资。

(7) 职工报销市内交通费500元,以现金付讫。

(8) 职工小刘报销差旅费5 000元,差额以现金补付。

(9) 开出转账支票1 500元,购入办公用品一批,其中,公司管理部门领用1 000元,生产车间领用500元。

(10) 计提本月固定资产折旧费共计35 000元,其中,车间厂房设备计提折旧费25 000元,厂部固定资产折旧费10 000元。

(11) 用银行存款支付本月水电费38 000元,其中,A产品应负担20 000元,B产品应负担12 000元,车间耗用4 000元,行政管理部门耗用2 000元。

(12) 将本月发生的制造费用按生产工时比例进行分配(其中,A产品2 000小时,B产品3 000小时)。

(13) 月末,A、B产品均完工,结转两种产品的实际成本。

要求：

(1) 设置并登记"生产成本"的总分类账户和明细分类账户,据此计算两种产品的实际生产成本。

(2) 设置并登记"制造费用"的总分类账户,据此计算并分配制造费用。

(3) 根据以上资料编制会计分录。

4. 某公司某月发生以下经济业务(练习产品销售过程业务核算)。

(1) 销售 A 产品 2 000 件,单价 20 元/件,增值税税率 13%。款项已收,存入银行。

(2) 销售 B 产品 1 000 件,单价 30 元/件,增值税税率 13%。款项尚未收到。

(3) 预收达新公司购买 A 产品货款 30 000 元。

(4) 以银行存款支付产品广告费 15 000 元。

(5) 销售 A 产品 3 000 件,单价 20 元/件;销售 B 产品 3 000 件,单价 30 元/件,增值税税率 13%,收到购货方签发为期 6 个月的商业汇票一张。

(6) 向达新公司发出 A 产品 3 000 件,单价 20 元/件,核销以前预收的货款 30 000 元,其差额用银行存款补付。

(7) 用现金支付销售过程中由本单位负担的运杂费 300 元。

(8) 用银行存款支付销售机构办公经费 3 000 元。

(9) 计算出本月销售产品应交城市维护建设税 2 800 元。

(10) 计算并结转本月已经销售的 A、B 产品的生产成本,A 产品的单位实际成本为 10 元/件;B 产品的单位实际成本为 15 元/件。

要求:根据以上资料编制会计分录。

5. 某公司某月发生以下经济业务(练习利润形成和利润分配过程业务核算)。

(1) 销售甲材料 1 500 千克,单位售价 20 元,增值税税率 13%,货款尚未收到。

(2) 结转出售材料的成本,该材料的单位成本 15 元/千克。

(3) 收到某公司的违约罚款 10 000 元。存入银行。

(4) 支付希望工程捐款 20 000 元。

(5) 销售产品取得收入 800 000 元,增值税税率 13%。款项存入银行。结转销售产品成本 250 000 元。

(6) 结转各项收支。其中:主营业务收入 800 000 元、其他业务收入 30 000 元、营业外收入 10 000 元、主营业务成本 250 000 元、其他业务成本 22 500 元、营业外支出 20 000 元、税金及附加 3 500 元、销售费用 12 000 元、管理费用 16 000 元、财务费用 3 000 元。

(7) 按利润总额的 25% 计算并结转所得税(承上题资料)。

(8) 按税后利润的 10% 提取法定盈余公积。

(9) 董事会决定向投资者分配利润 90 000 元。

(10) 将净利润结转至"利润分配"账户。

(11) 将"利润分配"账户的其他明细账户余额转入"利润分配——未分配利润"账户。

要求:根据以上资料编制会计分录。

6. 某公司某月发生以下经济业务(综合练习工业企业主要经营过程的业务核算)。

(1) 向银行借入期限 6 个月的借款 300 000 元,并存入银行。

(2) 收到新华公司投资的设备一台，价值 3 500 000 元。
(3) 收到远大公司投资专利权一项，价值 400 000 元。
(4) 收到外商某公司投资货币资金 1 000 000 元。存入银行。
(5) 向银行借入两年期的借款 600 000 元。已经存入银行账户。
(6) 用银行存款偿还银行短期借款 200 000 元。
(7) 从利利公司购入 A 材料 5 000 千克，买价 500 000 元，增值税税率 13%。款项用银行存款支付，材料已经验收入库。
(8) 从洋洋公司购入 B 材料 3 000 千克，买价 600 000 元，增值税税率 13%。材料已经验收入库，企业开出一张 3 个月期限的商业承兑汇票。
(9) 用银行存款预付东东公司购买材料款项 1 000 000 元。
(10) 从光宇公司购入 C 材料 50 000 千克，买价 200 000 元，增值税税率 13%，对方代垫运费 5 000 元。款项尚未支付，材料已经验收入库。
(11) 用银行存款归还光宇公司的货款 237 000 元。
(12) 从东东公司购入 A 材料 10 000 千克，买价 980 000 元，B 材料 2 400 千克，买价 480 000 元，增值税税率 13%，对方代垫运费 24 800 元。核销以前预付货款，余款用银行存款支付（运费按材料重量比例分配）。
(13) 根据领料凭证记录，产品生产、车间与管理部门领用的各种材料汇总列表如下所示。

部　门	A 材料	B 材料	C 材料	合　计
甲产品耗用	200 000	300 000		500 000
乙产品耗用	180 000		100 000	280 000
车间一般耗用	20 000			20 000
行政部门耗用		15 000		15 000
合　计	400 000	315 000	100 000	815 000

(14) 通过银行代发本月职工工资 600 000 元，另付手续费 300 元。
(15) 月末，按用途分配计算本月职工工资，其中，生产工人工资 400 000 元，按甲、乙产品的生产工时分配，其中，甲产品生产工时数 3 000 小时，乙产品生产工时数 2 000 小时；车间管理人员工资 90 000 元；企业行政管理人员工资 110 000 元。
(16) 按照职工工资总额的 10%、12%、2% 和 10.5% 计提医疗保险费、养老保险费、失业保险费和住房公积金，缴纳给当地社会保险经办机构和住房公积金管理机构。公司预计本年应承担的职工福利费义务金额为职工工资总额的 2%，职工福利受益对象为上述所有人员。同时，公司还按照职工工资总额的 2% 和 1.5% 分别计提工会经费和职工教育经费。
(17) 月末，生产车间提取固定资产折旧费 22 000 元，厂部办公楼 8 000 元。
(18) 以银行存款支付水电费 20 000 元，其中，生产车间负担 15 000 元，行政管理部门负担 5 000 元。
(19) 以银行存款支付行政管理部门固定资产修理费 2 000 元。
(20) 以现金支付业务招待费 1 000 元。
(21) 职工赵新出差回来，报销差旅费 850 元，原借 1 000 元，余款退回。

（22）以银行存款支付短期借款利息 9 000 元（前两个月已经预提 6 000 元）。

（23）用银行存款支付办公用品费用 1 500 元。其中,生产车间负担 500 元,行政管理部门负担 1 000 元。

（24）分配结转制造费用,按工时比例分配,其中,甲产品生产工时数 3 000 小时,乙产品生产工时数 2 000 小时。

（25）月末,甲产品 10 000 件、乙产品 5 000 件全部完工验收入库,结转完工入库甲、乙产品的实际生产成本。

（26）向天天公司销售甲产品 4 000 件,单价 1 000 元/件,增值税税率 13%,货已经发出,收到支票送存银行。

（27）向星星公司销售乙产品 900 件,单价 2 000 元/件,增值税税率 13%。货已经发出,办妥托收手续,款项尚未收到。

（28）向华华公司销售甲产品 600 件,单价 1 000 元/件,乙产品 200 件,单价 2 000 元/件,增值税税率 13%。货已发出,收到签发的为期 3 个月的商业汇票一张。

（29）收到星星公司支付的上述货款。

（30）结转本月已销产品的销售成本,按当月完工甲、乙两种产品的实际单位成本计算。

（31）用银行存款支付产品广告费 15 000 元。

（32）月末,根据本月应交增值税 880 000 元,计算应交城市维护建设税（税率 7%）和教育费附加（费率 3%）。

（33）出售生产不需用的材料,取得收入 5 500 元,存入银行。

（34）结转已售材料成本 4 000 元。

（35）因供货单位违约,按合同规定,收取罚款 2 600 元,存入银行。

（36）用银行存款向灾区捐款 250 000 元。

（37）结转各项收入、收益、费用、支出至"本年利润"账户。

（38）按利润总额的 25% 计算并结转所得税。

（39）年末,按当年净利润的 10% 和 5% 提取法定盈余公积和任意盈余公积。

（40）经股东会决议,本期净利润 80% 向投资者分配。

（41）结转当年实现的净利润。

（42）结转"利润分配"各明细账户至"利润分配——未分配利润"账户。

要求：

（1）根据以上资料编制会计分录。

（2）开设 T 形账户并进行登记。

（3）根据总分类账户编制本期发生额试算平衡表。

第五章 会计账户的分类

学习目标
- ◆ 了解会计账户分类的内容。
- ◆ 了解会计账户的分类方法。

学习重点
- ◆ 掌握会计账户分类内容。
- ◆ 理解各个账户在整体账户体系中的作用。

第一节 账户分类的意义

一、账户分类的目的与标志

在前面的章节中,根据经济业务的发生,已经设置和运用了许多账户,并介绍了各个账户的结构与所反映的经济内容。这些账户之间相互联系,构成一个完整的账户体系。通过账户的记录、计算,可以反映会计要素具体内容的增减变化情况及其结果。为了更好地掌握和运用账户,需要从理论上进一步认识这些账户的性质、核算的内容及其用途,了解不同账户之间的联系与区别,以及各个账户在整个账户体系中的地位和作用,以便掌握设置和运用账户的规律。为此就应当将各账户按不同的特性进行分类,把相类似的账户加以归纳、总结,为全面反映和揭示资金运动的局部情况提供条件。

提供核算指标方面有共同性的账户,就其共性而言,它们属于同一类型,它们的共性成为该类账户的共同性标志。为了进一步研究账户的特性与共性,应研究账户分类的标志。账户分类的标志一般有两种:按经济内容分类和按用途与结构分类。

二、账户分类的作用

(一)便于设置完整的账户体系,反映企业的经营活动和资金运动情况

为更加有效地反映和监督企业的经济活动,就要从本企业经营活动的特点出发,选择并建立能够反映本企业经营活动的账户体系。但由于每个企业的经营活动有所不同,资金运动的内容也不一样,所涉及的账户体系也就有所不同。它要求会计工作者既要了解不同性质的账户,又要了解其具体的经济内容、相关结构。只有这样,才能选择合适的账户构建合

理的账户体系,才能全面、系统地反映本企业的经济活动,提供有用的经济信息。

(二) 便于会计账簿的具体格式设计

在企业内部管理中,由于不同经营活动各具特点,对不同性质的会计要素要求披露不同的信息。如对于一般的有形资产,不仅要向有关各方披露有关金额方面的信息,还要提供有关实物量方面的信息;对于所有者权益类的要素,只要求披露时间和金额方面的相关信息;而对于成本、费用和收入要素,不仅要反映其总额,还要求掌握其具体的构成情况。针对不同要求的账户,应该设置能满足管理需求的相应格式的账户。

(三) 便于编制会计报表

会计要素所反映的财务状况与经营成果,最终将以会计报表的形式提供给信息需求者。不同的账户反映不同的经济业务内容,构成不同的会计报表。如果不能准确确定构成报表基本数据的账户,则不能正确编制会计报表。因此,掌握账户的分类及账户的用途、结构,还有利于正确编制会计报表。

第二节 账户按经济内容分类

一、账户按经济内容分类的意义

在借贷记账法下,不同会计对象增减变动的记账方向是不同的,不同的会计对象有不同的账户结构和用途。明确了账户的经济内容,就为明确账户的用途和结构打下了一个良好的基础。另外,不同的会计报表,包含不同的会计要素,明确了账户的经济内容,就能正确掌握会计账户和相应会计报表之间的关系。因此,通过对账户按经济内容分类,可以为更好地运用借贷记账法,更确切地了解每类和每个账户具体应核算和监督的内容,为设置能适应本单位的经营管理需要、科学完整的账户体系,同时为学习账户的其他分类打下基础。

二、账户按经济内容的分类

账户的经济内容是指账户所反映的会计对象的具体内容。企业会计对象具体内容可以归结为资产、负债、所有者权益、收入、费用和利润六项会计要素。由于企业一定期间所取得的收入和发生的费用都将体现在当期损益中,可以将收入、费用账户归为损益类账户。另外,许多企业,特别是制造、加工企业,还需要专门设置进行产品成本核算的账户。因此,账户按经济内容分类,可以分为资产类账户、负债类账户、所有者权益类账户、成本类账户和损益类账户五大类。

(一) 资产类账户

资产类账户是用来反映企业资产的增减变动及其结存情况的账户。资产类账户从其反映的经济内容上看:一是具有对所有者有用的特征,即具有为预期的未来经济利益做贡献的特征;二是具有为该企业获得利益并限制其他人取得这项利益的特征;三是具有掌握和控制该经济资源组织经营活动的特征。资产类账户反映的会计内容,既有货币的,又有非货币的;既有有形的,又有无形的。资产类账户具体分为流动资产类账户和非流动资产类账户。流动资产类账户主要有"库存现金""银行存款""短期投资""应收账款""原材料""库存商品"等;非流动资产类账户主要有"长期股权投资""固定资产""累计折旧""在建工程""无形资产""长期待摊费用"等。

该类账户的特点是一般都有期末余额,且期末余额在账户的借方。

(二) 负债类账户

负债类账户是用来反映企业各种负债增减变动及其结存情况的账户。负债类账户从其反映的经济内容看:一是体现了对其经济主体按时履行偿付债务的责任或义务;二是表明清偿负债会导致企业未来经济利益的流出。按负债的流动性划分,负债类账户可分为反映流动负债的账户和反映长期负债的账户,其中,反映流动负债的账户包括"短期借款""应付账款""应交税费""应付职工薪酬""其他应付款"等,反映长期负债的账户包括"长期借款""应付债券""长期应付款"等。

该类账户的特点是通过定期与有关债权企业或个人核对账目,以确保负债的真实性。据此,负债账户要求按具体有债务结算关系的企业或个人设置明细分类账户,进行明细分类核算。由于负债账户是用来综合反映会计主体对各个债权企业或个人承担责任的账户,因此无论总分类核算还是明细分类核算,均只需提供货币信息。负债类账户期末余额一般在贷方,表示负债的实有额。但有时也可能出现借方余额,这时,账户就具有了债权账户的性质。

(三) 所有者权益类账户

所有者权益类账户是用来反映企业所有者权益的增减变动及其结存情况的账户。所有者权益类账户按照来源和构成的不同可以再分为所有者原始投资账户和所有者投资收益账户。所有者原始投资账户主要有"实收资本"等;所有者投资收益账户主要有"盈余公积""本年利润""利润分配"等。

该类账户的特点是一般都有期末余额,且期末余额在账户的贷方。

(四) 成本类账户

成本类账户是用来反映企业存货在取得或形成的过程中,其成本归集和计算过程的账户。反映企业为生产产品、提供劳务而发生的经济利益的流出。它针对一定成本计算对象(如某产品、某类产品、某批产品、某生产步骤等),表明了由此发生的企业经济资源的耗费。成本类账户按照是否需要分配可以再分为生产过程生产成本账户和劳务提供过程成本账户。生产过程生产成本账户主要有"生产成本""制造费用";劳务提供过程成本账户主要有"劳务成本"。

该类账户的特点是借方归集成本项目,期末一般无余额,若有余额,表示本过程尚未结束累计的费用数额。

(五) 损益类账户

损益类账户是用来反映企业一定时期经营活动和非经营活动所取得的各种经济利益或在一定时期发生不计入成本的各项费用及损失的账户。按照损益与企业生产经营活动是否有关,损益类账户又可以分为反映营业损益的账户和反映非营业损益的账户。反映营业损益的账户主要有"主营业务收入""主营业务成本""税金及附加""其他业务收入""其他业务成本""资产减值损失"等;反映非营业损益的账户主要有"营业外收入""营业外支出"等。

该类账户的特点是期末无余额。

综上所述,账户按经济内容分类,如图5-1所示。

```
                                                    ┌─ 库存现金
                                                    ├─ 银行存款
                                                    ├─ 交易性金融资产
                                                    ├─ 应收账款
                                                    ├─ 应收票据
                                    ┌─ 流动资产账户 ─┼─ 其他应收款
                                    │               ├─ 原材料
                                    │               ├─ 库存商品
                                    │               ├─ 在途物资
                                    │               ├─ 坏账准备
                  ┌─ 资产类账户 ────┤               └─ 周转材料
                  │                 │               ┌─ 长期股权投资
                  │                 │               ├─ 持有至到期投资
                  │                 │               ├─ 在建工程
                  │                 └─ 非流动资产账户┼─ 固定资产
                  │                                 ├─ 累计折旧
                  │                                 ├─ 固定资产清理
                  │                                 └─ 无形资产
                  │                                 ┌─ 短期借款
                  │                                 ├─ 交易性金融负债
                  │                                 ├─ 应付票据
                  │                                 ├─ 应付账款
                  │                                 ├─ 预收账款
                  │                 ┌─ 流动负债账户 ─┼─ 应付职工薪酬
                  │                 │               ├─ 应交税费
                  ├─ 负债类账户 ────┤               ├─ 应付利息
                  │                 │               ├─ 应付股利
                  │                 │               └─ 其他应付款
                  │                 │               ┌─ 长期借款
                  │                 └─ 非流动负债账户┼─ 应付债券
                  │                                 └─ 长期应付款
                  │                                 ┌─ 衍生工具
 账户 ───────────┼─ 共同账户 ───────────────────────┼─ 套期工具
                  │                                 └─ 被套期工具
                  │                 ┌─ 所有者原始投资账户 ─── 实收资本
                  ├─ 所有者权益类账户┤                      ┌─ 本年利润
                  │                 └─ 所有者投资收益账户 ──┼─ 利润分配
                  │                                        └─ 盈余公积
                  │                 ┌─ 劳务提供过程成本账户 ─── 劳务成本
                  ├─ 成本类账户 ────┤                        ┌─ 生产成本
                  │                 └─ 生产过程生产成本账户 ─┴─ 制造费用
                  │                                 ┌─ 主营业务收入
                  │                                 ├─ 主营业务成本
                  │                                 ├─ 税金及附加
                  │                                 ├─ 其他业务收入
                  │                                 ├─ 其他业务成本
                  │                 ┌─ 营业损益账户 ─┼─ 销售费用
                  │                 │               ├─ 管理费用
                  └─ 损益类账户 ────┤               ├─ 财务费用
                                    │               ├─ 资产减值损失
                                    │               └─ 投资收益
                                    │               ┌─ 营业外收入
                                    ├─ 营业外收支账户┴─ 营业外支出
                                    └─ 所得税费用账户 ─── 所得税费用
```

图 5-1　账户按经济内容分类

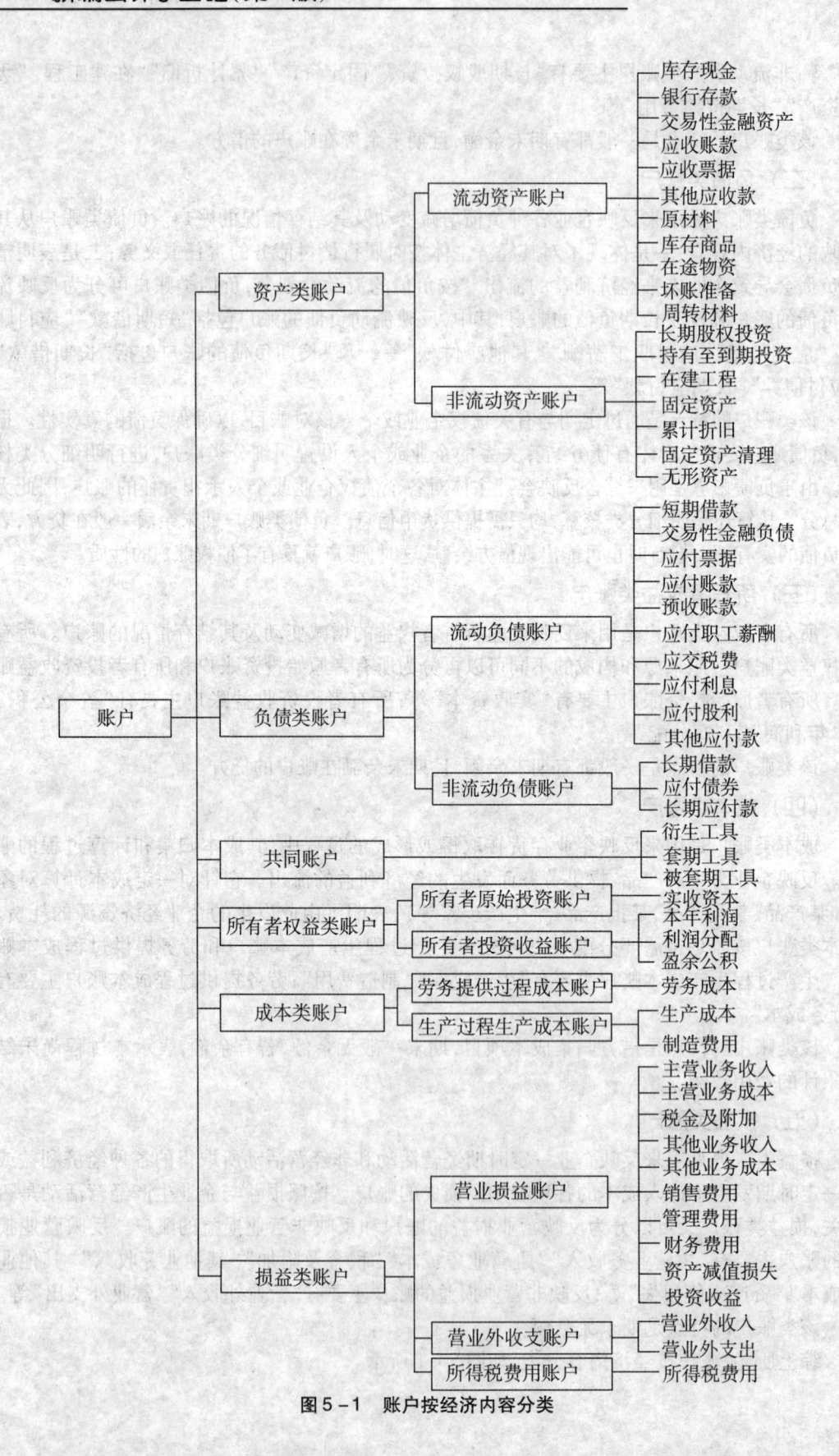

第三节 账户按用途和结构分类

一、账户按用途和结构分类的意义

账户按经济内容分类,对于在反映经济业务过程及结果的会计核算中正确地区分账户的经济性质,合理地设置和运用账户,提供企业各种核算指标,满足信息使用者管理与决策的需要,具有重要的意义。但是,账户按经济内容的分类是账户的基本分类,这种分类还不能详细地反映各个账户的具体用途及结构。因此,为了深入地理解和掌握账户在提供核算指标方面的规律性,正确地设置和运用账户来记录经济业务,还有必要在账户按经济内容分类的基础上,进一步研究账户按用途和结构的分类,作为对账户按经济内容分类的必要补充。

(一)账户的用途

账户的用途是指设置和运用账户的目的是什么,即通过账户记录能够提供什么核算数据。如银行存款账户是用来提供企业银行中资金的增减变动情况及其实有数的账户,具体提供企业在某一会计期间银行存款增加了多少,减少了多少,还剩多少,通过企业当期的实际数据可以了解其银行存款的总体变化情况。

(二)账户的结构

账户的结构是指账户的借方登记什么,贷方登记什么,余额在哪一方。如"库存商品"账户,其借方登记库存商品的完工入库或购入等情况导致的增加数,贷方登记库存商品由于出售、损毁等原因导致的减少数,期末借方余额表示库存商品期末实有数。

虽然账户的用途和结构受其经济内容制约,但账户按经济内容分类并不能代替账户按用途和结构分类,在按经济内容对账户进行分类的基础上,再按用途和结构对账户做进一步分类,就能更全面、正确地运用各种账户。

二、账户按用途和结构的具体分类

工业企业所运用的账户按其用途和结构可分为盘存账户、结算账户、跨期摊配账户、资本账户、调整账户、集合分配账户、成本计算账户、损益计算账户和财务成果账户九大类。

(一)盘存账户

盘存账户是用来反映和监督各种货币资金和实物资产增减变动及其实有数额的账户。盘存账户性质上属于资产类账户,借方登记各项货币资金和财产物资的增加数,贷方登记各项货币资金和财产物资的减少数,余额在借方,表示各项货币资金和财产物资的结存数。盘存账户的基本结构如下。

借方	盘存账户	贷方
期初余额:货币资金或财产物资期初结存数		
本期发生额:货币资金或财产物资的本期增加数	本期发生额:货币资金或财产物资的本期减少数	
期末余额:货币资金或财产物资期末结存数		

属于盘存账户的有"库存现金""银行存款""其他货币资金""原材料""库存商品""固定资产"等。"在途物资""生产成本"和"在建工程"账户有借方余额也属于盘存账户,"在途物资"账户借方余额表示尚未入库的原材料,"生产成本"账户借方余额表示在产品,"在建工程"账户借方余额表示尚未建造完工的固定资产。

盘存账户可以通过财产清查的方法,如实地盘点法、核对账目法等,检查各种财产物资和货币资金的实际结存数与账面结存数是否相等,以及在管理和使用上是否存在问题。这类账户中除货币资金账户外,其他盘存账户通过设置明细账,均可以提供实物和货币两种指标。

(二) 结算账户

结算账户是用来反映和监督企业与其他单位或个人,以及企业内部部门或人员之间由于业务往来而发生的债权、债务结算情况的账户。根据所反映的结算业务性质的不同,结算账户又可进一步细分为资产结算账户、负债结算账户及资产负债结算账户三类,各类结算账户具有不同的用途和结构。

1. 资产结算账户

资产结算账户又称债权结算账户或结算债权账户,是用来反映和监督企业与各个债务单位或个人之间在经济业务往来中发生的各种应收及预付款项的账户。

资产结算账户的借方登记各种应收及预付款项的增加数,表示债权的形成;贷方登记各种应收及预付款项的减少数,表示债权的收回或冲销。余额在借方,表示各种应收及预付款项的实有数额。资产结算账户的基本结构如下。

借方	资产结算账户	贷方
期初余额:应收、预付款项的期初实有数		
本期发生额:应收、预付款项的本期增加数	本期发生额:应收、预付款项的本期减少数	
期末余额:应收、预付款项的期末实有数		

属于资产结算账户的有"应收票据""应收账款""预付账款""其他应收款"等。

2. 负债结算账户

负债结算账户又称债务结算账户或结算债务账户,是用来反映和监督企业与各个债权单位或个人之间在经济往来中发生的各种应付、预收款项及借入款项的账户。

负债结算账户的贷方登记各种应付、预收款项及借入款项的增加数,表示债务的形成;借方登记各种应付、预收及借入款项的减少数,表示债务的清偿或解除;余额在贷方,表示应付、预收款项及借入款项的实有数,即已经形成但尚未清偿的债务。负债结算账户的基本结构如下。

借方	负债结算账户	贷方
	期初余额：应付、预收及借入款项期初实有数	
本期发生额：应付、预收及借入款项的本期减少数	本期发生额：应付、预收及借入款项的本期增加数	
	期末余额：应收、预付款项的期末实有数	

属于负债结算账户的有"短期借款""应付账款""其他应付款""预收账款""应付职工薪酬""应交税费""应付股利""应付利息""长期借款""应付债券"等。

3. 资产负债结算账户

资产负债结算账户又称债权债务结算账户、结算债权债务账户或往来结算账户，是用来反映和监督企业和某单位或个人之间发生的债权和债务往来结算业务的账户。这类账户的借方登记债权的增加数和债务的减少数，贷方登记债务的增加数和债权的减少数，余额可能在借方，也可能在贷方。从明细分类账的角度看，借方余额表示期末债权大于债务的差额，贷方余额表示期末债务大于债权的差额。该类账户所属明细分类账户的借方余额之和与贷方余额之和的差额，应当与总分类账户的余额相等。在实际工作中，为了集中反映企业同某单位或个人之间所发生的债权和债务的往来结算情况，可以在一个账户中核算应收和应付款项的增减变动和余额。例如，当企业不单独设置"预收账款"账户时，可以用"应收账款"账户同时反映销售产品或提供劳务的应收款项和预收款项，此时的"应收账款"账户便是债权债务结算账户；当企业不单独设置"预付账款"账户时，可以用"应付账款"账户同时反映购进材料的应付款项和预付款项，此时的"应付账款"账户也是债权债务结算账户；当企业将其他应收款和其他应付款的增减变动及其结果都集中在一个账户中核算时，可以设置其他往来账户，该账户也是一个债权债务结算账户。债权债务结算账户必须根据总分类账户所属明细分类账户的余额方向，分析判断其余额的性质。

工作实例 5-1 森宇有限责任公司预收款业务不多，因此不单独设置"预收账款"账户，预收款业务合并在"应收账款"账户中核算。2019 年 1 月 31 日该公司"应收账款"账户的借方余额为 10 000 元，全部是应收账款，2月份相关业务如下。

① 收回某公司前欠货款 28 000 元。存入银行。
② 出售商品给购货单位，价款 20 000 元，增值税 2 600 元。货款尚未支付。
③ 预收货款 20 000 元。存入银行。

会计处理如下。

① 借：银行存款　　　　　　　　　　　　　　　　　　　　28 000
　　　贷：应收账款　　　　　　　　　　　　　　　　　　　　　　28 000
② 借：应收账款　　　　　　　　　　　　　　　　　　　　22 600
　　　贷：主营业务收入　　　　　　　　　　　　　　　　　　　　20 000
　　　　　应交税费——应交增值税（销项税额）　　　　　　　　　2 600
③ 借：银行存款　　　　　　　　　　　　　　　　　　　　20 000
　　　贷：应收账款　　　　　　　　　　　　　　　　　　　　　　20 000

登记"应收账款"的 T 形账户如下。

借方	应收账款		贷方
期初余额:	1 000		
②	22 600	①	28 000
		②	20 000
本期发生额合计:	22 600	本期发生额合计:	48 000
		期末余额:	19 600

(三) 跨期摊配账户

跨期摊配账户是用来反映和监督应由几个会计期间共同负担的费用,并将该类费用摊配到各个会计期间的账户。企业有些费用的发生额比较大,发生在一个会计期间,但收益期为几个会计期间,应归属于几个会计期间共同负担,这就需要设置跨期摊配账户,通过跨期摊配账户把这些费用分期摊配,以合理确定各个期间的费用及成本,以便正确计算各期损益。

跨期摊配账户的借方登记已经支付应由本期及以后各期负担摊销的费用数额,贷方登记费用的逐期摊销数额,余额在借方,表示已经支付尚未摊销的费用数额,属于跨期摊配类账户的主要有"长期待摊费用"。其基本结构如下。

借方	长期待摊费用	贷方
期初余额:已经支付尚未摊销的费用数额		
本期发生额:本期支付,但应由本期及以后各期负担摊销的费用数额		本期发生额:应由本期负担摊销的费用数额
期末余额:已经支付尚未摊销的费用数额		

跨期摊配账户反映和监督的是费用的支付期和归属期不一致的账户,一方反映实际支付的费用数额,另一方反映分期摊销计入成本的费用数额。一般情况下,余额在借方,属于资产性质。

(四) 资本账户

资本账户是用来反映和监督企业投资者投入的资本,以及其他资本的增减变动及其实有数额的账户。这类账户的贷方登记资本和公积金的增加数或形成数,借方登记资本和公积金的减少数或支出数。余额在贷方,表示资本和公积金的实有数。属于资本账户的有"实收资本""资本公积""盈余公积"等。资本账户的总分类账及其明细分类账只能提供货币指标。其基本结构如下。

借方	资本账户	贷方
		期初余额:资本的期初数额
本期发生额:资本的本期减少额		本期发生额:资本的本期增加额
		期末余额:资本的期末余额

资本账户是反映和监督企业投资者投入的资本或内部形成的资本积累的账户,因此,反映和监督企业投资者投入资本的账户一定有贷方余额,反映和监督内部形成的资本积累的账户有时可能出现贷方无余额的情况,但无论是反映和监督企业投资者投入的资本,还是内部形成的资本积累的账户,都不会出现借方余额。

(五) 调整账户

调整账户是用来调整某些账户余额,借以求得其实际余额而设置的账户。在会计核算中,由于经营管理方面的需要或其他原因,对于某些会计要素需要用两种不同的数据从不同的方面进行反映,因此需要设置两个账户,一个账户反映其原始金额,另一个账户反映原始金额的调整金额,将两个账户余额相加或相减,即可计算出调整后的实际余额。前一个账户称为被调整账户,后一个账户称为调整账户。调整账户和被调整账户相互结合,能够反映同一会计要素变动的全貌,为企业管理提供各种更有用的信息。调整账户按调整方式不同,又可以分为备抵调整账户、附加调整账户、备抵附加调整账户三类。

1. 备抵调整账户

备抵账户又称抵减调整账户,用来抵减被调整账户的余额,以求得被调整账户实际金额的账户。其调整公式表示如下:

被调整账户余额 − 备抵调整账户余额 = 被调整账户的实际金额

"累计折旧"账户是"固定资产"账户的备抵账户,"坏账准备"账户是"应收账款"和"其他应收款"账户的备抵账户,"存货跌价准备"账户是各类"存货"的备抵账户,"无形资产减值准备"账户是"无形资产"账户的备抵账户。

工作实例5-2 森宇有限责任公司2019年5月31日"固定资产"账户余额为60 000元,"累计折旧"账户余额为20 000元。6月份计提固定资产折旧10 000元。假设无其他固定资产相关业务发生。

森宇有限责任公司"固定资产"账户和"累计折旧"账户关系如下。

借	固定资产	贷	借	累计折旧	贷
期初余额:	60 000			期初余额:	20 000
				本期发生额:	10 000
期末余额:	60 000			期末余额:	30 000

由此得出:固定资产净值 = "固定资产"账户余额 − "累计折旧"账户余额
= 60 000 − 30 000 = 30 000(元)

备抵调整账户余额的方向与其被调整账户余额的方向正好相反,即被调整账户的余额在借方,备抵账户的余额一定在贷方,反之亦然。

2. 附加调整账户

附加调整账户是用来增加某一被调整账户的余额,以求得被调整账户实际金额的账户。其调整方式可用下列公式表示:

被调整账户余额 + 附加调整账户余额 = 被调整账户的实际余额

附加调整账户与其被调整账户的性质相同,账户结构相同,账户余额方向一致,即被调整账户的余额在借方,附加调整账户的余额也一定在借方。相反,被调整账户的余额在贷方,附加调整账户的余额也一定在贷方。

3. 备抵附加调整账户

备抵附加调整账户是依据调整账户的余额方向不同,用来抵减被调整账户余额,或者用来增加被调整账户余额,以求得被调整账户实际余额的账户。即这类账户具有双重性质,兼有备抵调整账户和附加调整账户的功能,但不能同时起两种作用。当调整账户的余额与被调整账户的余额方向相反时,该类账户起备抵调整账户作用,其调整方式与备抵调整账户相同;当调整账户的余额与被调整账户的余额方向一致时,该类账户起附加调整账户的作用,其调整方式与附加调整账户相同。例如,"材料成本差异"账户就属于此类账户。

工作实例 5-3 森宇有限责任公司对原材料采用计划成本进行核算。2019年3月31日"原材料"账户及"材料成本差异"账户均无余额。4月份购入原材料一批,计划采购成本为45 000元,实际采购成本50 000元,超支5 000元。假设无其他相关业务发生。

会计处理如下。

借:原材料　　　　　　　　　　　　　　　　　45 000
　　材料成本差异　　　　　　　　　　　　　　 5 000
　　贷:材料采购　　　　　　　　　　　　　　　　　　50 000

森宇有限责任公司"原材料"和"材料成本差异"账户关系如下。

借	原材料	贷	借	材料成本差异	贷
本期发生额:	45 000		本期发生额:	5 000	
期末余额:	45 000		期末余额:	5 000	

由此得出:库存原材料实际成本 = 库存原材料计划成本 + 该材料超支差异
　　　　　　　　　　　　　　 = 45 000 + 5 000 = 50 000(元)

(六) 集合分配账户

集合分配账户是用来核算和监督生产过程中发生的间接费用,并按一定标准在成本计算对象之间进行分配的账户。属于集合分配账户的主要是"制造费用"账户。这类账户的借方登记一定时期内发生的间接费用(即归集费用),贷方登记期末分配转入各成本计算对象的间接费用(即分配费用);分配结转后一般无余额。这类账户具有明显的过渡性质。集合分配账户基本结构如下。

借方	集合分配账户	贷方
本期发生额:归集本期发生的各种间接费用		本期发生额:分配转入各种成本计算对象中的间接费用

该类账户具有集合和分配两种功能,集合功能是指归集费用的功能,分配功能是指将归集的费用在期末全部分配计入各成本计算对象中去的功能。

(七) 成本计算账户

成本计算账户是用来反映和监督生产经营过程中某一阶段所发生的全部费用,并据以确定该阶段特定成本计算对象实际成本的账户。

成本计算账户的借方登记某一阶段所发生的应计入某一成本计算对象的全部费用(包括直接费用和分配转入间接费用),贷方登记转出已完成阶段的成本计算对象的实际成本;期末如有余额,通常在借方,表示尚未完成某一阶段(如采购或生产阶段)的成本计算对象的实际成本。成本计算账户的基本结构如下。

借方	成本计算账户	贷方
期初余额:期初尚未完成某一阶段成本计算对象的实际成本		
本期发生额:归集某一阶段发生的应计入某一成本计算对象的全部费用	本期发生额:结转已经完成的某一阶段成本计算对象的实际成本	
期末余额:期末尚未完成某一阶段的成本计算对象的实际成本		

属于成本计算账户的有"在途物资""生产成本""在建工程"等。

(八) 损益计算账户

损益计算账户是用来反映和监督各项收益或损失,并据以确定一定期间经营成果的账户。这类账户分为两类:一类是反映各种收入的账户;另一类是反映各种费用、支出的账户。两类账户在结构上是相反的。

1. 收入账户

收入账户是用来核算和监督企业在一定会计期间内所取得的各种收入的账户。这里收入的概念是广义的,不仅包括营业收入(主营业务收入和其他业务收入),还包括投资收益和营业外收入等。这类账户的贷方登记本期收入的增加数,借方登记本期收入的减少数和期末转入"本年利润"账户的收入数;期末结转后无余额。属于收入账户的有"主营业务收入""其他业务收入""营业外收入"等。收入类账户基本结构如下。

借方	收入账户	贷方
本期发生额:本期收入的减少数及期末转入"本年利润"账户的收入数	本期发生额:本期实现的收入数额	

2. 费用账户

费用账户是用来核算和监督企业在一定会计期间内所发生的、应计入当期损益的各种费用、支出及损失的账户。这里的费用概念也是广义的,不仅包括营业成本、所得税费用,还包括营业外支出等。这类账户的借方登记本期费用、支出及损失的增加数,贷方登记本期费用、支出及损失的减少数和期末转入"本年利润"账户借方的全部费用、支出及损失数;期末结转后账户无余额。属于费用账户的有"主营业务成本""其他业务成本""销售费用""管理费用""财务费用""营业外支出""所得税费用"等。费用账户的基本结构如下。

借方	费用账户	贷方
本期发生额:本期实际发生的费用、支出及损失数额		本期发生额:本期费用、支出及损失的减少数及期末转入"本年利润"账户的数额

(九) 财务成果账户

财务成果账户是用来核算和监督企业在一定会计期间内全部生产经营活动最终成果的账户。属于财务成果账户的主要是"本年利润"账户。这类账户的贷方登记期末从各收入账户转入的本期取得的各项收入数,包括"主营业务收入""其他业务收入""营业外收入""投资收益""补贴收入"等,借方登记期末从各费用账户转入的本期发生的、与本期收入相配比的各项费用数,包括"主营业务成本""销售费用""税金及附加""管理费用""财务费用""其他业务成本""营业外支出""所得税费用"等。期末如为贷方余额,表示收入大于费用差额,为企业本期实现的净利润;如为借方余额,则表示收入少于费用的差额,为企业本期发生的净亏损。年末,本年实现的净利润或发生的净亏损都应转入"利润分配——未分配利润"账户,结转后该类账户应无余额。财务成果账户的基本结构如下。

借方	财务成果账户	贷方
本期发生额:期末从各费用账户贷方转入的各项费用的数额		本期发生额:期末从各收入账户借方转入的各项收入数额
期末余额:亏损总额(年末转入"利润分配——未分配利润"账户借方)		期末余额:利润总额(年末转入"利润分配——未分配利润"账户贷方)

综上所述,账户按用途和结构分类如图 5-2 所示。

第五章 会计账户的分类

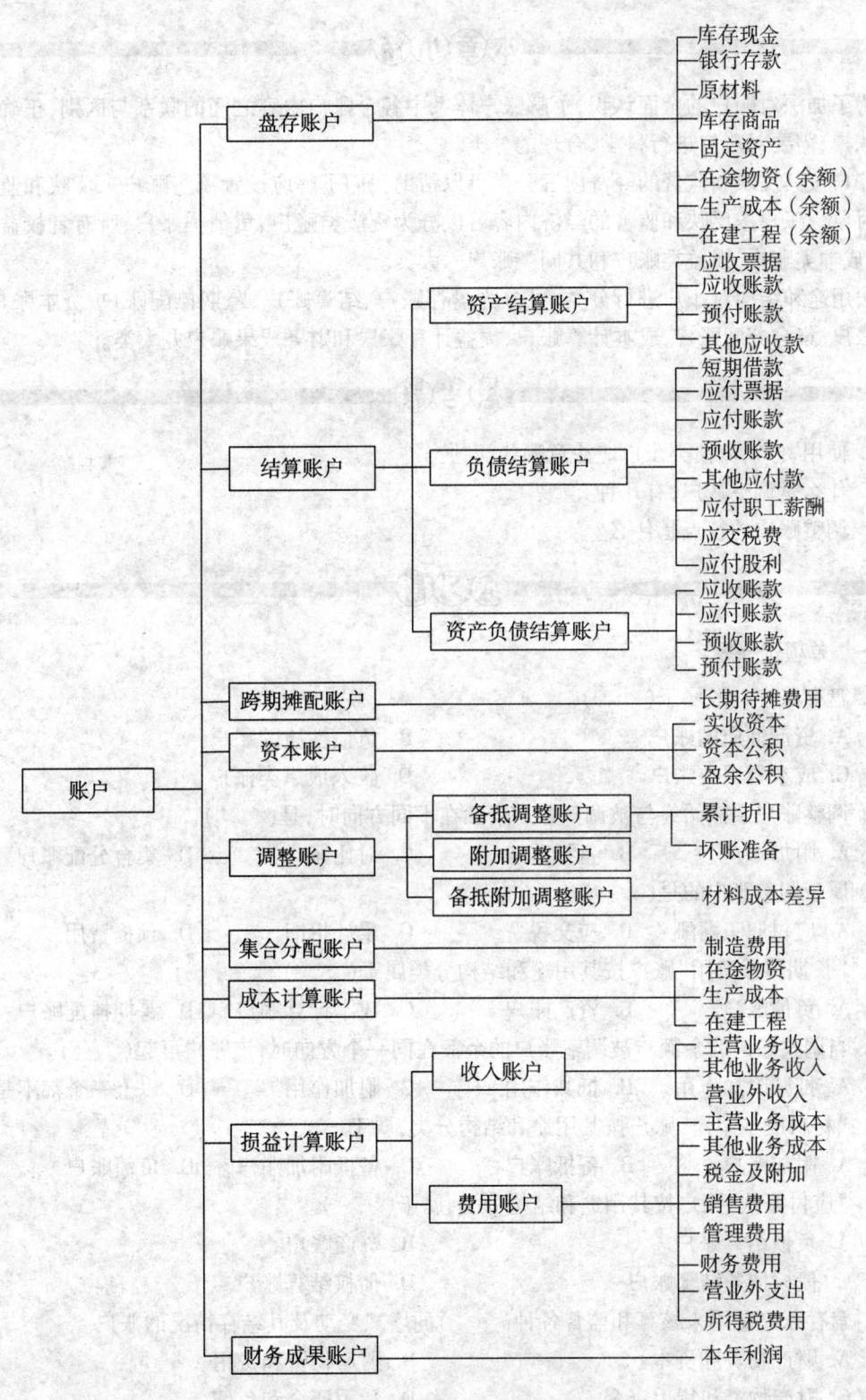

```
                                          ┌─ 库存现金
                                          ├─ 银行存款
                                          ├─ 原材料
                          ┌─ 盘存账户 ─────┼─ 库存商品
                          │               ├─ 固定资产
                          │               ├─ 在途物资（余额）
                          │               ├─ 生产成本（余额）
                          │               └─ 在建工程（余额）
                          │
                          │                              ┌─ 应收票据
                          │               ┌─ 资产结算账户┼─ 应收账款
                          │               │              ├─ 预付账款
                          │               │              └─ 其他应收款
                          │               │
                          │               │              ┌─ 短期借款
                          │               │              ├─ 应付票据
                          │               │              ├─ 应付账款
                          ├─ 结算账户 ─────┼─ 负债结算账户┼─ 预收账款
                          │               │              ├─ 其他应付款
                          │               │              ├─ 应付职工薪酬
                          │               │              ├─ 应交税费
                          │               │              └─ 应付股利
                          │               │
                          │               │                  ┌─ 应收账款
                          │               └─ 资产负债结算账户┼─ 应付账款
                          │                                  ├─ 预收账款
                          │                                  └─ 预付账款
                          │
                          ├─ 跨期摊配账户 ── 长期待摊费用
                          │                 ┌─ 实收资本
                          ├─ 资本账户 ──────┼─ 资本公积
   账户 ──────────────────┤                 └─ 盈余公积
                          │
                          │               ┌─ 备抵调整账户 ──┬─ 累计折旧
                          ├─ 调整账户 ─────┼─ 附加调整账户   └─ 坏账准备
                          │               └─ 备抵附加调整账户 ── 材料成本差异
                          │
                          ├─ 集合分配账户 ── 制造费用
                          │                 ┌─ 在途物资
                          ├─ 成本计算账户 ──┼─ 生产成本
                          │                 └─ 在建工程
                          │
                          │                              ┌─ 主营业务收入
                          │               ┌─ 收入账户 ──┼─ 其他业务收入
                          │               │              └─ 营业外收入
                          │               │
                          ├─ 损益计算账户 ─┤              ┌─ 主营业务成本
                          │               │              ├─ 其他业务成本
                          │               │              ├─ 税金及附加
                          │               └─ 费用账户 ──┼─ 销售费用
                          │                              ├─ 管理费用
                          │                              ├─ 财务费用
                          │                              ├─ 营业外支出
                          │                              └─ 所得税费用
                          │
                          └─ 财务成果账户 ── 本年利润
```

图 5-2　账户按用途和结构分类

本章小结

为了加深对账户的全面认识，了解账户体系中各个账户内容之间的联系与区别，正确地运用账户，需要对账户进行科学、合理的分类。

账户按其反映和监督的经济内容分类可以帮助我们了解应设置哪些账户来反映和监督会计对象。账户按反映和监督的经济内容可以分为资产类账户、负债类账户、所有者权益类账户、成本类账户、损益类账户和共同类账户六大类。

按用途和结构对账户进行分类，可分为盘存账户、结算账户、跨期摊配账户、资本账户、调整账户、集合分配账户、成本计算账户、损益计算账户和财务成果账户九大类。

思考题

1. 使用资产、负债类账户应注意哪些问题？
2. 什么是调整账户，有几种类型？
3. 调整账户的特点是什么？

练习题

一、单项选择题

1. 盘存账户一般属于（　　）。
   A. 资产性质的账户　　　　　　B. 负债性质的账户
   C. 成本费用类账户　　　　　　D. 收入成果类账户
2. 调整账户余额始终与被调整账户余额在不同方向时，是（　　）。
   A. 附加账户　　B. 备抵账户　　C. 对比账户　　D. 集合分配账户
3. 属于调整账户的是（　　）。
   A. 应付职工薪酬　B. 应交税费　　C. 累计折旧　　D. 预提费用
4. "长期待摊费用"账户按其用途和结构分类属于（　　）。
   A. 负债账户　　B. 资产账户　　C. 成本计算账户　D. 跨期摊配账户
5. 当调整账户的余额与被调整账户的余额在同一个方向时，该账户可起（　　）。
   A. 抵减附加作用　B. 抵减作用　　C. 附加作用　　D. 以上三个都不是
6. "材料成本差异"账户按其用途和结构分类，属于（　　）。
   A. 附加账户　　B. 备抵账户　　C. 备抵附加账户　D. 负债账户
7. "应付账款"账户按其用途和结构分类，属于（　　）。
   A. 负债结算账户　　　　　　　B. 资产账户
   C. 债权债务结算账户　　　　　D. 债权结算账户
8. 盘存账户是用来核算和监督各种（　　）的增减变动及其结存情况的账户。
   A. 财产物资和资本　　　　　　B. 财产物资和费用
   C. 财产物资和货币资金　　　　D. 货币资金和负债
9. 所有者权益是（　　）之和。
   A. 投入资本和负债　　　　　　B. 投入资本和利润

C. 利润和负债 D. 投入资本和未分配利润
10. 通过"累计折旧"账户对"固定资产"账户进行调整,反映固定资产的( )。
   A. 原始价值 B. 折旧额 C. 净值 D. 增加价值

二、多项选择题

1. 属于盘存账户的是( )。
   A. 库存商品 B. 库存现金 C. 应收账款 D. 原材料
2. 工业企业典型的调整账户有( )。
   A. 主营业务收入 B. 累计折旧 C. 利润分配 D. 材料成本差异
3. 属于盘存账户的是( )。
   A. 实收资本 B. 库存商品 C. 银行存款 D. 库存现金
4. 按经济内容分类,属于资产类账户的是( )。
   A. 无形资产 B. 累计折旧 C. 长期待摊费用 D. 营业外支出
5. 财务费用属于( )。
   A. 集合分配账户 B. 成本计算账户
   C. 财务成果账户 D. 费用成本类账户
6. 属于期间费用账户的是( )。
   A. 长期待摊费用 B. 财务费用 C. 管理费用 D 销售费用
7. 账户按用途和结构分类,属于成本计算的账户是( )。
   A. 制造费用 B. 材料采购 C. 生产成本 D. 累计折旧
8. 账户的用途是指通过账户的记录,能够( )。
   A. 提供哪些指标 B. 怎样记录经济业务
   C. 开设和运用账户的目的 D. 借、贷方登记的内容
9. 债权债务结算账户的借方发生额表示( )。
   A. 债权增加 B. 债务增加 C. 债权减少 D. 债务减少
10. 账户的结构是指( )。
    A. 提供哪些指标 B. 借、贷方登记的内容
    C. 怎样记录经济业务 D. 余额的方向及其表示的内容

三、判断题

1. 备抵调整账户余额的方向与被调整账户余额的方向相反。( )
2. 所有明细分类账户可用来补充登记说明所有总分类账户。( )
3. 备抵账户与被调整账户的关系可用下列公式表示,备抵账户余额 − 被调整账户余额 = 被调整账户实际余额。( )
4. 对资产账户来说,被调整账户的借方余额为 A,备抵账户的贷方余额为 B,则调整后的实有额 = A − B。( )
5. 跨期摊配账户的特点是这类账户反映费用的支付或使用比较集中且数额较小,而费用的摊销或提取则比较分散。( )
6. 调整账户的余额与被调整账户的余额方向相反。( )

7. "坏账准备"账户按用途结构划分,属于跨期摊配账户。( )
8. "累计折旧"账户的余额表示累计已提取的折旧额,是"固定资产"账户的一个备抵账户。( )
9. "主营业务收入"账户按用途结构来划分,属于计价对比账户。( )
10. 总分类账户和明细分类账户所反映的内容相同,只是提供指标的详细程度不同。( )

第六章 会计凭证

学习目标
- ◆ 理解会计凭证的概念。
- ◆ 了解会计凭证的意义。
- ◆ 了解会计凭证的分类。
- ◆ 熟悉填制原始凭证的方法。
- ◆ 掌握记账凭证的填制方法。
- ◆ 掌握会计凭证的审核。
- ◆ 了解会计凭证的传递和保管。

学习重点

记账凭证的填制和审核。

第一节 会计凭证概述

一、会计凭证的概念与意义

每个单位在经济活动过程中,都会发生各种各样的经济业务,凭证是证明经济业务发生、执行或完成的证据,填制和审核会计凭证保证了经济业务的会计核算资料的真实可靠,明确了经济活动中的经济责任。会计凭证是用来记录经济业务发生或完成情况,明确经济责任,并作为记账依据的书面证明。会计凭证是登记账簿的重要依据。

会计凭证的填制和审核是会计核算工作的起点,也是会计核算工作的基础环节,对会计信息的质量和整个会计管理工作有着重要的作用。

二、会计凭证的种类

会计凭证种类很多,可以按照不同的标准进行分类。其中,按照填制顺序和用途的不同,可以将会计凭证分为原始凭证和记账凭证。

(一) 原始凭证

1. 原始凭证的概念

原始凭证又称原始单据,是经济业务发生或完成时取得的,用以记录经济业务的主要内容和完成情况,明确经济责任的书面证明,是编制记账凭证的依据,是进行会计核算的原始资料。例如,出差乘坐的车船票、采购材料的发货票、到仓库领料的领料单等,都是原始凭证。原始凭证是在经济业务发生的过程中直接产生的,是经济业务发生的最初证明,具有较强的法律效力。

2. 原始凭证的种类

① 原始凭证按其取得的来源不同,可以分为自制原始凭证和外来原始凭证两类。

自制原始凭证是指在经济业务发生、执行或完成时,由本单位的经办人员自行填制的仅供内部使用的原始凭证,如收料单、领料单、产品入库单、借款单、制造费用分配表、固定资产折旧计算表及工资结算汇总表等。下面列举几张单据,如表6-1、表6-2和表6-3所示。

外来原始凭证是指在同外单位发生经济往来业务时,从外单位取得的凭证。外来原始凭证都是一次凭证,如企业购买材料、商品时,从供货单位取得的增值税专用发票、普通发票、收据等,如表6-4所示。

表6-1　　　　　　　　　　　　　　收 料 单

供货单位：　　　　　　　　　　　　　　　　　　　　凭证编号：
收料日期：　　　　　　　　　　　　　　　　　　　　收料仓库：

收料类别	材料编号	材料名称及规格	计量单位	数量		金额/元			
				应收	实收	单价	买价	运杂费	合计
备注：						合计			

仓库保管员：(签章)　　　　　　　　　　　　　　　　　　　收料人：(签章)

表6-2　　　　　　　　　　　　　　领 料 单

领料单位：　　　　　　　　　　　　　　　　　　　　凭证编号：
用　　途：　　　　　　　　　　　　　　　　　　　　发料仓库：

收料类别	材料编号	材料名称及规格	计量单位	数量		单价	金额/元
				请领	实发		
备注：						合计	

仓库保管员：(签章)　　　　　发料：(签章)　　　　　领料主管：(签章)

表6-3

限 额 领 料 单

材料科目：　　　　　　　　　　　　　　　　　　　　　　　材料类别：
领料车间(部门)：　　　　　　　　　年 月　　　　　　　　编　号：
用途：　　　　　　　　　　　　　　　　　　　　　　　　　　仓　库：

材料编号	材料名称	规格	计量单位	领用限额	实际领用			备注
					数量	单位成本	金额	

日期	请领		实发			退回			限额结余
	数量	领料单位	数量	发料人签章	领料人签章	数量	领料人签章	退料人签章	
合计									

第二联　账务核算联

生产计划部门负责人：　　　　　供应部门负责人：　　　　　仓库负责人：

表6-4

广东增值税专用发票　　　　No 0075911
发票联　　　　开票日期：　年 月 日

购买方	名　　称：					密码区		
	纳税人识别号：							
	地址、电话：							
	开户行及账号：							

货物或应税劳务、服务名称	规格型号	单位	数量	单价	金额	税率	税额
合　计							
价税合计(大写)					(小写)		

销售方	名　　称：			备	
	纳税人识别号：			注	
	地址、电话：				
	开户行及账号：				

收款人：　　　　　复核：　　　　　开票人：　　　　　销售方：(章)

第三联　发票联　购买方记账凭证

② 原始凭证按其填制手续不同,又可分为一次凭证、累计凭证、汇总原始凭证三种。

一次凭证是指只反映一项经济业务,或者同时反映若干项同类性质的经济业务,其填制手续是一次完成的会计凭证。例如,企业购进材料验收入库,由仓库保管员填制的"收料单";车间或班组向仓库领用材料时填制的"领料单";由报销人员填制的,出纳人员据以付款的"报销凭单",等等,都是一次凭证。

累计凭证是指在一定期间内,连续多次记载若干不断重复发生的同类经济业务,直到期末,凭证填制手续才算完成,以期末累计数作为记账依据的原始凭证,如工业企业常用的限额领料单等。使用累计凭证,可以简化核算手续,能对材料消耗、成本管理起事先控制作用,是企业进行计划管理的手段之一。

汇总原始凭证是指在会计核算工作中,为简化记账凭证的编制工作,将一定时期内若干份记录同类经济业务的原始凭证按照一定的管理要求汇总编制一张汇总凭证,用以集中反映某项经济业务总括发生情况的会计凭证,如"发料凭证汇总表""收料凭证汇总表""现金收入汇总表"等都是汇总原始凭证,如表6-5所示。

汇总原始凭证只能将同类内容的经济业务汇总填列在一张汇总凭证中。汇总原始凭证在大中型企业中使用得非常广泛,因为它可以简化核算手续,提高核算工作效率;能够使核算资料更为系统化,使核算过程更为条理化;能够直接为管理提供某些综合指标。

(二) 记账凭证

1. 记账凭证的概念

记账凭证是会计人员根据审核无误的原始凭证或汇总原始凭证,确定经济业务应借、应贷的会计科目和金额而填制的,作为登记账簿直接依据的会计凭证。在前面的章节中曾指出,在登记账簿之前,应按实际发生经济业务的内容编制会计分录,然后据以登记账簿,在实际工作中,会计分录是通过填制记账凭证来完成的。

2. 记账凭证的种类

(1) 记账凭证按其适用的经济业务,分为专用记账凭证和通用记账凭证两类

① 专用记账凭证是用来专门记录某一类经济业务的记账凭证。专用凭证按其所记录的经济业务是否与现金和银行存款的收付有无关系,又分为收款凭证、付款凭证和转账凭证三种。

收款凭证是用来记录现金和银行存款等货币资金收款业务的凭证,它是根据现金和银行存款收款业务的原始凭证填制的。收款凭证如表6-6所示。

付款凭证是用来记录现金和银行存款等货币资金付款业务的凭证,它是根据现金和银行存款付款业务的原始凭证填制的。收款凭证和付款凭证是用来记录货币收付业务的凭证,既是登记现金日记账、银行存款日记账、明细分类账及总分类账等账簿的依据,又是出纳人员收、付款项的依据。出纳人员不能依据现金、银行存款收付业务的原始凭证收付款项,必须根据会计主管人员或指定人员审核批准的收款凭证和付款凭证收付款项,以加强对货币资金的管理,有效地监督货币资金的使用。付款凭证如表6-7所示。

转账凭证是用来记录与现金、银行存款等货币资金收付款业务无关的转账业务(即在经济业务发生时不需要收付现金和银行存款的各项业务)的凭证,它是根据有关转账业务的原始凭证填制的。转账凭证是登记总分类账及有关明细分类账的依据。转账凭证如表6-8所示。

表6-5

发料凭证汇总表

2019年12月31日

单位：元

应借科目	材料名称 领料部门	原料及主要材料		辅助材料		燃料		专用工具	包装箱	周转材料			合计
										劳保用品			
		生铁	圆钢	油漆	润滑油	焦炭	原煤			工作服	劳保鞋	耐热手套	
加权平均单价		2 990.18	3 217.95	48.00	30.00	2 092.11	1 554.00	36.53	520.00	52.40	30.16	5.57	
生产成本	卧式车床	3 895.27	25 743.57	11 040.00		18 828.94							59 497.79
	立式车床	9 065.64	32 179.47										41 245.10
	小　计												
制造费用	制造车间				1 500.00			730.53					2 230.53
	机加车间							913.16		786.00	452.43		2 151.59
	装配车间				120.00								120.00
	小　计												
管理费用	行政部门												
销售费用	销售部门								2 600.00				2 600.00
其他业务支出	出租												
合　计		12 950.91	57 923.04	11 040.00	1 620.00	18 828.95	0.00	1 643.68	2 600.00	786.00	452.43	0.00	107 845.02

负责人：　　　　复核：　　　　制表：

表 6-6

收 款 凭 证

借方科目_____ 　　　年　月　日　　　　　　　字第　号

摘要	贷方总账科目	明细科目	借或贷	金 额										
				亿	千	百	十	万	千	百	十	元	角	分
合 计														

附单据　　张

会计主管　　　　　记账　　　　　出纳　　　　　审核　　　　　制单

表 6-7

付 款 凭 证

贷方科目_____ 　　　年　月　日　　　　　　　字第　号

摘要	借方总账科目	明细科目	借或贷	金 额										
				亿	千	百	十	万	千	百	十	元	角	分
合 计														

附单据　　张

会计主管　　　　　记账　　　　　出纳　　　　　审核　　　　　制单

表 6-8

转 账 凭 证

　　　　　年　月　日　　　　　　总号_____
　　　　　　　　　　　　　　　　　分号_____

摘要	总账科目	明细科目	借方金额										贷方金额										记账符号
			亿	千	百	十	万	千	百	十	元	角	分	亿	千	百	十	万	千	百	十	元	角	分	
合 计																									

附单据　　张

会计主管　　　　　记账　　　　　稽核　　　　　制单

② 通用记账凭证的格式,不再分为收款凭证、付款凭证和转账凭证,而是以一种格式记录全部经济业务。

在经济业务比较简单的经济单位,为了简化凭证可以使用通用记账凭证,记录所发生的各种经济业务。

（2）记账凭证按其包括的会计科目是否单一，分为复式记账凭证和单式记账凭证两类

① 复式记账凭证又称多科目记账凭证，要求将某项经济业务所涉及的全部会计科目集中填列在一张记账凭证上。复式记账凭证可以集中反映账户的对应关系，因而便于了解经济业务的全貌，了解资金的来龙去脉；便于查账，同时可以减少填制记账凭证的工作量，减少记账凭证的数量；但是不便于汇总计算每一会计科目的发生额，不便于分工记账。上述收款凭证、付款凭证和转账凭证的格式都是复式记账凭证的格式。

② 单式记账凭证又称单科目记账凭证，要求将某项经济业务所涉及的每个会计科目，分别填制记账凭证，每张记账凭证只填列一个会计科目，其对方科目只供参考，不据以记账。也就是把某一项经济业务的会计分录，按其所涉及的会计科目，分散填制两张或两张以上的记账凭证。单式记账凭证便于汇总计算每一个会计科目的发生额，便于分工记账；但是填制记账凭证的工作量变大，而且出现差错不易查找。

（3）记账凭证按其是否经过汇总，可以分为汇总记账凭证和非汇总记账凭证

① 汇总记账凭证是根据同类记账凭证定期加以汇总而重新编制的记账凭证。汇总记账凭证按汇总方法不同，可分为分类汇总和全部汇总两种。

分类汇总凭证是根据一定期间的记账凭证按其种类分别汇总填制的，如根据收款凭证汇总填制的"现金汇总收款凭证"和"银行存款汇总收款凭证"，以及根据付款凭证填制的"现金汇总付款凭证"和"银行存款汇总付款凭证"，以及根据转账凭证汇总填制的"汇总转账凭证"。

全部汇总凭证是根据一定期间的记账凭证全部汇总填制的，如"科目汇总表"。

② 非汇总记账凭证是没有经过汇总的记账凭证，前面介绍的收款凭证、付款凭证和转账凭证，以及通用记账凭证都是非汇总记账凭证。

原始凭证与记账凭证之间存在着密切的联系。原始凭证是记账凭证的基础，记账凭证是根据原始凭证编制的。在实际工作中，原始凭证附在记账凭证后面，作为记账凭证的附件；记账凭证是对原始凭证内容的概括和说明；原始凭证有时是登记明细账户的依据。

第二节 原始凭证的填制和审核

一、原始凭证的基本内容

企业经济业务的种类繁多，内容也多种多样，各单位所使用的原始凭证的格式和种类也是千变万化的。但是所有的原始凭证都必须详细记载有关经济业务的发生或完成情况，明确经办单位或人员的经济责任。因此，所有的原始凭证具有一些共同的基本内容，即原始凭证的基本要素。具体内容如下：

① 原始凭证名称。
② 填制凭证的日期和编号。
③ 填制凭证的单位名称或者填制人姓名。

④ 对外凭证要有接受凭证单位的名称。
⑤ 经济业务所涉及的数量、计量单位、单价和金额。
⑥ 经济业务的内容摘要。
⑦ 经办业务部门或人员的签章。

只有具备了上述基本内容的原始凭证，才可以成为证明经济业务发生具有法律效力的书面证明。当然，这些只是原始凭证的基本内容，是原始凭证的共同特征，而一些特殊的原始凭证还应当符合一定的附加条件。

二、原始凭证的填制要求

原始凭证是具有法律效力的证明文件，是进行会计核算的重要依据。原始凭证的填制必须符合下列要求。

（一）记录要真实

原始凭证所填列的经济业务内容和数字，必须真实、可靠，即符合国家有关政策、法令、法规、制度的要求；原始凭证上填列的内容和数字必须真实、可靠，符合有关经济业务的实际情况，不得弄虚作假，更不得伪造凭证。

（二）内容要完整

原始凭证所要求填列的项目必须逐项填列齐全，不得遗漏和省略；必须符合手续完备的要求，经办业务的有关部门和人员要认真审核，签名盖章。

（三）手续要完备

单位自制的原始凭证必须有经办单位领导人或者其他指定人员的签名盖章；对外开出的原始凭证必须加盖本单位公章；从外部取得的原始凭证，必须盖有填制单位的公章；从个人取得的原始凭证，必须有填制人员的签名盖章。

（四）书写要清楚、规范

原始凭证要按规定填写，文字要简要，字迹要清楚，易于辨认，不得使用未经国务院公布的简化汉字。大小写金额必须相符且填写规范，小写金额用阿拉伯数字逐个书写，不得写连笔字，在金额前要填写人民币符号"￥"，人民币符号"￥"与阿拉伯数字之间不得留有空白，金额数字一律填写到角分，无角分的，写"00"或符号"－"，有角无分的，分位写"0"，不得用符号"－"；大写金额用汉字壹、贰、叁、肆、伍、陆、柒、捌、玖、拾、佰、仟、万、亿、元、角、分、零、整等，一律用正楷或行书字书写，大写金额前未印有"人民币"字样的，应加写"人民币"三个字，"人民币"字样和大写金额之间不得留有空白，大写金额到元或角为止的，后面要写"整"或"正"字，有分的，不写"整"或"正"字。如小写金额为￥1006.00，大写金额应写成"壹仟零陆元整"。

（五）编号要连续

如果原始凭证已预先印定编号，在写坏作废时，应加盖"作废"戳记，妥善保管，不得撕毁。

（六）不得涂改、刮擦、挖补

原始凭证有错误的，应当由出具单位重开或更正，更正处应当加盖出具单位印章。原始凭证金额有错误的,应当由出具单位重开,不得在原始凭证上更正。

(七) 填制要及时

各种原始凭证都应该在办理业务时及时填写,并按时间的先后顺序整理,然后按规定的程序及时送交有关部门审查、签章,再递交会计机构、会计人员进行审核、签章,完成规定的手续,防止日后出现差错时难以清查。

三、原始凭证的审核

为了正确地反映和监督各项经济业务,确保会计资料真实、正确和合法,必须对原始凭证进行严格、认真的审核。原始凭证的审核内容包括以下四个方面。

(一) 审核原始凭证的合规性

审核原始凭证反映的经济业务是否符合现行财政、税收、经济、金融等有关的法令规定,是否符合现行财务会计制度。例如,费用开支是否符合开支标准、范围的财务规定,付出现款是否符合现金管理规定,等等;同时,还要审核原始凭证本身是否合法,任何企业、单位购进物品、材料,委外加工,运输,建筑安装及其他服务,都必须取得对方开具税务局规定的统一发票;外地企业来本地承办本企业单位加工、运输、建筑安装、装饰等业务的,应开具业务发生地税务局规定的统一发票(包括临时经营发票),不得开出外地发票收款,更不得开出白条;对方是行政事业单位开具的收费、收款收据,要符合本地财政局的规定。

(二) 审核原始凭证的真实性

审核原始凭证所反映的经济业务是否同实际情况相符合,如购进货物的数量、品种、规格等是否和验收单相一致,销售货物的数量、品种、规格等是否与出库单相一致等,有无伪造、变造凭证,从中贪污等情况。

(三) 审核原始凭证的完整性

审核原始凭证的内容是否填写齐全,手续是否完备,是否有经办人签字或盖章。对出纳员而言,在具体审核过程中,应注意如下几个方面。

① 对于外来发票和收据,应注意凭证上单位名称、发票抬头、品名、计量单位、数量、单价、总金额等各项内容是否齐全,是否有单位财务专用章或发票专用章,是否有税务机关的发票监制章。

② 对于外来的原始凭证,本单位办理手续是否齐备,例如,发票、收据等是否经过有关人员复核,货物是否经过验收,报销时有关经办人员是否签章,是否经过领导批准等。

③ 对于自制的原始凭证,同样应审查填写是否齐全,有关人员是否签章,是否经有权批准人员批准,等等。

(四) 审核原始凭证的准确性

会计人员应认真审核原始凭证所填列的数字是否符合要求,包括数量、单价、金额及小计、合计等填写是否清晰,计算是否准确,是否用复写纸套写,有无涂改、刮擦、挖补等弄虚作假行为。对于发票,应特别注意其金额(包括合计数)计算是否准确,大写金额和小写金额是否相符;发票上的字迹特别是金额数字有无涂改痕迹,复写的字迹和颜色是否一致,正面和反面的对照有无"头小尾大、头大尾小"情况等。

第三节　记账凭证的填制和审核

一、记账凭证的基本内容

记账凭证是由会计人员根据审核无误的原始凭证或原始凭证汇总表,按记账的要求归类整理而编制的,是登记账簿的直接依据。由于记账凭证所反映的经济业务的内容不同,因此在具体格式上存在差异,但所有的记账凭证都必须满足记账的要求,必须具备以下基本内容:

① 记账凭证的名称及填制单位名称。
② 填制记账凭证的日期。
③ 记账凭证的编号。
④ 经济业务事项的内容摘要。
⑤ 经济业务事项所涉及的会计科目及其记账方向。
⑥ 经济业务事项的金额。
⑦ 记账符号。
⑧ 所附原始凭证张数:原始凭证是编制记账凭证的依据,必须在记账凭证上填写所附原始凭证的张数,两者必须相符。
⑨ 会计主管、记账、审核、出纳、制单等有关人员的签章。

二、记账凭证的填制要求

填制记账凭证是会计核算工作的重要环节,是对原始凭证的整理和分类,并按照复式记账的要求,运用会计科目,确定会计分录,作为登记账簿的依据。填制记账凭证能使记账更为条理化,保证记账工作的质量,也能简化记账工作,提高核算效率,具有十分重要的作用。

如果说会计人员对原始凭证主要在于注重审核,那么对记账凭证则主要在于注重填制。填制记账凭证的具体要求如下:

① 填制记账凭证的依据,必须是经审核无误的原始凭证或汇总原始凭证。
② 正确填写摘要。一级科目、二级科目或明细科目、账户的对应关系、金额的填写都应正确无误。
③ 记账凭证的日期。收付款业务因为要登入当天的日记账,记账凭证的日期应是货币资金收付的实际日期,但是与原始凭证所记的日期不一定一致。转账凭证以收到原始凭证的日期为登记日期,但在摘要栏要注明经济业务发生的实际日期。
④ 记账凭证的编号,要根据不同的情况采用不同的编号方法。如果企业的各种经济业务的记账凭证,采用统一的一种格式(通用格式),凭证的编号可采用顺序编号法,即按月编顺序号。业务极少的单位可按年编顺序号。如果是按照经济业务的内容加以分类,采用三种格式的记账凭证,记账凭证的编号应采用字号编号法,即把不同类型的记账凭证用字加以

区别,再把同类记账凭证顺序号加以连续。三种格式的记账凭证,采用字号编号法时,具体可编为"收字第＊＊号""付字第＊＊号""转字第＊＊号"。例如,5月12日收到一笔现金,是该月第30笔收款业务,记录该笔经济业务的记账凭证的编号为"收字第30号"。如果一笔经济业务需要填制多张记账凭证,记账凭证的编号可采用分数编号法。例如,一笔经济业务需要编制两张转账凭证,凭证的顺序号为8时,可编转字 $8\frac{1}{2}$ 和 $8\frac{2}{2}$。

⑤ 记账凭证上应注明所附的原始凭证张数,以便核查。如果根据同一原始凭证填制数张记账凭证时,则应在未附原始凭证的记账凭证上注明"附件＊＊张,见第＊＊号记账凭证"。如果原始凭证需要另行保管,则应在附件栏目内加以注明,但更正错账和结账的记账凭证可以不附原始凭证。

⑥ 必须按照会计制度统一规定的会计科目,根据经济业务的性质,编制会计分录,以保证核算的口径一致,便于综合汇总。应用借贷记账法编制分录时,应编制简单分录或复合分录,以便从账户对应关系中反映经济业务的情况。

⑦ 在采用"收款凭证""付款凭证"和"转账凭证"等复式凭证的情况下,凡涉及现金和银行存款的收款业务,填制收款凭证;凡涉及现金和银行存款的付款业务,填制付款凭证;涉及转账业务,填制转账凭证。但涉及现金和银行存款之间的划转业务,按规定只填制付款凭证,以免重复记账。例如,现金存入银行,只填制一张"现金"付款凭证。

三、记账凭证的审核

记账凭证是登记账簿的依据,为了保证账簿登记的正确性,记账凭证填制完必须进行审核。审核内容如下。

（一）内容是否真实

审核记账凭证是否附有原始凭证,所附原始凭证的内容是否与记账凭证记录的内容一致,记账凭证汇总表与记账凭证的内容是否一致。

（二）项目是否齐全

审核记账凭证各项目的填写是否齐全,如日期、凭证编号、摘要、会计科目、金额、所附原始凭证张数及有关人员签章等。

（三）科目是否正确

审核记账凭证的应借、应贷科目是否正确,是否有明确的账户对应关系等。

（四）金额是否正确

审核记账凭证所记录的金额与原始凭证的有关金额是否一致,记账凭证汇总表的金额与记账凭证的金额合计是否相符等。

（五）书写是否正确

审核记账凭证中的记录是否文字工整、数字清晰,是否按规定使用蓝黑墨水或碳素墨水等。

在审核过程中如果发现记账凭证的填制有错误,应立即查明原因,予以重新填写或者按规定的方法及时更正,只有经过审核无误的记账凭证,才能够据以登记账簿。

第四节　会计凭证的传递与保管

一、会计凭证的传递

会计凭证的传递是指各种会计凭证从填制、取得到归档保管为止的全部过程,即在企业、事业和行政单位内部有关人员和部门之间传送、交接的过程。要规定各种凭证的填写、传递单位与凭证份数,以及会计凭证传递的程序、移交的时间和接受与保管的有关部门。

(一) 会计凭证传递的作用

为了能够利用会计凭证,及时反映各项经济业务,提供会计信息,发挥会计监督的作用,必须正确、及时地进行会计凭证的传递,不得积压。正确组织会计凭证的传递,对于及时处理和登记经济业务,明确经济责任,实行会计监督,具有重要作用。从一定意义上说,会计凭证的传递起着在单位内部经营管理各环节之间协调和组织的作用。会计凭证传递程序是企业管理规章制度重要的组成部分,传递程序的科学与否,说明该企业管理的科学程度。会计凭证传递的具体作用如下:

① 会计凭证作为记录经济业务、明确经济责任的书面证明,体现了经济责任制度的执行情况。单位会计制度可以通过会计凭证传递程序和传递时间的规定,进一步完善经济责任制度,使各项业务的处理顺利进行。

② 通过会计凭证的传递,使会计部门尽早了解经济业务发生和完成情况,并通过会计部门内部的凭证传递,及时记录经济业务,进行会计核算,实行会计监督。

(二) 会计凭证传递注意的问题

在制定会计凭证的传递程序、规定其传递时间时,应注意以下几个方面的问题,以便合理地组织会计凭证的传递。

1. 定传递路线

各单位应根据经济业务的特点,结合内部机构和人员分工情况,以及满足经营管理和会计核算的需要,规定会计凭证的传递程序,并据此规定会计凭证的份数,使经办业务的部门和人员能够及时地办理各种凭证手续,既符合内部牵制原则,又能加速业务处理过程,提高工作效率。

2. 定传递时间

各单位要根据有关部门和人员办理经济业务的情况,恰当地规定凭证在各环节的停留时间和交接时间。

3. 定传递手续

传递手续是在凭证传递过程中的衔接手续。应该做到既完备严密,又简便易行。凭证的收发、交接都应按一定的手续制度办理,以保证会计凭证的安全和完整。

总之,会计凭证的传递既要能够满足内部控制制度的要求,使传递程序合理有效,同时又要尽量节约传递时间,减少传递的工作量。

二、会计凭证的保管

会计凭证的保管是指会计凭证记账后的整理、装订、归档和存查工作。对于会计凭证的保管主要有以下要求。

① 会计凭证应定期装订成册,防止散失。从外单位取得的原始凭证遗失时,应取得原签发单位盖有公章的证明,并注明原始凭证的号码、金额、内容等,由经办单位会计机构负责人、会计主管人员和单位负责人批准后,才能代作原始凭证。如果确实无法取得证明的,如车票丢失,则应由当事人写明详细情况,由经办单位会计机构负责人、会计主管人员和单位负责人批准后,代作原始凭证。

② 会计凭证封面应注明单位名称、凭证种类、凭证张数、起止号数、年度、月份、会计主管人员、装订人员等有关事项,会计主管人员和保管人员应在封面上签章。

③ 会计凭证应加贴封条,防止抽换凭证。原始凭证不得外借,如因特殊原因需要使用原始凭证时,经本单位领导批准可以复制。

④ 原始凭证较多时,可单独装订,但应在凭证封面注明所属记账凭证的日期、编号和种类,同时在所属的记账凭证上注明"附件另订"及原始凭证的名称和编号,以便查阅。

⑤ 每年装订成册的会计凭证,在年度终了时可暂由单位会计机构保管一年,期满后应当移交本单位档案机构统一保管;未设立档案机构的,应当在会计机构内部指定专人保管。出纳人员不得兼管会计档案。

⑥ 严格遵守会计凭证的保管期限要求,企业的原始凭证、记账凭证和汇总原始凭证应保管 15 年,会计凭证保管期满前不得任意销毁。期满需要销毁时,必须开列清单,按规定手续,报经批准后才能销毁。

三、会计凭证的装订

(一)会计凭证装订前的准备

会计凭证装订前的准备是指对会计凭证进行排序、粘贴和折叠。因为原始凭证的纸张面积与记账凭证的纸张面积不可能全部一样,有时前者大于后者,有时前者小于后者,这就需要会计人员在制作会计凭证时对原始凭证加以适当整理,以便下一步装订成册。

① 对于纸张面积大于记账凭证的原始凭证,可按记账凭证的面积尺寸,先自右向后,再自下向后两次折叠。注意,应把凭证的左上角或左侧面让出来,以便装订后,还可以展开查阅。

② 对于纸张面积过小的原始凭证,一般不能直接装订,可先按一定次序和类别排列,再粘在一张同记账凭证大小相同的白纸上,粘贴时宜用胶水。证票应分张排列,同类、同金额的单据尽量粘在一起;同时,在一旁注明张数和合计金额。如果是板状票证,可以将票面票底轻轻撕开,厚纸板弃之不用。

③ 对于纸张面积略小于记账凭证的原始凭证,可先用回形针或大头针别在记账凭证后面,待装订时再抽去回形针或大头针。

④ 有的原始凭证不仅面积大,而且数量多,可以单独装订,如工资单、耗料单等,但在记账凭证上应注明保管地点。原始凭证附在记账凭证后面的顺序应与记账凭证所记载的内容

顺序一致,不应按原始凭证的面积大小来排序。

会计凭证经过上述的加工整理之后,就可以装订了。

(二) 会计凭证的装订方法

会计凭证的装订是指把定期整理完毕的会计凭证按照编号顺序,外加封面、封底,装订成册,并在装订线上加贴封签。在封面上,应写明单位名称、年度、月份、记账凭证的种类、起讫日期、起讫号数,以及记账凭证和原始凭证的张数,并在封签处加盖会计主管的骑缝图章。如果采用单式记账凭证,在整理装订凭证时,必须保持会计分录的完整。为此,应按凭证号码顺序还原装订成册,不得按科目归类装订。对各种重要的原始单据,以及各种需要随时查阅和退回的单据,应另编目录,单独登记保管,并在有关的记账凭证和原始凭证上相互注明日期及编号。

会计凭证装订的要求是既美观大方又便于翻阅,所以在装订时要先设计好装订册数及每册的厚度。一般来说,一本凭证,厚度以1.5至2.0厘米为宜,太厚了不便于翻阅核查,太薄了又不利于戳立放置。凭证装订册数可根据凭证多少来定,原则上以月份为单位装订,每月订成一册或若干册。有些单位业务量小,凭证不多,把若干个月份的凭证合并订成一册,在凭证封面注明本册所含的凭证月份即可。为了使装订成册的会计凭证外形美观,在装订时要考虑到凭证的整齐均匀,特别是装订线的位置,太薄时,可用纸折一些三角形纸条,均匀地垫在此处,以保证它的厚度与凭证中间的厚度一致。

本章小结

通过本章的学习,我们了解了填制和审核会计凭证是会计核算的方法之一,会计凭证是记录经济业务事项发生和完成情况、明确经济责任的书面证明,是登记账簿的依据。会计凭证按照其填制的程序和用途,分为原始凭证和记账凭证两大类,在填制原始凭证和记账凭证时必须符合有关的规定和要求。会计人员要履行会计的监督职能,对原始凭证的合法性、合理性、完整性和正确性进行审核;对记账凭证的完整性、准确性进行审核。各单位还应规定会计凭证在内部各部门和相关人员之间的传递程序和传递时间。会计凭证作为重要的会计档案之一,应定期进行整理、装订、归档,并按照《会计档案管理办法》的有关规定进行管理。

思考题

1. 什么是会计凭证?他在会计核算中起到什么样的作用?
2. 会计凭证按其填制顺序和用途怎样分类?
3. 什么是原始凭证?什么是记账凭证?举例说明他们的特点。

练习题

一、单项选择题

1. 记账凭证按其(　　)不同,通常分为收款凭证、付款凭证和转账凭证。
   A. 格式　　　　　　　　　　　　B. 反映的经济内容
   C. 填列方式　　　　　　　　　　D. 依据的原始凭证

2. 下列属于累计凭证的是(　　)。
   A. 领料单　　　　　　　　　　　B. 限额领料单
   C. 耗用材料汇总表　　　　　　　D. 工资汇总表
3. (　　)是用来记录货币资金付款业务的凭证,它是由出纳人员根据审核无误的原始凭证填制的。
   A. 收款凭证　　B. 付款凭证　　C. 转账凭证　　D. 累计凭证
4. 企业购进原材料60 000元,款项未付。该笔经济业务应编制的记账凭证是(　　)。
   A. 收款凭证　　B. 付款凭证　　C. 转账凭证　　D. 以上均可
5. 原始凭证有错误的,正确的处理方法是(　　)。
   A. 向单位负责人报告　　　　　　B. 退回,不予接受
   C. 由出具单位重开或更正　　　　D. 本单位代为更正
6. 关于会计凭证的保管,下列说法不正确的是(　　)。
   A. 会计凭证应定期装订成册,防止散失
   B. 会计主管人员和保管人员应在封面上签章
   C. 原始凭证不得外借,其他单位如有特殊原因确实需要使用时,经本单位负责人批准,可以复制
   D. 经单位领导批准,会计凭证在保管期满前可以销毁
7. 付款凭证左上角的"贷方科目"可能登记的科目有(　　)。
   A. 预付账款　　B. 银行存款　　C. 预收账款　　D. 其他应付款
8. 下列不属于自制原始凭证的是(　　)。
   A. 领料单　　　B. 成本计算单　C. 入库单　　　D. 火车票
9. 下列业务中应该编制收款凭证的是(　　)。
   A. 购买原材料用银行存款支付　　B. 收到销售商品的款项
   C. 购买固定资产,款项尚未支付　　D. 销售商品,收到商业汇票一张
10. 根据连续反映某一时期内不断重复发生而分次进行的特定业务编制的原始凭证有(　　)。
    A. 一次凭证　　B. 累计凭证　　C. 记账凭证　　D. 汇总原始凭证
11. 将库存现金送存银行,应填制的记账凭证是(　　)。
    A. 库存现金收款凭证　　　　　　B. 库存现金付款凭证
    C. 银行存款收款凭证　　　　　　D. 银行存款付款凭证
12. 填制记账凭证时,错误的做法是(　　)。
    A. 根据每一张原始凭证填制
    B. 根据若干张同类原始凭证汇总填制
    C. 将若干张不同内容和类别的原始凭证汇总填制在一张记账凭证上
    D. 根据原始凭证汇总表编制
13. 在审核原始凭证时,对于内容不完整、填写有错误或手续不完备的原始凭证,应该(　　)。
    A. 拒绝办理,并向本单位负责人报告

B. 予以抵制，对经办人员进行批评

C. 由会计人员重新编制或予以更正

D. 予以退回，要求更正、补充，以至重新编制

14. 下列关于原始凭证的说法不正确的是( )。
   A. 按照来源的不同，分为外来原始凭证和自制原始凭证
   B. 按照格式的不同，分为通用原始凭证和专用原始凭证
   C. 按照填制手续及内容不同，分为一次原始凭证、累计原始凭证和汇总原始凭证
   D. 按照填制方法不同，分为外来原始凭证和自制原始凭证

15. 原始凭证按( )分类，分为一次凭证、累计凭证等类。
   A. 用途和填制程序   B. 形成来源
   C. 填制方式   D. 填制程序及内容

16. 可以不附原始凭证的记账凭证是( )。
   A. 更正错误的记账凭证   B. 从银行提取现金的记账凭证
   C. 以现金发放工资的记账凭证   D. 职工临时性借款的记账凭证

17. 关于会计凭证的装订和保管，下列表述不正确的是( )。
   A. 会计凭证必须按照归档制度，妥善整理和保管，形成会计档案，便于随时查阅
   B. 对检查无误的会计凭证，要按顺序号排列，折叠整齐装订成册，并加具封面
   C. 如果某些记账凭证的原始凭证数量过多，也可以单独装订保管，但应在其封面及有关记账凭证上加注说明
   D. 合同、契约、押金收据等重要原始凭证，必须装订成册，不得单独保管，以防散失

18. 下列不能作为会计核算的原始凭证的是( )。
   A. 发货票   B. 合同书   C. 入库单   D. 领料单

19. 不符合原始凭证基本要求的是( )。
   A. 从个人取得的原始凭证，必须有填制人员的签名盖章
   B. 原始凭证不得涂改、刮擦、挖补
   C. 上级批准的经济合同，应作为原始凭证
   D. 大写和小写金额必须相等

20. 下列关于专用记账凭证的说法中，错误的是( )。
   A. 专用记账凭证可以分为收款凭证、付款凭证和转账凭证
   B. 若该凭证已登记账簿，应在"记账"栏内标记如"√"，以防止经济业务重记或漏记
   C. 借贷记账法下，收款凭证的设证科目是借方科目
   D. 付款凭证在凭证内反映的是贷方科目，应填列与"库存现金"或"银行存款"相对应的科目

21. 会计日常核算工作的起点是( )。
   A. 填制会计凭证   B. 财产清查
   C. 设置会计科目和账户   D. 登记会计账簿

22. 开出转账支票支付购买材料价款50 000元时，应编制( )。

A. 收款凭证　　　B. 付款凭证　　　C. 转账凭证　　　D. 累计凭证

23. 不属于记账凭证编制基本要求的是(　　)。

A. 必须经由单位负责人签字　　　B. 各项内容必须完整

C. 书写应清楚、规范　　　D. 填制时发生错误应重新填制

24. 下列内容不属于原始凭证审核的是(　　)。

A. 凭证是否有填制单位的公章和填制人员签章

B. 凭证是否符合规定的审核程序

C. 凭证是否符合有关计划和预算

D. 会计科目使用是否正确

25. 填制记账凭证时,错误的做法是(　　)。

A. 根据每一张原始凭证填列

B. 根据若干张同类原始凭证汇总填制

C. 将若干张不同内容和类别的原始凭证汇总填制在一张记账凭证上

D. 根据原始凭证汇总表填制

二、多项选择题

1. 收款凭证的借方科目可能有(　　)。

A. 应收账款　　　B. 库存现金　　　C. 银行存款　　　D. 应付账款

2. 原始凭证的基本内容中包括(　　)。

A. 原始凭证名称　　　B. 接受原始凭证的单位名称

C. 经济业务的性质　　　D. 凭证附件

3. 其他单位因特殊原因需要使用本单位的原始凭证,正确的做法是(　　)。

A. 可以外借

B. 将外借的会计凭证拆封抽出

C. 不得外借,经本单位会计机构负责人或会计主管人员批准,可以复制

D. 将向外单位提供的凭证复印件在专设的登记簿上登记

4. "借款单"是(　　)。

A. 外来原始凭证　　　B. 自制原始凭证　　　C. 一次凭证　　　D. 累计凭证

5. 下列属于外来原始凭证的有(　　)。

A. 本单位开具的销售发票　　　B. 供货单位开具的发票

C. 职工出差取得的飞机票和火车票　　　D. 银行收付款通知单

6. 下列说法正确的是(　　)。

A. 记账凭证上的日期指的是经济业务发生的日期

B. 对于涉及"库存现金"和"银行存款"之间的经济业务,一般只编制收款凭证

C. 出纳人员不能直接依据有关收、付款业务的原始凭证办理收、付款业务

D. 出纳人员必须根据经会计主管或其指定人员审核无误的收、付款凭证办理收、付款业务

7. 下列属于一次凭证的有(　　)。

A. 收据　　　B. 发货票　　　C. 工资结算单　　　D. 工资汇总表

8. 关于记账凭证下列说法正确的是(　　)。
   A. 收款凭证是指用于记录现金和银行存款收款业务的会计凭证
   B. 收款凭证分为库存现金收款凭证和银行存款收款凭证两种
   C. 从银行提取库存现金的业务应该编制库存现金收款凭证
   D. 从银行提取库存现金的业务应该编制银行存款付款凭证
9. 原始凭证的审核内容包括(　　)。
   A. 有关数量、单价、金额是否正确无误　　B. 是否符合有关的计划和预算
   C. 记录的经济业务的发生时间　　　　　　D. 有无违反财经制度的行为
10. 对原始凭证发生的错误,正确的更正方法是(　　)。
    A. 由出具单位重开或更正
    B. 由本单位的会计人员代为更正
    C. 金额发生错误的,可由出具单位在原始凭证上更正
    D. 金额发生错误的,应当由出具单位重开
11. 收款凭证的借方科目可能有(　　)。
    A. 应收账款　　　B. 库存现金　　　C. 银行存款　　　D. 应付账款
12. 下列经济业务中,应填制付款凭证的有(　　)。
    A. 提现金备用　　　　　　　　　　　　B. 购买材料预付订金
    C. 购买材料未付款　　　　　　　　　　D. 以银行存款支付前欠单位货款
13. 记账凭证审核的主要内容有(　　)。
    A. 内容是否真实　　　　　　　　B. 项目是否齐全
    C. 科目、金额、书写是否正确　　D. 填制是否及时
14. 王明出差回来,报销差旅费 1 000 元,原预借 1 500 元,交回剩余现金 500 元,这笔业务应该编制的记账凭证有(　　)。
    A. 付款凭证　　　B. 收款凭证　　　C. 转账凭证　　　D. 原始凭证
15. 下列凭证中,属于汇总凭证的有(　　)。
    A. 差旅费报销单　　　　　　　　B. 发料凭证汇总表
    C. 限额领料单　　　　　　　　　D. 工资结算汇总表
16. 以下有关会计凭证的表述中正确的有(　　)。
    A. 会计凭证是记录经济业务的书面证明
    B. 会计凭证可以明确经济责任
    C. 会计凭证是编制报表的依据
    D. 会计凭证是登记账簿的依据

三、判断题

1. 转账支票只能用于转账,而现金支票不仅可以用于提取现金还可以用于转账。(　　)
2. 所有的记账凭证都必须附有原始凭证,否则,不能作为记账的依据。(　　)
3. 原始凭证原则上不得外借,其他单位如有特殊原因确实需要使用时,经本单位会计机构负责人、会计主管人员批准,可以外借。(　　)
4. 原始凭证是会计核算的原始资料和重要依据,是登记会计账簿的直接依据。(　　)

5. 发现以前年度记账凭证有错误,不必用红字冲销,直接用蓝字填制一张更正的记账凭证。( )
6. 记账凭证填制完经济业务事项后,如有空行,应当自金额栏最后一笔金额数字下的空行处至合计数上的空行处画线注销。( )
7. 对于真实、合法、合理但内容不够完善、填写有错误的原始凭证,会计机构和会计人员不予以接受。( )
8. 自制原始凭证都是一次凭证,外来原始凭证绝大多数是一次凭证。( )
9. 原始凭证发生的错误,正确的更正方法是由出具单位在原始凭证上更正。( )
10. 审核原始凭证的正确性,就是要审核原始凭证所记录的经济业务是否符合企业生产经营活动的需要、是否符合有关的计划和预算。( )
11. 一张原始凭证所列的支出需要由几个单位共同负担时,应当由保存该原始凭证的单位将该原始的复印件交给其他应负担的单位。( )
12. 为了简化工作手续,可以将不同内容和类别的原始凭证汇总,填制在一张记账凭证上。( )
13. 记账凭证所附的原始凭证数量过多,也可以单独装订保管,但应在其封面及有关记账凭证上加注说明。( )
14. 收款凭证又可以分为现金收款凭证和银行存款收款凭证,如以现金结算的发票联。( )
15. 原始凭证原则上不得外借,其他单位如有特殊原因确实需要使用时,经本单位会计机构负责人、会计主管人员批准,可以外借。( )
16. 从外部取得的原始凭证必须有填制单位财务专用章。( )
17. 累计凭证是指在一定时期内连续记录发生的若干同类型经济业务的原始凭证。( )

第七章 会计账簿

学习目标
- 了解会计账簿的含义与作用。
- 了解会计账簿的种类和基本内容。
- 理解对账和结账的具体内容。

学习重点
- 会计账簿的格式与登记。
- 会计账簿的登记规则。
- 错账更正的具体方法。

第一节 会计账簿概述

企业发生的经济业务,要由会计凭证做出最初的反映。由于凭证数量多,比较分散和零星,同时每张凭证只能记录单个的经济业务,提供个别数据,因此,为了对经济业务进行全面、连续、系统综合的核算,从数据中提取系统有用的信息,必须采用登记会计账簿的方法,把分散在会计凭证上的零散资料分类整理,取得经营管理所需的信息资料,这就需要会计账簿。

一、会计账簿的含义和作用

(一) 会计账簿的含义

会计账簿简称账簿,是指以会计凭证为依据,由具有一定格式并相互联系的账页组成的,用来序时、分类、全面、系统地记录和反映各项经济业务事项的会计簿籍。这种簿籍是由若干具有专门格式,又相互联结的账页组成的。账页一旦标明会计科目,这个账页就成为用来记录该科目所核算内容的账户。

账页是账户的载体,账簿则是若干账页的集合。根据会计凭证在有关账户中进行登记,就是指把会计凭证所反映的经济业务内容记入设立在账簿中的账户,即通常所说的登记账簿,也称记账。

（二）会计账簿的作用

1. 会计账簿能够提供全面、系统的会计信息

通过设置和登记账簿，将会计凭证所反映的大量零散核算资料进行加工整理、归类汇总，形成系统化的会计核算资料，可以全面、系统地反映会计主体在一定时期内每一类经济业务及所有经济业务的发生和完成情况，为有关方面提供总括和分类的会计信息。

2. 会计账簿便于信息使用者进行会计分析和检查

通过设置和登记账簿，可以正确地计算会计主体在一定时期内的财务收支、成本费用和财务成果，并将其与计划、预算相比较，能够分析和考核各项计划、预算的完成情况，从中找出差距与存在的问题，为今后加强经营管理、制订合理的生产经营计划，提高经济效益提供决策依据。此外，通过账簿的设置和登记，还可以检查账实是否相符，有利于保证财产物资的安全完整与合理使用。

3. 会计账簿为编制会计报表提供数据资料

为了综合反映一定日期的财务状况和一定时期的经营成果，在做好结账和对账工作的基础上，会计主体还应定期编制会计报表，向有关各方传递会计信息。账簿是连接会计凭证和会计报表的中间环节，是编制会计报表的主要依据。会计报表中的各项数据资料，来源于审核无误的账簿记录，有的是根据账簿记录直接填列，有的是根据账簿记录分析和计算填列。因此，账簿登记工作的好坏，直接影响会计报表和会计信息的质量。

二、会计账簿的种类

账簿的种类繁多，不同的账簿，其用途、形式、内容和登记方法都各不相同。为了更好地了解和使用各种账簿，有必要对账簿进行分类。在实际工作中，人们使用最多的有以下两种分类方法。

（一）账簿按其用途可分为序时账簿、分类账簿、备查账簿

1. 序时账簿

序时账簿又称日记账，是按经济业务事项发生时间的先后顺序，逐日、逐笔登记经济业务事项的账簿。按其记录的内容不同，序时账又可以分为普通日记账（或称通用日记账）和特种日记账（或称专用日记账）。普通日记账是用来登记所有经济业务的日记账，特种日记账是专门用来登记某一类经济业务的日记账。由于经济业务的复杂性，如果使用一本账簿序时记录企业发生的全部经济业务，不便于分工记账，记账的工作量大，查阅也不方便，因此在实际工作中，普通日记账已经很少使用。目前，我国企业广泛使用的是特种日记账，主要包括现金日记账和银行存款日记账两类。

2. 分类账簿

分类账簿是分类登记经济业务的账簿。按照账簿反映经济业务的详细程度不同又分为总分类账和明细分类账两类。

① 总分类账简称总账，是根据总分类科目开设的账簿，用于分类登记单位的全部经济业务事项，提供资产、负债、收入、成本、费用等总括核算的资料。各单位可根据所采用的记账方法和账务处理程序的需要设置总账。

② 明细分类账简称明细账,是根据总分类科目所属的明细科目设置的,用于分类登记某一类经济业务事项,提供有关明细核算资料。企业可根据具体情况设置若干本明细账。

3. 备查账簿

备查账簿又称辅助账簿,是指对序时账和分类账不能记录或记录不全的经济业务进行补充登记的账簿。从严格意义上讲,备查账簿不是正式账簿,一般不需要根据会计凭证来登记,也没有固定的格式,与其他账簿之间不一定存在严密的联系。它主要是用文字来表述某项经济业务的发生情况,提供必要的参考资料,以备查考。该账簿并非每个单位都设置,而只是在各单位发生特定经济业务后才设置,如应收票据备查簿、临时租入固定资产备查簿等。

(二) 账簿按其外表形式不同,可分为订本式账簿、活页式账簿和卡片式账簿

1. 订本式账簿

订本式账簿又称订本账,是指在使用前进行顺序编号并固定装订成册的账簿。它的优点是可以防止账页散失和非法抽换;缺点是账页固定后,不便于分工记账,也不能根据记账需要增减账页,容易造成预留账页不够或预留过多,影响账簿记录的连续性或造成账页浪费。因此,必须在使用订本账之前准确地估算出一定时期内对账页的需求量。订本账一般适用于日记账和总分类账。

2. 活页式账簿

活页式账簿是把账页装订在账夹内,根据需要可以随时增添或取出账页的账簿。这种账簿的优点是可以根据需要增减或重新排列账页,并且可以分工记账;缺点是账页容易散落或丢失。因此,在年终使用完毕后,必须将这些活动账页装订成册,按一定类别统一编号,妥善保管。这种账簿主要用于一般的明细分类账。

3. 卡片式账簿

卡片式账簿是由具有专门格式、分散的卡片作为账页组成的账簿。卡片账在使用之前应根据经济活动的特点,选择或设计相应的格式、结构;卡片在使用时,按类别编排好顺序号,按经济活动内容认真填写有关栏目,使用后及时放置于卡片箱中。卡片账除了具有一般活页账的优、缺点外,它不须每年更换,可以跨年度使用。这种账簿主要用于固定资产明细账和低值易耗品明细账。

(三) 账簿按其账页格式不同,可以分为三栏式账簿、多栏式账簿和数量金额式账簿

1. 三栏式账簿

三栏式账簿是指设有借方(或收入)、贷方(或支出)和余额(或结存)三个基本栏目的账簿。各种日记账及资本、债权、债务等明细账都可以采用三栏式账簿。

2. 多栏式账簿

多栏式账簿是指在账簿的借方和贷方两个基本栏目按需要分设若干专栏的账簿。至于专栏设置在借方还是贷方,或是两方同时设专栏,以及设置多少专栏,应根据需要而定。收入、费用明细账一般均采用这种格式的账簿。

3. 数量金额式账簿

数量金额式账簿是指采用数量与金额双重记录的账簿,即在账簿的借方、贷方和余额三

个栏目内,都分设数量、单价和金额三小栏,借以反映财产物资的实物数量和价值量。原材料、库存商品等明细账一般都采用数量金额式账簿。

三、会计账簿的基本内容

企业、行政事业单位的账簿,虽然记录的经济业务内容不同,形式多种多样,但都应具备下列基本内容。

(一) 封面

封面主要用来载明账簿的名称与记账单位的名称。

(二) 扉页

扉页主要用来登记账簿的启用日期、截止日期、页数、册次、经管账簿人员一览表和签章、会计主管签章和账户目录等。

(三) 账页

账簿主要由账页组成,不同的账页格式虽然不同,但均包含以下基本内容。
① 账户的名称(一级科目、二级或明细科目)。
② 账页的总页次和分户页次。
③ 记账日期栏。
④ 记账凭证的种类和号数栏。
⑤ 摘要栏(记录经济业务事项的简要说明)。
⑥ 金额栏(记录各种会计要素的增减变动情况和结果)。

第二节 会计账簿的设置与登记

一、会计账簿的设置原则

账簿设置包括确定账簿种类、内容、作用及登记方法,必须做到组织严密,层次分明,账簿之间保持内在的联系和钩稽关系,起到相互制约的作用。一般来说,应遵循下列原则。

(一) 统一性原则

首先要根据国家有关制度规定的会计科目、账簿格式和种类,以及设置账簿的基本要求来设置会计账簿,开设账户。这样便于查账,有利于会计信息使用者利用会计资料,也有利于同一主管部门内或整个国民经济范围内进行会计资料的汇总和比较。

(二) 科学性原则

账簿的设置要组织严密、层次分明。账簿之间要相互衔接、相互补充、相互制约,能清晰地反映账户的对应关系,以便能提供完整、系统的资料。

(三) 实用性原则

账簿要根据经济单位规模的大小,经济业务的繁简,会计人员的多少来设置,既要防止账簿重叠,又要防止过于简化。一般来讲,业务复杂、会计人员多的企业,账簿设置可以详细一些,而业务简单、规模小、会计人员少的企业,账簿设置相应简化一些。

(四) 合法性原则

《会计法》中规定,各单位发生的各项经济业务事项应当在依法设置的会计账簿上统一登记、核算,不得违反规定私设会计账簿。

二、会计账簿的格式与登记

(一) 日记账的格式与登记

企业在购买材料、销售商品、支付费用、缴纳税金、结算债权债务时,都要通过货币资金来进行,而货币资金主要包括库存的现金和存放在银行的存款两部分,企业为加强对货币资金的管理和严格遵守结算纪律,通常设置"现金日记账"和"银行存款日记账"。

1. 现金日记账的格式与登记

现金日记账是由出纳人员根据库存现金的收款凭证和付款凭证逐日、逐笔按顺序登记的账簿,它是专门用来登记现金的收入和支出业务的日记账。为了确保账簿的安全、完整,现金日记账必须采用订本式账簿。现金日记账的格式有三栏式和多栏式两种。

(1) 三栏式现金日记账

三栏式现金日记账,是指现金的收入、支出和结余同在一张账页上,各项收入和支出栏的对方账户另设专栏反映,也可不设对方账户栏。其基本结构为收入、支出和余额三栏。具体格式如表7-1所示。

表7-1　　　　　　　　　库存现金日记账(三栏式)　　　　　　　　　　元

20××年		凭证		摘　要	对方科目	收　入	支　出	余　额
月	日	字	号					
6	1			期初余额				3 000
	1	现收	1	张丽报销差旅费收余款	其他应收款	200		
	1	现付	1	购买办公用品	管理费用		1 000	
				本日合计		200	1 000	2 200
	2	银付	1	提现补备用金	银行存款	2 500		
	2	现付	2	付运费	在途物资		680	
				本日合计		2 500	680	4 020
	5	现付	3	李华预借差旅费	其他应收款		2 800	
				本日合计			2 800	1 220
				……				
				本月合计		6 790	5 980	3 810
				……				

现金日记账的登记步骤如下。

① 将发生经济业务的日期记入日期栏,年度记入该栏的上端,月、日分两小栏登记,以后只在年度、月份变动或填写新账页时,才再填写年度和月份。

② 在"凭证"栏登记该项经济业务所填制的记账凭证的种类和编号,以表示登记账簿的依据,对于将现金存入银行及从银行提取现金的业务,由于只需要填制付款凭证,所以提取现金业务的凭证号数是"银付×号"。

③ 在"摘要"栏内简要记入经济业务的内容。

④ 根据记账凭证上的会计分录,在"对方科目"栏填写对应会计科目的名称,表明该项经济业务的来龙去脉。

⑤ 根据现金收款凭证上应借账户的金额登记到"收入"栏,根据现金付款凭证上应贷账户的金额登记到"支出"栏。

⑥ 用期初结存本日收入减本日支出得出本日余额,填入"余额"栏。

(2) 多栏式现金日记账

多栏式现金日记账,是在三栏式现金日记账的基础上,按照与现金收入相对应的贷方科目和现金支出相对应的借方科目分别设置专栏。例如,将借方按照其对应账户(如"主营业务收入""银行存款"等账户)设置专栏,贷方按"其他应收款"等账户设置专栏,用于序时、分类地反映与现金收支有关的经济业务事项。其格式如表 7-2 所示。

表 7-2　　　　　　　　　　库存现金日记账(多栏式)　　　　　　　　　　元

20××年		凭证		摘要	借方科目				贷方科目				余额
月	日	字	号		主营业务收入	应交税费	…	收入合计	其他应收款	管理费用	…	支出合计	
7	1			期初余额									2 500
	4	现付	1	购办公用品						500		500	2 000
	8	现付	2	预借差旅费					1 200			1 200	800
	10	现收	1	销售产品	3 000			3 000					3 800
				……									

取得现金收入时,按照对应账户将金额记入"收入"栏内的相应专栏;发生现金支出时,按照对应账户将金额记入"支出"栏内的相应专栏。每天现金收付业务登记完毕后,在"余额"栏内结出余额。月末,根据各栏目合计数登记有关总账。值得注意的是,由于现金存入银行或从银行提取现金,已记入"银行存款"账户的借方金额栏或贷方金额栏,所以,根据多栏式现金日记账登记总账时,就不再把"银行存款"专栏的合计数记入"银行存款"总账,以免重复。

上述多栏式现金日记账分别按照收入、支出现金的对应科目设置专栏,能够清晰、完整地反映现金收付的来龙去脉,但由于设置许多专栏,造成账页篇幅过大,不便于登记和保管,所以,可分设库存现金收入日记账和库存现金支出日记账。其格式如表 7-3 和表 7-4 所示。

表 7-3　　　　　　　　　　库存现金收入日记账(多栏式)　　　　　　　　　　元

年		凭证		摘要	应贷科目			支出合计	结余
月	日	字	号		银行存款	其他应收款	收入合计		

表7-4　　　　　　　　　　　库存现金支出日记账(多栏式)　　　　　　　　　　　元

年		凭证		摘要	应借科目			收入合计	结余
月	日	字	号		银行存款	其他应付款	支出合计		

采用这种多栏式现金日记账时,现金收入和现金支出分别反映在两本账上。根据现金付款凭证登记现金支出账,并按日结出每天现金支出总数填在支出合计栏,同时将现金支出日记账上的支出合计数转记到现金收入日记账上。根据现金收入凭证登记现金收入日记账,并按日结出每天现金收入总数填写在收入合计栏,同时结出当天现金的结存余额,与现金实存数核对相符。如发现不符,应立即查找原因。

2. 银行存款日记账的格式与登记

银行存款日记账是用来反映银行存款的增加、减少和结存情况的账簿,是由出纳人员根据银行存款收款凭证、银行存款付款凭证和库存现金付款凭证(将现金存入银行的业务)按经济业务发生时间的先后顺序,逐日、逐笔进行登记的账簿。其账页格式有三栏式和多栏式两种,但一般采用三栏式账页格式。

三栏式银行存款日记账的登记方法与三栏式库存现金日记账基本相同,只是在结构上多了现金支票号数和转账支票号数栏。在银行存款的收付业务中,如果所记录的经济业务是以支票结算的,应在这两栏内填写相应的支票号数,以便定期与开户银行转来的对账单核对,通过编制银行存款余额调节表,查明账实是否相符。三栏式银行存款日记账的格式与内容如表7-5所示。

表7-5　　　　　　　　　　　银行存款日记账(三栏式)　　　　　　　　　　　元

20××年		凭证		摘要	对方科目	现金支票号数	转账支票号数	借方	贷方	余额
月	日	字	号							
5	1			期初余额						678 900
	1	银付	1	付货款	应付账款		0902		500 000	
	1	银收	1	收货款	应收账款		0305	450 000		
				本日合计				450 000	500 000	628 900
	2	现付	2	存钱	库存现金			5 000		
	2	银付	2	支付水费	管理费用				3 680	
				本日合计				5 000	3 680	630 220
	3	银付	4	还购料款	应付票据				150 000	
				本日合计					150 000	480 220
	4	银付	5	偿还借款	短期借款				200 000	
				本日合计					200 000	280 220
	5	银收	2	收货款	主营业务收入			300 000		
	5	银收	2	收税金	应交税费			51 000		
				本日合计				351 000		631 220

（续表）

20××年		凭证		摘要	对方科目	现金支票号数	转账支票号数	借方	贷方	余额
月	日	字	号							
	7	银付	6	付工资	应付职工薪酬		0903		40 000	
				本日合计					40 000	591 220
				……						
				本月合计				650 000	900 000	341 220

3. 普通日记账的格式与登记

前已述及，普通日记账也称通用日记账，是用来登记各单位全部经济业务的账簿。通常是把每日发生的经济业务根据原始凭证和汇总原始凭证直接登记通用日记账，这种做法实际上是用订本式账簿代替记账凭证，因此普通日记账又称会计录簿。其格式如表7-6所示。

表7-6　　　　　　　　　　　普通日记账　　　　　　　　　　　　　　　元

20××年		原始凭证	摘要	会计科目	记账	借方	贷方
12	1						
	1	现支	从银行提取现金	库存现金		2 000	
				银行存款			2 000
	1	借款单	小刘出差借款	其他应收款		4 000	
				库存现金			4 000
	2	领料单	领料用于甲产品	生产成本		6 500	
				原材料			6 500
		……					

采用这种日记账，每天应按照经济业务完成时间的先后顺序，逐笔进行登记。登记时，首先，记入经济业务发生的具体时间；其次，在摘要栏里写下经济业务的简要说明；再次，在对应账户栏里记入应借或应贷的账户名称即会计科目；最后，将借方金额和贷方金额分别记入两个金额栏内。除了上述登记外，每天还应根据日记账中应借和应贷的账户名称及金额登记总分类账。普通日记账因为只有一本日记账，不便于分工记账，也不能反映各类经济业务的发生或完成情况，所以其主要适用于经济业务发生情况较少或采用电子计算机进行账务处理的企业单位。

（二）分类账的格式与登记

1. 总分类账的格式与登记

总分类账简称总账，是根据总分类科目开设的，用以记录全部经济业务总括核算资料的账簿。总账一般应采用订本式账簿，账页的格式有三栏式和多栏式两种，不同的单位可根据自身实际情况选择使用。其中，以三栏式总分类账应用较为普遍。

三栏式总分类账一般设有借方、贷方、余额三栏，记录每类经济业务的发生额和余额。其登记的依据和方法取决于本单位所采用的账务处理程序，可以直接根据各种记账凭证逐笔进行登记，也可以把各种记账凭证先汇总编制成汇总记账凭证或科目汇总表，再据以登记总分类账。月末,在全部凭证都登记入账后,结出总分类账各账户的本期发生额和月末余额,作为编制会计报表的依据。其格式如表7-7所示。

表 7-7　　　　　　　　　　　　总分类账(三栏式)

会计科目:银行存款　　　　　　　　　　　　　　　　　　　　　　　　　　　元

20××年		凭证		摘　要	对方科目	借　方	贷　方	借或贷	余　额
月	日	字	号						
8	1			期初余额				借	678 900
	1—10	汇记	1	汇总1—10日业务	主营业务收入	200 000			
	1—10	汇记	1	汇总1—10日业务	应收账款	50 000			
	1—10	汇记	1	汇总1—10日业务	应交税费	34 000	17 000	借	945 900
	11—20	汇记	2	汇总11—20日业务	应付职工薪酬		120 000		
	11—20	汇记	2	汇总11—20日业务	管理费用		21 600		
	11—20	汇记	2	汇总11—20日业务	在途物资		400 000		
	11—20	汇记	2	汇总11—20日业务	应付票据		150 000		
	11—20	汇记	2	汇总11—20日业务	营业外支出		50 000	借	204 300
	21—31	汇记	3	汇总21—31日业务	主营业务收入	400 000			
	21—31	汇记	3	汇总21—31日业务	应交税费	68 000			
	21—31	汇记	3	汇总21—31日业务	应收账款	300 000			
	21—31	汇记	3	汇总21—31日业务	长期待摊费用		51 000		
	21—31	汇记	3	汇总21—31日业务	其他应付款	67 000			
	21—31	汇记	3	汇总21—31日业务	应付账款		585 000	借	403 300
				本月合计		1 119 000	1 394 600	借	403 300

2. 明细分类账的格式与登记

明细分类账简称明细账,是按照明细分类科目详细记录某一经济业务事项具体内容的账簿。各个单位在设置总分类账的基础上,还应根据管理与核算的需要,按照总账科目设置若干相应的明细账。明细账应按二级科目和明细科目开设,用于连续地登记某一类经济业务事项,提供有关明细核算资料,作为总分类账的必要补充和具体说明。

明细账一般采用活页式账簿,对某些经济业务采用卡片式账簿,如固定资产明细账。对于重要的明细账也采用订本式,如金、银等贵金属原材料的明细账等。根据管理的要求,会计核算的需要,以及明细账记录的经济内容,明细账一般应采用以下三种格式。

(1) 三栏式明细账

三栏式明细账的格式与总账基本相同,只设借方、贷方和余额三个金额栏,不设数量栏。该类明细账由会计人员根据审核后的记账凭证或原始凭证,按经济业务发生的先后顺序逐日、逐笔进行登记。这种格式的明细账主要适用于只要求进行金额核算而不要求进行数量核算的账户,如"应收账款""应付账款""短期借款""实收资本"等科目的明细核算。其格式如表7-8所示。

表 7-8　　　　　　　　　　　　　应收账款明细账

明细账户：大宇公司　　　　　　　　　　　　　　　　　　　　　　　　　　　　　　　　元

20××年		凭证		摘　要	对方科目	借　方	贷　方	借或贷	余　额
月	日	字	号						
9	1			期初余额				借	200 900
	2	转	2	销售棉布取得收入	主营业务收入	200 000			
			2	销售棉布取得税金	应交税费	34 000		借	434 900
	6	转	6	销售纱布取得收入	主营业务收入	400 000			
			6	销售纱布取得税金	应交税费	68 000		借	902 900
	15	银收	1	收到销货款	银行存款		468 000	借	434 900
				本月合计		702 000	468 000	借	434 900
				……					

（2）数量金额式明细账

数量金额式明细账是既能够提供货币指标又能够提供实物指标的明细账，该明细账设收入、发出、结存三大栏，每大栏下又分别设置数量、单价和金额三小栏。这种格式的明细账主要适用于既要进行金额核算又要进行数量核算的各种实物资产的账户，如"原材料"等存货类账户的明细核算。其格式如表 7-9 所示。

表 7-9　　　　　　　　　　　　　库存商品明细账　　　　　　　　　　　　　　　　　元

20××年		凭证		摘要	收入			发出			结存		
月	日	字	号		单价	金额	数量	单价	金额	数量	单价	金额	数量
4	1			期初余额							100	200	20 000
	3	转	3	购入	104	200	20 800				204	200	40 800
	8	转	5	领用				150	200	30 000	54	200	10 800
	14	转	10	购入	200	200	40 000				254	200	50 800
	20	转	16	领用				180	200	36 000	74	200	14 800
				本月合计	304	200	60 800	330	200	66 000	74	200	14 800
				……									

（3）多栏式明细账

多栏式明细账同以上两种明细账不同，它不是按照有关的明细科目分设账页，而是根据经济业务的特点和提供资料的要求，在一张账页内的"借方""贷方"按有关明细账或明细项目分设若干专栏，借以提供明细项目的详细资料。这种格式的明细账主要适用于有关费用、成本和收入等账户的明细分类核算，具体又分成借方多栏、贷方多栏及借贷均多栏的明细账。分述如下。

① 借方多栏式明细账的设置与登记。借方多栏式明细分类账适用于借方需要设多个明细科目或明细项目的账户，主要有"生产成本""制造费用""管理费用""财务费用""销售费用"等科目的明细核算。其格式及内容如表 7-10 所示。

表7-10 销售费用明细账 元

20××年		凭证		摘要	合计	借方金额分析				
月	日	字	号			广告费	运输费	折旧费	……	其他
4	1	银付	1	销售商品付运费	500		500			
	7	银付	6	商品广告费	2 000	2 000				
	25	转	34	计提折旧	12 600			12 600		
	27	银付	17	售后业务费	1 500					1 500
				本月合计	16 600	2 000	500	12 600		1 500
				结转	16 600	2 000	500	12 600		1 500

② 贷方多栏式明细分类账。贷方多栏式明细分类账适用于贷方需要设多个明细科目或明细项目的账户,主要有"主营业务收入"等科目的明细分类核算。其格式及内容如表7-11所示。

表7-11 主营业务收入明细账 元

20××年		凭证		摘要	合计	贷方金额分析			
月	日	字	号			产品销售	加工收入	……	其他
7	1	银收	1	销售商品	468 000	468 000			
	7	银收	6	收加工费	20 000		20 000		
	25	转	20	出售产品未收款	234 000	234 000			
	27	转	29	销货退回	15 680	15 680			
				本月合计	706 320	686 320	20 000		
				结转	706 320	686 320	20 000		

③ 借贷均多栏的明细账。借贷均多栏的明细账适用于借方、贷方均需要设置多个明细科目或明细项目的账户,代表性账户有"本年利润""应交税费——应交增值税"的明细核算。其格式及内容如表7-12所示。

表7-12 本年利润明细账 元

20××年		凭证		摘要	借方			贷方			借或贷	余额
月	日	字	号		主营业务成本	……	合计	主营业务收入	……	合计		
1	31	转	76	结转各项收入				98 000		167 000		
	31	转	77	结转各项支出	67 000		138 000				贷	29 000
				……								
12	31			本年累计	674 000		897 000	785 000		998 000	贷	101 000
				年终结转			101 000				平	0

明细账的登记方法,应根据单位经济内容特点、业务量大小、会计人员多少,以及经营管理等的需要而定。一般应根据原始凭证、汇总原始凭证或有关的记账凭证登记,可以逐日、逐笔登记,也可以定期汇总登记。

（三）备查账的格式与登记

备查账簿又称备查登记账簿，它是辅助账簿。通过这种账簿可以为企业、行政事业单位的经济活动、经营管理的需要提供必要的补充资料。它一般没有固定的格式，各单位可以根据实际管理需要设计相应的项目内容，如"租入固定资产登记簿""支票登记簿"等。"租入固定资产登记簿"的格式如表7-13所示。

表7-13　　　　　　　　　　　　租入固定资产登记簿

名称及规格	租约	租出单位	租入日期	租　金	使用部门	归还日期
备注						

第三节　会计账簿的启用与登记规则

会计账簿全面、系统和分类记录了企业单位的全部经济业务，是储存会计信息资料的重要经济档案。为了保证账簿记录的合法性和账簿资料的完整性，明确记账责任，各种账簿的登记都应由专人负责。

一、账簿的启用

启用新的会计账簿时，应当在账簿封面上写明单位名称和账簿名称，在账簿扉页上应当附启用表，内容包括：启用日期、账簿页数、记账人员和会计机构负责人、会计主管人员姓名，并加盖名章和单位公章。活页式账簿可在装订成册后，填写账簿的起止页数。当记账人员或会计机构负责人、会计主管人员调动工作时，应当注明交接日期、接班人员和监交人员姓名，并由交接双方人员签名或者盖章。

启用订本式账簿，应当从第一页到最后一页顺序编写页数，不得跳页、缺号。使用活页式账页，应当按账户顺序编号，并须定期装订成册，装订后再按实际使用的账页顺序编写页码，另加目录，记录每个账户的名称和页次。会计账簿启用表的格式如表7-14所示。

表7-14　　　　　　　　　　　　账簿启用表

单位名称			全宗号		
账簿名称			目录号		
账簿页数	自第　页起至第　页止共　页		案宗号		
			盒号		
使用日期	自　年　月　日至　年　月　日		保管期限		
单位领导人签章			会计主管人员签章		
经管人员职务	姓名	经管或接管日期	签章	移交日期	签章
		年　月　日		年　月　日	

二、账簿的登记

(一) 账簿登记的基本要求

为了向经营管理者提供真实、可靠的会计资料,必须认真、负责地做好记账工作。为此,在登记账簿中,必须遵循一定的要求。

1. 记账要及时

会计凭证所反映的经济业务要及时整理、归纳到账簿中去,才能形成系统的核算指标,以便及时计算成本、利润,及时为经营决策提供会计信息。凡当天应记的账必须当天记毕,不得拖延,更不得积压。

2. 内容要完整

账簿所记录的经济业务内容要完整,不能遗漏,不能任意省略。每笔账不论其数额大小,各项内容都应清楚地列明,做到内容齐全、不重不漏。

3. 数字要正确

账簿中的发生额和余额是会计核算的重要依据,一定要使其准确无误,并与记账凭证中的数额保持一致。账簿中的各种金额计算要准确,保持账簿中有关数据之间的钩稽关系。

(二) 账簿登记的技术规则

《会计法》规定,会计账簿登记,必须以经过审核的会计凭证为依据,并符合有关法律、行政法规和国家统一的会计制度的规定。为了保证账簿记录的正确、规范,会计人员登记账簿必须遵循下列规则。

① 会计人员应当根据审核无误的会计凭证登记会计账簿。登记会计账簿时,应当将会计凭证的日期、编号、业务内容摘要、金额和其他有关资料逐项记入账内,做到数字准确、摘要清楚、登记及时、字迹工整。

② 账簿登记完毕后,记账人员要在记账凭证上签名或盖章,并注明已经登账的符号(如画"√"等),表示已经记账。

③ 账簿中书写的文字和数字上面要留有适当的空格,不要写满格,一般应占格距的1/2。

④ 登记账簿要用蓝黑或黑色墨水笔书写,不得使用圆珠笔(银行的复写账簿除外)或铅笔书写。但下列情况可以用红色墨水笔记账:按照红字冲账的记账凭证,冲销错误记录;在不设借、贷等栏的多栏式账页中,登记减少数;在三栏式账页的余额栏前,如未印明余额的方向,在余额栏内登记负数余额;会计制度中规定用红字登记的其他记录。

⑤ 各种账簿按页次顺序连续登记,不得跳行、隔页。如果发生跳行、隔页,应将空行、空页画线注销,或者注明"此行空白"或"此页空白"字样,并由记账人员签名或盖章。

⑥ 凡需要结出余额的账户,结出余额后,应在借或贷等栏内写"平"字,并在余额栏内元位用"0"表示。现金日记账和银行存款日记账必须每日结出余额。

⑦ 每一账页登记完毕结转下页时,应结出本页合计数及余额,写在本页最后一行和下页第一行有关栏内,并在本页的摘要栏内注明"过此页"字样,在下页的摘要栏内注明"承前页"字样。对需要结转本月发生额的账户,结转"过此页"的本页合计数应当为自本月初至

本页末止的发生额合计数;对需要结转本年累计发生额的账户,结转"过此页"的本页合计数应当为自年初起至本页末止的累计数;对既不需要结转本月发生额,也不需要结转本年累计发生额的账户,可以只将本月末的余额结转此页。

⑧ 实行会计电算化的单位,总账和明细账应当定期打印。发生收款和付款业务的,在输入收款凭证和付款凭证的当天必须打印出现金日记账和银行存款日记账,并与库存现金核对无误。

⑨ 账簿记录发生错误时,不得刮、擦、挖补、随意涂改或用褪色药水更改字迹,不准重新抄写,应根据错误的记录,按规定的方法进行更正。

总之,会计人员必须严格遵照《会计法》的要求,认真完成账簿的登记工作,只有这样,才能保证会计核算工作的连续、完整。

第四节　错账更正方法

记账是会计核算的一个重要环节,会计人员应尽最大努力把账记准确,减少差错,保证账簿资料的正确、可靠。为了及时、准确地查明账簿记录的错误,首先必须辨明产生记账错误的原因,常见的记账错误有记录错误和计算错误。记录错误是在账簿的登记环节产生的记账错误,主要有:重记、漏记、数字错位、数码颠倒、科目记串、方向记错、数字记错等;计算错误是由于计算过程中产生的错误而导致的记账错误,主要有余额算错、合计数加错等。

一、查找记账错误的方法

如果发现记账错误,应着手查找,不应拖延,更不能伪造平衡、掩盖错误。查找记账错误的方法一般采用全面检查和个别检查两种。

(一) 全面检查

在错账较多,而且有些错误通过试算平衡不能发现时,一般采用全面检查法。全面检查是将一定时期的全部账目进行检查、核对。具体检查程序分为正查法和反查法。正查法又称顺查法,即按记账顺序,从会计凭证开始检查至试算平衡表。反查法又称逆查法,即从试算平衡表检查至会计凭证,与记账顺序相反。实际工作中,采用这种方法通常能快速、准确地查出错误所在之处,故实际工作中大多采用反查法。

(二) 个别检查

记账发生错误,往往是由于会计人员疏忽大意所致,因此,在正常情况下错账往往不会很多,所以个别检查是比较常用的方法。个别检查就是针对错误的数字,进行抽查账目的方法,具体包括差数法、二除法和九除法。

1. 差数法

差数法是指按照错账的差数查找错账的方法。例如,在记账过程中只登记了会计分录的借方或贷方,漏记了另一方,重复记载了某数据,从而形成试算平衡中借方合计与贷方合计不等。查错时,算出借贷双方发生额合计数的差数,重点检查与该差数相同的发生额是否有重记或漏记错误。

2. 二除法

二除法是用于查找因数字记反方向而发生的错账。如将应计入借方的数字误计入了贷方，或者相反。这样，便导致一方的合计数加大，而另一方的合计数减少，并且其差异数字恰好是记错了方向数字的一倍。如果将这个差异数除以2，则商数就可能是记错的数字，然后在账簿中查找与这个商数相同的数字，看其是否记错了方向，即可找到错账的所在之处。

3. 九除法

九除法是指以差数除以9来查找错数的方法，适用于以下三种情况。

① 将数字写小。如将400写成40，错误数字小于正确数字9倍。查找的方法是：以差数除以9后得出的商即为写错的数字，商乘以10即为正确的数字。上例差数360（400－40）除以9，商40即为错误数字，扩大10倍后即可得出正确的数字400。

② 将数字写大。如将50写为500，错误数字大于正确数字9倍。查找的方法是：以差数除以9后得出的商为正确数字，商乘以10后所得的积为错误数字。上例差数450（即500－50）除以9后，所得的商50为正确数字，50乘以10（即500）为错误数字。

③ 邻数颠倒。如将29写成92，将96写成69，将45写成54等。颠倒的两个数字之差最小为1，最大为8（即9）。查找的方法是：将差数除以9，得出的商连续加11，直到找出颠倒的数字为止。如78与87的差数为9，除9得1，连加11为12、23、34、45、56、67、78、89，如有78数字的业务，即有可能是颠倒的数字。

二、更正记账错误的方法

账簿记录发生错误时，应严肃对待、立即更正。会计账簿记录发生错误或隔页、缺号、跳行的，应当按照会计制度规定的方法更正，并由记账人员和会计机构负责人（会计主管人员）在更正处盖章，以明确责任。会计制度规定的错账更正方法有以下三种。

（一）划线更正法

在结账之前如果发现账簿记录中的数字或文字有错误，但记账凭证没有错误，即过账时发生数字或文字上的笔误或数字计算有错误，应采用划线更正法。更正时，先在错误的数字或文字上划一道红线表示注销，但必须保证原有的字迹清晰可认。然后，在红线上端的空白处用蓝黑色字体填写正确的数字或文字，并由经办人员在更正处加盖印章，以示负责。需要注意的是，对于错误的数字应将整笔数字划掉。例如：记账人员在登记账簿时，将23 400元误记为24 300元。更正时，应先用单红线将数字"24 300"全部划去，然后，在其上方用蓝字（或）黑字填写"23 400"，并在更正处盖章，而不能只更正错误的个别数字。

正确的方法	错误的方法
23 400（盖章）	34（盖章）
~~24 300~~	~~24 300~~

（二）红字更正法

红字更正法又称红字冲销法，主要适用于记账凭证的会计科目用错、方向记错和数字多记等造成的账簿记录错误的更正。具体分为以下两种情况。

1. 会计科目有误或借贷方向记错

记账之后发现记账凭证上所用的会计科目有误或借贷方向记错。更正时,先用红字金额填制一张内容与错误记账凭证完全相同的记账凭证,并在摘要栏中写明"更正×年×月×日×号凭证"并据以用红字金额登记入账,冲销原有的错误记录;然后,再用蓝字金额填制一张正确的记账凭证,据以登记入账。

工作实例 7-1　森宇有限责任公司2019年6月计提生产车间折旧12 000元。

① 根据有关原始凭证,编制记账凭证,并据以登记入账。原记账凭证填制内容如下。

借:管理费用　　　　　　　　　　　　　　　　　　　　　　　　12 000
　　贷:累计折旧　　　　　　　　　　　　　　　　　　　　　　　　12 000

② 经核实,发现上述记录有错误,正确的处理应是记入"制造费用"账户。首先用红字填制一张与原记账凭证内容相同的记账凭证,并据以红字登记入账,将原错误记录冲销。红字记账凭证填制如下(用 ☐ 代表红字)。

借:管理费用　　　　　　　　　　　　　　　　　　　　　　　　│12 000│
　　贷:累计折旧　　　　　　　　　　　　　　　　　　　　　　　　│12 000│

③ 然后,用蓝字填制一张内容正确的记账凭证,并据此登记入账。

正确的记账凭证填制如下。

借:制造费用　　　　　　　　　　　　　　　　　　　　　　　　12 000
　　贷:累计折旧　　　　　　　　　　　　　　　　　　　　　　　　12 000

将上述更正错误的记录记入有关账户后,则有关账户中的原错误记录得到更正,记录情况如下。

借	管理费用	贷		借	制造费用	贷
①	12 000			③	12 000	
②	│12 000│					

2. 金额记错

记账后,如果发现账簿登记错误源自记账凭证,而记账凭证中的会计科目和记账方向并无错误,只是所记金额大于应记金额,可用红字更正法予以更正。其更正方法是:按多记的金额用红字填制一张与原记账凭证中应借、应贷科目完全相同的记账凭证,在摘要栏注明"注销某月某日第×号凭证多记金额",以冲销多记的金额,并据以登记相关账簿。

工作实例 7-2　承上例,假设会计人员在填制记账凭证时所用会计科目及其记账方向均无错误,只是将金额12 000误记为21 000,并据以入账。

原错误的记账凭证填制内容如下。

借:制造费用　　　　　　　　　　　　　　　　　　　　　　　　21 000
　　贷:累计折旧　　　　　　　　　　　　　　　　　　　　　　　　21 000

用红字更正如下。

借:制造费用　　　　　　　　　　　　　　　　　　　　　　　　│9 000│

贷：累计折旧　　　　　　　　　　　　　　　　　　　　　　　　　9 000

将上述更正错误的记录记入有关账户后,则有关账户中的原错误记录得到更正,记录情况如下。

借	制造费用	贷		借	累计折旧	贷
	9 000					9 000

　　注意:采用红字更正法进行错账更正时,不得以蓝字金额填制与原错误记账凭证方向相反的记账凭证去冲销错误记录或冲销原错误金额,因为蓝字记账凭证反方向记载的会计分录反映某些特殊经济业务,而不反映错账更正内容。例如,编制蓝字记账凭证借记"银行存款",贷记"管理费用",反映已支付的费用款项又收回;而借记"原材料",贷记"生产成本",反映已领用的材料退库。尽管这样的记录也能使记账的结余金额与实际情况相符,但这不能表明更正错误记录的内容,这样的分录也无法附上与分录相吻合的原始凭证。但发现以前年度的错误后,因错误的账簿记录已经在以前会计年度终了进行结账或决算,不可能再将已经决算的数字进行红字冲销,这时只能用蓝字凭证对除文字以外的一切错账进行更正,并在更正凭证上特别注明"更正××年度错账"的字样。

(三) 补充登记法

　　补充登记法也称蓝字补记法,是指用增加金额的方法来补充更正账簿中错误记录的一种方法。这种方法适用于记账后发现账簿登记错误源自记账凭证,而记账凭证中的会计科目和记账方向并无错误,只是所记金额小于应记金额的情况。其更正方法是:按少记的金额用蓝字(黑字)填制一张与原记账凭证中应借、应贷科目完全相同的记账凭证,在摘要栏注明"补记某月某日第×号凭证少记金额",以补充少记的金额,并据以登记相关账簿。

工作实例 7-3　森宇有限责任公司生产产品领用材料 9 600 元。
① 原记账凭证填制内容如下。
　　借:生产成本　　　　　　　　　　　　　　　　　　　　　　　　6 900
　　　　贷:原材料　　　　　　　　　　　　　　　　　　　　　　　　6 900
② 按少记金额编制记账凭证并过入账内。
　　借:生产成本　　　　　　　　　　　　　　　　　　　　　　　　2 700
　　　　贷:原材料　　　　　　　　　　　　　　　　　　　　　　　　2 700

将上述更正错误的记录记入有关账户后,则有关账户中的原错误记录得到更正,记录情况如下。

借	生产成本	贷		借	原材料	贷
①	6 900				①	6 900
②	2 700				②	2 700

第五节 对账与结账

会计制度要求,在每一个会计期间结束,要给信息使用者提供准确、可靠的会计信息,为了实现这一目标,会计人员要定期对账和结账。

一、对账

对账,简单地说就是核对账目。在会计核算工作中,由于种种原因,有时难免发生各种差错和账实不符的情况。例如,填制记账凭证的差错、记账或过账的差错、数量或金额计算的差错,以及财产物资的盘盈、盘亏等。为了保证各种账簿记录的完整和正确,如实反映和监督经济活动的状况,就必须核对各种账簿记录,检查记账工作有无差错,确保账证相符、账账相符、账实相符,为编制会计报表提供真实、可靠的资料。各单位定期对会计账簿记录的有关数字与库存实物、货币资金、有价证券、往来单位或个人等进行相互核对。对账工作每年至少进行一次。

(一) 账证核对

账证核对就是要求账簿记录与记账凭证及其所附的原始凭证进行核对,以求账证相符。每一种账都要与其登记依据核对一致。例如,总账应与记账凭证汇总表(科目汇总表)或记账凭证核对;现金、银行存款日记账和明细账应与记账凭证及其所附的原始凭证进行核对。核对的具体内容包括记账凭证中已过入到账簿中的所有内容,包括账户、日期、凭证字号、摘要、记账方向、记账金额等。

账证核对可以采用重点核对和全面核对两种方式。重点核对就是根据具体需要有针对性地对部分账簿或经济业务进行核对,如对某些重要经济业务和有疑问的账簿记录进行重点的账证核对。全面核对就是将一定时期的全部账簿记录与全部会计凭证进行核对。

(二) 账账核对

账账核对是指各种账簿记录的相互核对,保证账簿之间有关数字相符。核对的内容如下所述。

1. 总账记录的相互核对

根据借贷记账法的记账规则,所有账户的借方发生额之和等于所有账户的贷方发生额之和,期初或期末的借方余额之和等于贷方余额之和。因此,可以通过编制总分类账户本期发生额及余额核对表来检查总账记录是否正确、完整。

2. 总账与明细账核对

根据总账和明细账的关系,总分类账户的发生额和余额应当等于它所属明细分类账的发生额和余额之和。通过总账和所属明细账发生额及余额相互核对,可以检查各个总账和所属明细账的记录是否正确、完整。

3. 日记账与分类账核对

核对现金、银行存款日记账的本期发生额及期末余额同总分类账中有关账户的余额是否相等。如果日记账和分类账都是根据记账凭证登记的,通过核对,可以检查过账过程中有无差错;如果分类账是根据多栏式日记账登记的,通过核对,可以检查过账过程中的重记、漏记、错记情况。

4. 会计账与业务账核对

对于固定资产、存货等财产物资的增减变化,除会计部门进行综合核算要设置账簿外,有关财产物资的使用和保管部门也要设置账卡进行记录。因此,将会计账簿与业务部门账卡记录进行核对,可以加强财产物资的管理,保证会计核算的正确进行。

5. 本单位账目与外单位账目核对

对本单位与外单位之间的债权、债务、计算业务,双方都要记账,因为双方记账的内容一致,其记录也应当相同。双方经常核对账目有利于正确、及时地结算债权、债务,避免不必要的经济纠纷。本单位与外单位核对账目可以采用查询或互送对账单的方式进行。

账账核对是对账的一项重要内容,一般至少每月核对一次。

(三) 账实核对

账实核对是指将会计账簿记录与财产物资、款项等的实际结存数核对,做到账实相符,以保证财产物资的安全完整。其内容包括以下几项。

① 现金日记账的账面余额与现金实际库存数核对相符。

② 银行存款日记账账面余额定期与银行对账单相核对。

③ 各项固定资产、存货、有价证券等财产物资明细账的账面余额与实物实存数量相互核对相符。

在账实核对时应注意以下两个问题。

① 一旦出现账面余额与实际库存数额不符时,一定要查明原因并报请有关上级部门批准后及时进行账务处理。

② 账实核对时除货币资金外不仅要核对数量,还要核对质量,对已经发生质变、影响使用的各种财产要及时进行账务处理,以保证账簿记录的客观、真实。

在实际工作中,账实核对一般是通过财产清查进行的。

二、结账

结账是指在本期内所发生的经济业务全部登记入账的基础上,期末按照规定的方法对本期内的账簿记录进行小结,结算出本期发生额合计和期末余额,并将其余额结转下期或者转入新账。简言之,结账是一项将账簿记录定期结算清楚的账务工作。为了总结一定会计期间(月份、季度、半年度、年度)的经济活动情况和经营成果,企业单位必须在会计期末进行结账,以便为编制会计报表做好准备。提前或延迟结账都相当于人为地缩短或延长某一会计期间,不能准确地反映该期间的财务状况和经营成果,也使各会计期间的数据失去可比性。

(一) 结账前的基本工作程序

1. 检查经济业务是否全部入账

要将本期内所发生的全部经济业务进行检查,是否均已取得或填制了原始凭证,编制了记账凭证,并据以登记入账,是否有错记、重记、漏记的经济业务,发现后,应及时补记、纠正。

2. 按照权责发生制的会计基础进行账项调整

企业是按权责发生制作为会计处理基础的,而企业日常发生的经济业务,如货币收支业务和财产变动业务等,都是按实际发生情况在账簿中进行登记,这些经济业务中有许多不止涉及一个会计期间的收入和费用。企业为了按权责发生制原则确定本期的收入和费用,使之能合理地加以配比,就必须在期末对有关账户的数额进行必要的调整,并做出相应的调整分录。

3. 结清损益类账户

将各有关费用、支出账户进行结转,使各损益类账户的余额为零,并编制有关的结转分录,也称为结账分录。通过结转损益类账户,以确定本期利润。例如,将"主营业务收入"等账户的数额转入"本年利润"账户的贷方;将"主营业务成本""管理费用"等账户的数额转入"本年利润"账户的借方等。

(二) 结账分类

结账按照时间分为月结、季结、半年结和年结。

1. 月结

月结是在账簿中进行月终结算,此方法是计算出本月发生额和月末余额,记在账簿中最后一笔经济业务记录的下一行,在摘要栏中注明"本月合计",并在月结上下行线上各画一道红线。对于本月份未发生金额变化的账户,不进行月结。

2. 季结

季结是在账簿中进行季末结算,其方法是计算出本季度3个月的发生额合计数和季末余额,记在最后一个月的月结数的下一行内,在"摘要"栏内注明"本季合计",并在季结下行线上画一道红线。

3. 半年结

半年结是在账簿中进行6个月份的数额结算,其方法是计算出半年发生额合计数及其余额,记在最后一个月的月结数的下一行内,在摘要栏内注明"半年合计",并在其下行线上画一道红线。

4. 年结

年结是在每年年末进行的结账。年度终了结账时,所有总账账户都应当结出全年发生额和年末余额。年度结账的方法是:在本年最后一个季度的季度结账的下一行"摘要"栏内注明"本年累计",在"借方""贷方""余额"三栏,分别填入本年度借方发生额合计、贷方发生额合计、年末余额,然后在此行下面画两条通栏红线,表示全年经济业务的登账工作至此全部结束。

值得注意的事项如下。

① 需要结出当月发生额的账户,如现金日记账、银行存款日记账和收入、费用等明细账户。

② 不需要结出月度发生额的账户,如各项应收、应付款等账户,每次记账以后都要随时结出余额,每月最后一笔余额即为月末余额,结账时在最后一笔经济业务之下画一条通栏红线即可。

③ 需要结转本年累计发生额的账户,每月结账时,先在最后一笔记录下面画一条通栏红线,并在红线下的摘要栏写明"本月合计"字样,结出本月发生额。再移下一行,在摘要栏写明"本年累计"字样,结出自年初至本页止的累计发生额,再在累计发生额下画红线,以便与下月的记录区分开来。12月末的"本年累计数"即为全年的累计数,在累计数的下面画两条通栏红线,以便与各月份的累计数区分开来。

每个会计年度终了,损益类科目和待处理财产损益等科目期末结转应为0,即期末没有余额;凡是有余额的账户,余额都需要转入下一年度的新账之内。转下年时不必填写记账凭证,可直接在摘要栏注明"结转下年"字样。同理,在下一年度新账的第一页第一行的摘要栏内应写"上年结转"字样,同样不必填写记账凭证或者科目结转,如果会计科目发生变化,应在"上年结转"后面填写旧科目名称。各种结转方法举例说明如表7-15所示。

表7-15　　　　　　　　　银行存款日记账(三栏式)　　　　　　　　　　　元

20××年		凭证		摘要	对方科目	现金支票号数	转账支票号数	借方	贷方	余额
月	日	字	号							
5	1			期初余额						678 900
	1	银付	1	付货款	应付账款		0902		500 000	
	1	银收	1	收货款	应收账款		0305	450 000		
				本日合计				450 000	500 000	628 900
	2	现付	1	存钱	库存现金			5 000		
	2	银付	2	支付水费	管理费用				3 680	
				本日合计				5 000	3 680	630 220
				……						
				本月合计				650 000	900 000	341 220
				……						
				本年累计				1 230 000	1 840 000	68 900
				上年结余				20 000		
				结转下年					68 900	

年终结账后,总账和日记账应当更换新账,明细账一般也应更换。但有些明细账,如固定资产明细账等可以连续使用,不必每年更换。

本章小结

通过本章的学习,我们了解了会计账簿的含义、作用、种类,会计账簿的主要构成内容;重点了解了实际工作中常用的会计账簿——日记账、总账、明细账的主要格式;账簿的启用及登记方法、登记规则;错账的更正方法及期末结账和对账的主要内容。会计账簿是根据会计凭证编制的,又是编制会计报表的主要依据。因此,在实际工作中,应加强对会计账簿的日常管理,为会计核算打下良好的基础。

思考题

1. 什么是账簿?设置和登记账簿有哪些作用?

2. 账簿按用途分类可以分为几类？
3. 日记账的登记方法有几种？
4. 总分类账的登记方法有几种？
5. 明细账的登记方法有几种？
6. 如何查找错账？错账更正的方法有哪几种？各适用于什么条件？
7. 什么是对账？对账的内容主要包括哪些？
8. 什么是结账？结账的主要程序和内容有哪些？

练习题

一、单项选择题

1. 备查账簿是企业（　　）。
   A. 必设账簿　　　B. 根据需要设置　　C. 内部账簿　　　D. 外部账簿
2. 下列账户的明细账采用的账页适用于三栏式账页的是（　　）。
   A. 原材料　　　　B. 应收账款　　　　C. 管理费用　　　D. 销售费用
3. 总分类账簿一般采用（　　）。
   A. 活页账　　　　B. 数量金额式　　　C. 订本账　　　　D. 卡片账
4. 收入费用明细账一般适用（　　）。
   A. 多栏式明细账　　　　　　　　　　B. 三栏式明细账
   C. 数量金额式明细账　　　　　　　　D. 平行式明细账
5. 财产物资明细账一般适用（　　）。
   A. 多栏式明细账　　　　　　　　　　B. 三栏式明细账
   C. 数量金额式明细账　　　　　　　　D. 以上都不是
6. 一般情况下，不需要根据记账凭证登记的账簿是（　　）。
   A. 明细账　　　　B. 总账　　　　　　C. 备查簿　　　　D. 日记账
7. 从银行提取现金，登记现金日记账的依据是（　　）。
   A. 现金收款凭证　　　　　　　　　　B. 现金付款凭证
   C. 银行存款收款凭证　　　　　　　　D. 银行存款付款凭证
8. 某会计人员在记账时将记入"银行存款"科目借方的 5 100 元误记为 510 元。会计人员在查找该项错账时，应采用的方法是（　　）。
   A. 除 2 法　　　　B. 差数法　　　　　C. 尾数法　　　　D. 除 9 法
9. 现金和银行存款日记账，据有关凭证（　　）。
   A. 逐日汇总登记　B. 定期汇总登记　　C. 逐日逐笔登记　D. 一次汇总登记
10. 总账账簿登记的依据和方法是（　　）。
    A. 记账凭证逐笔登记　　　　　　　　B. 汇总记账凭证定期登记
    C. 取决于采用的会计核算组织形式　　D. 科目汇总表定期登记

二、多项选择题

1. 任何会计主体都必须设置的账簿有（　　）。

A. 日记账簿　　　B. 备查账簿　　　C. 总分类账簿　　　D. 明细分类账簿

2. 明细分类账的账页格式一般有(　　　)。
   A. 三栏式　　　B. 数量金额式　　　C. 多栏式　　　D. 以上都不对

3. 在账簿记录中,红笔只能适用(　　　)。
   A. 错账更正　　　B. 冲账　　　C. 结账　　　D. 登账

4. 登记银行存款日记账的依据为(　　　)。
   A. 银行存款收款凭证　　　B. 银行存款付款凭证
   C. 部分现金收款凭证　　　D. 部分现金付款凭证

5. 多栏式明细账的账页格式一般适用于(　　　)进行的明细核算。
   A. 资产类账户　　　B. 收入类账户　　　C. 费用类账户　　　D. 成本类账户

6. 账簿按填制的程序和用途可分为(　　　)。
   A. 日记账　　　B. 分类账　　　C. 备查账　　　D. 订本账

7. 除9法查找错数适用于(　　　)的情况。
   A. 将数字写小　　　B. 将数字写大　　　C. 邻数颠倒　　　D. 金额漏记

8. 明细分类账可以根据(　　　)登记。
   A. 原始凭证　　　B. 记账凭证　　　C. 科目汇总表　　　D. 经济合同

9. 必须采用订本式账簿的有(　　　)。
   A. 原材料明细账　　　B. 现金日记账　　　C. 银行存款日记账　　　D. 应付账款明细账

10. 红字更正法适用于(　　　)。
    A. 记账前,发现记账凭证上的文字或数字有误
    B. 记账后,发现原记账凭证上应借、应贷科目填错
    C. 记账后,发现原记账凭证上所填金额小于应填金额
    D. 记账后,发现原记账凭证上所填金额大于应填金额
    E. 账簿上数字计算错误

11. 对账的主要内容有(　　　)。
    A. 账簿资料的内外核对　　　B. 账证核对
    C. 账账核对　　　D. 账实核对

三、判断题

1. 序时账簿和分类账簿可结合在一本账簿中进行登记。　　　(　　)
2. 会计年度终了,应将活页账装订成册,活页账一般只适用于总分类账。　　　(　　)
3. 总分类账的登记可以根据记账凭证登记,也可以根据科目汇总表或汇总记账凭证登记。　　　(　　)
4. 日记账是逐笔序时登记的,故月末不必与总账进行核对。　　　(　　)
5. 对于记账过程中的数字错误,若个别数码错误,采用划线更正法时,只将错误划去并填上正确数码即可。　　　(　　)
6. 在结账前,若发现登记的记账凭证科目有错误,必须用划线更正法予以更正。　　　(　　)
7. "原材料"账户的明细核算通常采用三栏式明细账。　　　(　　)
8. 现金日记账和银行存款日记账必须采用订本式账簿。　　　(　　)

9. 总分类账对明细分类账起着统驭作用。 （ ）
10. 账簿与账户是形式与内容的关系。 （ ）
11. 总账只进行金额核算,提供价值指标,不提供实物指标;而明细账有的只提供价值指标,有的既提供价值指标,又提供实物指标。 （ ）
12. 多栏式明细账格式适用有关费用成本和收入成果等科目。 （ ）
13. 会计人员根据记账凭证登账时,误将 2 000 元记为 200 元,更正这种错误应采用红字更正法。 （ ）
14. 在会计核算中,红笔一般只在画线、改错,冲账和表示负数金额时使用。 （ ）

四、业务题

1. 目的:练习三栏式现金日记账和银行存款日记账的登记方法。

广州太阳公司 2019 年 6 月"库存现金"借方余额为 3 200 元,"银行存款"借方余额为 45 000 元。

6 月份发生以下经济业务。

（1） 6 月 2 日,向银行借入为期 6 个月的借款 100 000 元。存入银行。

（2） 6 月 3 日,向本市红光公司购进甲材料 60 吨,单价 400 元/吨,货款 24 000 元。货款已用支票支付,材料已验收入库。

（3） 6 月 4 日,以银行存款 14 600 元偿还前欠红星公司货款。

（4） 6 月 5 日,用现金支付 3 日所购材料的运杂费 400 元。

（5） 6 月 6 日,职工王放出差借差旅费 2 000 元。经审核开出现金支票。

（6） 6 月 8 日,从银行提取现金 15 000 元,以备发放职工工资。

（7） 6 月 10 日,以现金 15 000 元发放职工工资。

（8） 6 月 12 日,以现金 500 元支付职工困难补助。

（9） 6 月 15 日,销售商品 40 吨,单价 800 元/吨。货款已收到。

（10） 6 月 18 日,用银行存款支付销售商品所发生的费用 600 元。

（11） 6 月 25 日,收到华夏公司前欠货款 18 000 元。存入银行。

（12） 6 月 26 日,职工王放出差回来报销差旅费 1 900 元。余额退回。

（13） 6 月 30 日,用银行存款 28 000 元缴纳税金。

要求:

（1） 根据资料编制会计分录,并按经济业务的顺序编号;

（2） 设置"现金日记账"和"银行存款日记账",登记并结出发生额和余额。

2. 目的:练习错账的更正方法。

东方公司 2019 年 8 月发生以下错账。

（1） 8 日,管理人员张一出差,预借差旅费 1 000 元,用现金支付,原编制记账凭证的会计分录如下,并已登记入账。

借:管理费用　　　　　　　　　　　　　　　　　　　　1 000
　　贷:库存现金　　　　　　　　　　　　　　　　　　　　　1 000

（2） 18 日,用银行存款支付前欠 A 公司货款 11 700 元,原编制记账凭证的会计分录如下。

借:应付账款——A 公司　　　　　　　　　　　　　　　　　　　　　　11 700
　　贷:银行存款　　　　　　　　　　　　　　　　　　　　　　　　　　　11 700
会计人员在登记"应付账款"账户时,将"11 700"误写为"1 170"。

(3) 30 日,企业计算本月应交所得税 34 000 元,原编制记账凭证会计分录如下,并已登记入账。

借:所得税费用　　　　　　　　　　　　　　　　　　　　　　　　　　3 400
　　贷:应交税费——应交所得税　　　　　　　　　　　　　　　　　　　　3 400

要求:
(1) 说明以下错账应采用的更正方法;
(2) 对错账进行更正。

第八章

财产清查

学习目标
- ◆ 了解财产清查的含义和分类。
- ◆ 了解财产清查的盘存制度。
- ◆ 熟悉财产清查的内容和方法。
- ◆ 掌握财产清查结果的会计处理。

学习重点
- ◆ 财产清查的盘存制度。
- ◆ 财务清查结果的会计处理。

第一节 财产清查概述

一、财产清查的含义

(一) 财产清产的概念

为了维护各项财产的安全完整,维护国家、投资者和其他利益相关者的经济利益,企业、政府机关、事业单位等必须有效地利用和妥善地保管所拥有或控制的财产。通过日常的会计核算,已经在有关账簿中系统反映了各项财产的增减变动和结余情况,并通过对账,做到了账证相符和账账相符。但是,账簿记录的正确性不一定代表账簿记录的客观性,会有账实不符的情况,因此,需要进行财产清查。

财产清查是指通过对货币资金、实物资产和往来款项的盘点或核对,确定其实际结存数,查明实际结存数与账面结存数是否相符的一种专门方法。财产清查是会计核算方法之一,可以起到反映和监督财产物资的保管和使用情况,保护企业财产物资的安全完整和提高各项财产物资的使用效果的作用。

(二) 账实不符的原因

按照《会计法》的规定,每一个单位发生的日常经济业务,都需要通过填制和审核会计凭证、登记账簿、试算平衡和对账等一系列严密的会计处理方法,来保证账证和账账相符。因此,从理论上来讲,会计账簿上所记载的财产增减和结存情况,应该与实际的财产收发和结存相符。但在实际工作中,有很多客观原因造成了各项财产的账面数额与实际结存数额有差异。造成企业财产物资账实不符主要有两类原因:正常原因和非正常原因。

1. 正常原因

正常原因主要包括实物财产物资在保管过程中发生的自然损耗和因未达账项引起的银行存款日记账数额与银行对账单数额的不符两种情况。

2. 非正常原因

非正常原因引起的账实不符主要包括以下几种情况。

① 在财产物资收发过程中,由于计量、检验器具不准确而造成品种、数量或质量上的差错。

② 在财产物资发生增减变动时,会计人员没有及时填制凭证登记入账或是计算、登记时出现漏记、重记、多记、少记等错账现象。

③ 由于规章制度不健全,管理不善或工作人员失职造成财产损坏、变质或短缺。

④ 不法分子贪污盗窃,营私舞弊而发生的财产损失。

⑤ 自然灾害造成的财产损失。

⑥ 其他原因造成的财产损失或升溢。

二、财产清查的意义

(一) 通过财产清查,保证会计资料的真实性

通过财产清查,确定各项财产的实存数,查明实存数与账存数之间的差异,以及发生差异的原因和责任,以便及时调整账面记录,使账实相符,从而保证会计核算资料的真实、可靠。

(二) 通过财产清查,保护财产的安全和完整

通过财产清查,可以加强财产物资保管人员的责任心,保证各项财产的安全、完整。企业所拥有的财产物资是企业正常生产经营必备的物质基础,对财产物资的正确使用可以提高企业资产的利用效率与效益。

(三) 通过财产清查,保证财经纪律和结算制度的贯彻执行

通过对财产物资、货币资金及往来款项的清查,可以查清单位有关人员财经纪律和结算制度的执行情况,查明有无贪污盗窃、挪用公款、营私舞弊等现象的发生。通过财产清查,可以查明各项资金使用是否合理,是否符合单位的计划,是否符合财经纪律及有关财务法规,促使财务人员加强自律,保证财经纪律和结算制度的执行。

(四) 通过财产清查,挖掘财产物资的潜力,提高资金使用效率

通过财产清查,查明各项财产物资储备和利用情况,以便根据不同情况,分别采取不同措施。对于储备不足的,应及时加以补充,确保生产经营的需要;对于超储、积压或呆滞的,应及时处理,防止盲目采购,提高资金使用效率,加速资金周转。

三、财产清查的分类

财产清查的种类可以按清查的范围标准、清查的时间标准和清查的执行单位不同进行分类。

（一）按财产清查范围分类

1. 全面清查

全面清查是指对所有的实物资产、货币资金和各项债权债务进行盘点和核对。全面清查的对象一般包括以下几种情况。

① 货币资金，包括库存现金、银行存款等。

② 实物资产，包括在本单位的所有固定资产、库存商品、材料物资、包装物、低值易耗品；属于本单位但在途中的各种在途商品、在途物资；存放在本单位的代销商品、材料物资等。

③ 债权债务，包括各项应收款项、应付和应交款项，以及银行借款等。

全面清查的特点是清查范围广，参加的人员多，清查时间长，清查成本高。因此，一般来说企业通常只在以下几种情况下，才进行全面清查。

① 年终决算之前，为确保年终决算会计信息的真实和准确，需要进行一次全部清查。

② 单位合并、撤销、改变原来隶属关系或采取新的经营方式时，需要进行全面清查，以明确经济责任。

③ 开展资产评估、清产核资等活动时，需要进行全面清查。

④ 中外合资、国内联营及股份制改制时，需要进行全面清查。

⑤ 单位主要负责人调离工作时，需要进行全面清查。

2. 局部清查

局部清查是指根据需要对一部分财产物资进行的清查。其清查对象主要是流动性较大的财产，如库存现金、库存商品、材料物资等。

局部清查的特点是清查范围小，内容少，涉及的人员也少，但专业性较强。局部清查的对象一般包括以下几种情况。

① 库存现金，出纳人员应于每日业务终了时清点核对。

② 银行存款，出纳人员每月至少同银行核对一次。

③ 对于各种有价证券和贵重的物资，至少应每月清查盘点一次。

④ 对于债权债务，每年至少要核对一至二次。

⑤ 对于一般的库存商品、材料物资等，年内应轮流盘点或重点抽查。

（二）按财产清查时间分类

1. 定期清查

定期清查是指按规定或预先计划安排的时间对财产物资进行的清查。这种清查通常是在年末、季末、月末结账前进行，这样可以在编制会计报表前发现账实不符的情况，据以调整有关账簿记录，使账实相符，从而保证会计报表资料的客观真实性。这种清查对象可以是全面清查，也可以是局部清查。一般年末进行全面清查，季末、月末进行局部清查。

2. 不定期清查

不定期清查是指事先没有规定清查时间，而是根据需要进行的临时清查。不定期清查可以是局部清查，也可以是全面清查。一般在以下情况下进行不定期清查。

① 更换财产物资保管人员和现金出纳人员时，对其所保管的财产物资和现金进行清

查,以分清经济责任。

② 发生非常灾害和意外损失时,对受灾损失的有关财产进行清查,以查明损失情况。

③ 进行临时性的清产核资、资产评估、企业并购、资产重组及改变隶属关系时,对本单位的财产物资进行清查,以摸清家底。

④ 上级主管部门、财政、税务、银行及审计等部门,对本单位进行临时检查时,按检查的要求和范围进行清查,以确保会计资料的真实性。

（三）按财产清查执行单位分类

1. 内部清查

内部清查是指由企业的有关人员对本企业的财产所进行的清查。这种清查也称为"自查"。

2. 外部清查

外部清查是指由企业外部的有关部门或人员根据国家法律或制度的规定对企业进行的财产清查。

四、财产清查前的准备工作

财产清查是一项极其复杂的工作,特别是全面清查,涉及的部门多,人员多,工作内容多,清查对象范围广。因此,必须有计划、有组织地进行。财产清查的组织主要指财产清查前的准备工作,包括组织准备和业务准备,然后才能以科学、合理的方法进行财产清查。

（一）组织准备

企业应在有关主管领导的负责下,成立由会计部门牵头,由会计、业务、保管等各职能部门人员参加的财产清查小组,具体负责财产清查的计划、组织和管理工作。其主要任务是:制订清查工作计划,明确清查范围,安排财产清查工作的详细步骤,配备有能力的财产清查人员;在清查过程中,做好具体组织、检查和督促工作,及时研究和处理清查中出现的问题;在清查结束后,将清查结果和处理意见上报领导和有关部门审批。

（二）业务准备

为了做好财产清查工作,会计部门和有关业务部门要在清查小组的指导下,做好各项业务准备工作,主要包括:会计部门应做好所有账簿的登记工作,在财产清查之前,将有关账目登记齐全,结出余额,做到账簿记录完整、计算准确、账证相符、账账相符,为账实核对提供正确的账簿资料;财产物资保管人员应将截止到财产清查时点之前的各项财产物资的增减变动办好凭证手续,全部登记入账,结出各账户余额,并与会计部门的有关财产物资核对相符,同时将其所保管的各种财产物资堆放整齐,挂上标签,标明品种、规格和结存数量,以备查对;财产清查小组人员应组织有关部门准备好计量器具,并进行严格的检查校正,以保证计量的准确性,同时还应事先将各种登记表册印制准备妥当,以备检查盘点时使用。

五、财产物资的盘存制度

财产清查的重要环节是盘点财产物资,尤其是存货的实存数量。为使财产清查工作顺利进行,企业应建立科学而适用的存货盘存制度。在实际工作中,由于确定财产物资账面结存额的依据不同,存货的盘存制度分为永续盘存制和实地盘存制两种。

(一)永续盘存制

1. 永续盘存制的概念

永续盘存制又称账面盘存制,它是设置存货明细分类账,逐笔或逐日连续登记存货的收入、发出数,并且随时计算确定其账面结存数的一种核算方法。

在永续盘存制下,各企业存货核算的账簿设置不尽相同。就库存商品而言,通常除品种外,还要按大类核算。一般的账簿设置如下。

会计部门设"库存商品"总分类账,其下按商品大类设置二级账户,进行金额核算;在二级账户下,按每种商品设置明细分类账,进行金额、数量双重计量。

仓储部门按每种商品分户设置保管账和保管卡,保管账由记账员根据收、发货单登记收、发数量,进行数量控制。商品卡挂在每种商品的堆垛存放处,由保管员根据收、发货单逐笔登记数量,以控制实存商品。

存货核算的这种总账、二级账、明细账的设置,可以进行逐级控制,相互核对,起到随时反映库存情况和保护存货安全完整的作用。在这种账簿组织下,一旦库存实物中发生差错,也很容易及时发现,从而便于加强对存货的日常管理。

永续盘存制下,账面余额是根据下述公式计算的。

$$本期销售(耗用)成本 = 本期销售(耗用)数量 \times 单位成本$$

$$账面期末余额 = 账面期初余额 + 本期增加额 - 本期减少额$$

单位成本可以采用加权平均法、移动加权平均法、先进先出法、个别计价法等方法计算出来。计价方法一经确定,不得随意变更。

永续盘存制应用举例说明。

工作实例8-1 森宇有限责任公司采用永续盘存制反映该公司原材料的增减变化情况。6月份,该公司甲材料明细账既登记了增减变化的数量和成本,又登记了其期末结存数量及成本情况。资料如表8-1所示。

表8-1　　　　　　　　　　　　原材料明细表

材料名称:甲材料

2019年		凭证		摘要	收入			发出			结存		
月	日	字	号		数量/千克	单价/(元/千克)	金额/元	数量/千克	单价/(元/千克)	金额/元	数量/千克	单价/(元/千克)	金额/元
6	1			期初余额							10	100	1 000
	2		1	购进	20	100	2 000				30	100	3 000
	20		5	领用				15	100	1 500	15	100	1 500
	30				20	100	2 000	15	100	1 500	15	100	1 500

2. 永续盘存制的优缺点

永续盘存制的优点是:能够随时掌握财产物资的使用情况及其增减变动,便于加强会计监督,有利于加强对财产物资的管理;将明细账上的结存数与预定的最高和最低库存限额进行比较,以便取得库存积压或不足的详细资料,及时组织库存财产物资的采购、销售或进行其他处理,加速资金周转。

永续盘存制的缺点是:账簿记录的财产物资的增减变动及结存情况都是根据有关会计凭证登记的,可能会发生账实不符的情况;在财产物资收发频繁的情况下,对企业来说登记财产物资明细账的工作量会比较大。

采用永续盘存制时,对存货仍须进行实地盘点,至少每年实地盘点一次,以验证账实是否相符。

(二) 实地盘存制

1. 实地盘存制的概念

实地盘存制是指在期末通过盘点实物,来确定财产物资的数量,并据以计算出财产物资期末结存额和本期减少额的一种方法。

这种方法用于商品流通企业时又称"以存计销制"或"盘存计销制";用于制造业企业时又称"以存计耗制"或"盘存计耗制"。采用实地盘存制,平时只根据会计凭证在账簿中登记财产物资的增加数,不登记减少数,期末对各项财产进行盘点,倒挤出本期各项财产物资的减少数。其计算公式如下:

$$本期减少数 = 账面期初余额 + 本期增加数 - 期末实际结存数$$

$$期末存货成本 = 库存数量(实地盘点数) \times 单位成本$$

$$本期销售(耗用)成本 = 期初存货成本 + 本期购货成本 - 期末存货成本$$

实地盘存制应用举例说明。

工作实例 8-2　森宇有限责任公司甲材料月初余额 3 000 千克,单价 5 元/千克。本月两次购入该材料,共计 2 000 千克,单价 5 元/千克。月末,经盘点确认该材料的结存数量为 1 500 千克。计算森宇有限责任公司发出甲材料的数量及其成本。

发出甲材料数量 = 期初数量 + 本期增加数量 - 期末结存数量
　　　　　　　　= 3 000 + 2 000 - 1 500 = 3 500(千克)

发出甲材料成本 = 发出数量 × 甲材料单价
　　　　　　　　= 3 500 × 5 = 17 500(元)

2. 实地盘存制的优缺点

实地盘存制的优点是:可以根据期末实地盘点得出的财产物资期末实存数额作为账面期末结存数,倒挤出财产物资的本期减少(发出)数,并登记有关账簿,因期末结存数是根据实地盘点得到,所以不会出现账实不符的情况;财产物资的发出只需在月末一次或定期进行,不必逐笔登记,可以简化会计核算工作。

实地盘存制的缺点是:在这种盘存制度下,账存数实际上也就是结存数,二者之间无法进行控制与核对;由于对财产物资的减少(或发出)不进行逐笔登记,所以不能随时反映库存财产物资的收入、发出与结存的动态情况;由于采取以存计耗或以存计销的方式倒算耗用成本或销售成本,就容易将非耗用或非销售的存货损耗全部计入耗用或销售成本中,从而削弱了对存货的控制作用,影响了成本计算的正确性。

综上所述,实地盘存制一般只用于核算那些价值低、品种杂、进出频繁的材料物资和数量不稳定、耗损大的鲜活商品等。

第二节 财产清查的方法

财产清查是一项涉及面广、工作量大的会计工作,为了提高清查效率,保证清查工作质量,必须采用行之有效的方法进行财产清查,针对清查对象的不同选择不同的清查方法。

一、货币资金的清查

货币资金的清查包括对库存现金的清查、银行存款的清查和对其他货币资金的清查。

(一) 库存现金的清查

库存现金的清查,是通过实地盘点的方法,确定库存现金的实存数,然后与库存现金日记账的账面余额相核对,以查明账实是否相符及盘盈或盘亏情况。

库存现金的清查可分为以下两种情况。

1. 出纳员自查

在日常的工作中,现金出纳员每日清点库存现金实有数额,并及时与库存现金日记账的余额相核对。这种清查方法实际上是现金出纳员的工作职责。

2. 专门人员清查

在由专门清查人员进行清查的工作中,为了明确经济责任,出纳人员必须在场。清查人员要认真审核收付凭证和账簿记录,检查经济业务的合理和合法性。此外,清查人员还应检查企业是否有以"白条"(即不符合有关制度要求的借据)抵充现金的情况。

库存现金盘点结束后,应根据盘点的结果,填制"库存现金盘点报告表"。该表是重要的原始凭证,既有实物财产清查"盘存单"的作用,又有"实存账存对比表"的作用。"库存现金盘点报告表"填制完毕,应由盘点人和出纳人员共同签章方能生效。"库存现金盘点报告表"的格式如表 8-2 所示。

表 8-2　　　　　　　　　　　库存现金盘点报告表

单位名称:　　　　　　　　　　　　年　月　日　　　　　　　　　　　　　　　元

实存金额	账存金额	实存与账存对比结果		备注
		盘盈	盘亏	

盘点人签章:　　　　　　　　　　　　　　　　　　　　出纳员签章:

对库存现金清查的方法也适用于国库券、其他金融债券、公司债券、股票等有价证券的清查。

(二) 银行存款的清查

银行存款的清查与库存现金的清查方法不同,它是采用企业银行存款日记账与开户银行核对账目的方法。在同银行核对账目之前,应先仔细检查企业银行存款日记账的正确性和完整性,发现有错记或漏记,应及时更正、补记。然后与从银行转来的对账单逐笔核对。由于企业同开户银行之间,因为结算凭证传递时间的差异,可能发生"未达账项",致使企业银行存款日记账的余额与银行对账单的余额不相一致。不一致的原因主要有两个：一是双方或一方记账错误，如果属于这种情况应及时查清更正；二是存在未达账项。

未达账项是指企业和银行双方在凭证传递的过程中，由于凭证接收时间差异造成记账时间不一致，从而发生一方已经入账，另一方尚未入账的事项。企业和银行之间的未达账项主要有以下四种情况。

1. 企业已收款入账，而银行尚未收款入账

例如，企业将销售产品收到的支票送存银行，根据银行盖章退回的"进账单"回单联登记收款入账；而银行不能马上记增加，要等款项收妥后才能记账。如果此时对账，则形成企业已收，银行尚未收款入账的未达账项。

2. 企业已付款入账，而银行尚未付款入账

例如，企业开出一张现金支票购买办公用品，企业根据现金支票存根、发货票及入库单等凭证，登记付款入账；而持票人此时尚未到银行兑现，银行因尚未收到付款凭证，没有付款入账。如果此时对账，则形成企业已付，银行尚未付款入账的未达账款。

3. 银行已收款入账，而企业尚未收款入账

例如，外地某单位给企业汇来货款，银行收到汇款后登记入账，企业由于尚未收到汇款凭证而未登记入账。如果此时对账，则形成银行已收，企业尚未收款入账的未达账款。

4. 银行已付款入账，而企业尚未付款入账

例如，银行在季末已将短期借款利息划出，并已付款入账，而企业尚未接到付款通知，因而未付款入账。如果此时对账，则形成银行已付，企业尚未付款入账的未达账款。

上述任何一种未达账项存在，都会使企业银行存款日记账余额与银行提供的"对账单"的余额不符。在与银行对账时，应首先查明有无未达账项，如果存在未达账项，可编制"银行存款余额调节表"予以调整。"银行存款余额调节表"的编制应在企业银行存款日记账余额和银行对账单余额的基础上，分别加减未达账项，调整后的双方余额应该相符。其计算公式如下：

企业银行存款日记账余额 + 银行已收企业未收款项 - 银行已付企业未付款项
= 银行对账单余额 + 企业已收银行未收款项 - 企业已付银行未付款项。

现举例说明"银行存款余额调节表"的具体编制方法。

工作实例 8-3 森宇有限责任公司 2019 年 1 月 31 日银行存款日记账账面余额 46 500 元；银行对账单余额 48 750 元。经查发现有以下未达账项。

① 1 月 27 日，企业送存银行一张转账支票，金额 4 000 元。银行尚未入账。
② 1 月 29 日，银行划出企业借款利息 426 元。企业尚未收到付款通知。
③ 1 月 30 日，企业委托银行收款 4 576 元。银行已入账，企业尚未收到收款通知。
④ 1 月 30 日，企业开出转账支票一张，金额 2 100 元。持票单位尚未到银行办理手续。

根据以上资料编制的银行存款余额调节表如表 8-3 所示。

表 8-3　　　　　　　　　　　　银行存款余额调节表

2019 年 1 月 31 日　　　　　　　　　　　　　　　　　元

项　目	金　额	项　目	金　额
企业银行存款日记账余额	46 500	银行对账单余额	48 750
加:银行已收企业未收款项	4 576	加:企业已收银行未收款项	4 000
减:银行已付企业未付款项	426	减:企业已付银行未付款项	2 100
调整后余额	50 650	调整后余额	50 650

表 8-3 中的"调整后余额",只表明企业可以实际动用的银行存款数,并非企业银行存款的实际数。"银行存款余额调节表"只是银行存款清查的一种形式,它只起到对账作用,不能作为调节账面余额的原始凭证。银行存款日记账的登记,必须在收到有关原始凭证后再进行。

二、实物资产的清查

实物资产是指具有实物形态的各种资产,包括固定资产、材料、委托加工材料、在产品、半成品、产成品等。实物资产的清查就是通过确定其实存数(包括数量和金额)与账存数(包括数量和金额)进行核对,据实查明实存数与其账存数是否相符的一种专门方法。企业应当定期或者至少每年实地盘点一次,并且应从数量和质量两个方面进行清查,以核定实际价值。

(一) 实物资产的清查方法

由于各种实物资产的形态、体积大小、重量、堆放方式等不尽相同,因而对其实际数量的清查方法也有所不同。常用的清查方法主要有以下几种。

1. 实地盘点法

实地盘点法是指对实物资产堆放现场进行逐一清点数量或用计量器具确定其实存数的一种方法。多数实物资产(如机器设备、原材料、库存商品等)的清查均可采用这种方法。

2. 技术推算法

技术推算法是指利用量方、计尺等技术方法,来推算实物资产的实存数量的一种方法。对大量成堆、难以逐一清点的实物资产(如水泥、化肥、沙石等)实存数量的确定可采用技术推算盘点方法。

3. 抽样盘点法

抽样盘点法是指对价值小、数量多、重量均匀的实物资产,采用从中抽取少量样品,以确定其实存数量的一种方法。

(二) 清查结果的记录

为了明确经济责任和便于查询,进行财产清查,有关实物财产的保管人员必须在场,并参加盘点工作。对各种财产的盘点结果,应如实、准确地登记在"盘存单"中,并由盘点人员和实物保管人员共同签字或盖章方能生效。"盘存单"是记录实物盘点后财产物资实存数的原始凭证,也是反映盘点结果的书面证明文件。其一般格式如表 8-4 所示。

表8-4　　　　　　　　　　　　　　盘存单

单位名称：　　　　　　　　　　盘点时间：　　　　　　　　　　编号：
财产类别：　　　　　　　　　　存放地点：　　　　　　　　　　　　　　元

序号	名称	规格	计量单位	盘点数量	单价	金额	备注

盘点人签章：　　　　　　　　　　　　　　　　保管人签章：

"盘存单"内的实物编号、计量单位和单价,应与账簿记录相同,同时应注明所采用的清查方法,以便处理清查结果时参考。

"盘存单"一般为一式三联,一联由盘点人员留存备查,一联交实物保管人员保存,一联交财会部门与账簿记录相核对。

为了进一步查明盘点的实际结存数与账面结存数是否一致,财会部门要根据"盘存单"所列示的各种财产物资的盘点实存数与会计账簿账面结存数,编制"实存账存对比表"。它是调整账簿记录的原始凭证,也是分析账实差异原因、查明责任并提出处理意见的依据。其一般格式如表8-5所示。

表8-5　　　　　　　　　　　　　实存账存对比表

单位名称：　　　　　　　　　　　年　月　日　　　　　　　　　　编号：　　　　　元

序号	名称	规格型号	计量单位	单价	实存		账存		盘盈		盘亏		备注
					数量	金额	数量	金额	数量	金额	数量	金额	

单位负责人签章：　　　　　　　　　　　　　　　　填表人签章：

对于委托外单位加工、保管的财产物资,出租的固定资产,可通过信件询证的办法来证实。对代其他单位保管的物资和受托加工的物资,应认真履行受托和代管责任。在清查盘点后,对发生的盘盈、盘亏情况,应分清责任,分别处理。如属本单位造成的损失,应由本单位负责处理和赔偿;如属于对方交货时数量不实或属于自然损耗,应通知对方核实,并在有关账簿中做出相应的记录,调整有关数字,保证账实相符。

三、往来款项的清查

往来款项的清查是指对各项应收、应付、预收、预付、其他应收和其他应付款项的清查。

(一) 与外部各单位的各种往来款项

与外部各单位的各种往来款项一般是采用发函询证的方式与对方单位核对账目的方法进行。企业应当定期或者至少于每年年度终了时,对往来款项进行全面清查。清查时,应在检查本单位各项结算款项账目正确、完整的基础上,编制"往来款项对账单",并送交对方单位进行核对。"往来款项对账单"通常一式两联,一联由对方企业留存,另一联作为回单。对方单位如核对相符,应在对账单上签章退回,作为清查的结果;如发现不符,应在对账单上注明不符情况或另抄对账单退回,作为进一步核对的依据。"往来款项对账单"的一般格式如表8-6所示。

表8-6　　　　　　　　　　　　　往来款项对账单

××单位：
　　贵单位20××年×月×日购入我单位A产品1 000件,已付货款16 000元,尚有22 000元尚未支付,为了清对账目,特函请查证,是否相同,请核对后将回单联寄回。

清查单位：(盖章)
20××年×月×日

沿此虚线裁开,将以下回单联寄回

往来款项对账单(回联)

××清查单位：
　　贵单位寄来的"往来款项对账单"已收到,经核对相符无误。

××单位：(盖章)
20××年×月×日

收到对方回单后,企业应填制"往来款项清查表",其一般格式如表8-7所示。该表不能作为调整往来款项账面记录的原始依据。

表8-7　　　　　　　　　　　　　往来款项清查表
单位名称：　　　　　　　　　　　　　年　　月　　日

总分类账		明细分类账		清查结果		核对不符的原因分析			备注
户名	账面余额	户名	账面余额	核对相符金额	核对不符金额	有争议款项金额	无法收回或偿还款项	其他原因	

清查人员(签章)：　　　　　　　　　　会计人员(签章)：

经过对往来款项的清查,若发现记录上的错误,应按规定手续予以更正。对于双方有争议的款项和没有希望收回的款项等,应报请有关部门批准后另行处理,避免或减少坏账损失。

在清查过程中,如发现未达账项,双方均应比照银行存款余额调节表的方法,核对往来款项是否正确。

(二) 单位内部往来款项

单位内部各部门之间的往来账项可确定时间,由会计人员和有关部门清查人员直接根据账簿记录核对,一般不需要编制对账单和调节表。

单位与内部职工个人之间的往来账项可采用定期张榜公布或直接与本人核对的方法。

第三节　财产清查结果的处理

一、财产清查结果处理的步骤

财产清查后,如实存数与账存数不一致,会出现两种情况:一是实存数大于账存数,称为盘盈;二是实存数小于账存数,称为盘亏。当实存数与账存数一致,但实存的财产物资有质量问题,不能按正常的财产物资使用时,称为毁损。不论是盘盈还是盘亏或毁损,都需要进行账务处理,调整账存数,使账存数与实存数一致,以保证账实相符。因此,一旦发现账存数与实存数不一致时,应该核准数字,分析产生差异的原因,明确经济责任,提出相应的处理意见,按规定的程序批准后,才能对差异进行处理。财产清查结果处理的主要步骤如下。

(一) 核准金额,查明原因

在对财产清查结果进行具体的处理之前,应对有关原始凭证中所记录的盈亏数据进行全面的核实,即核准货币资金、财产物资和债权资产的盈亏金额,并对各项差异的性质及其原因进行分析,以便针对不同原因造成的盈亏确定处理方法,提出处理意见,报送有关领导和部门批准。

(二) 调整账簿记录,做到账实相符

在核准金额、查明原因的基础上,为了做到账实相符,保证会计信息真实、正确,对财产清查中发现的盘盈或盘亏,应及时进行批准前的会计处理,即根据"实存账存对比表"等原始凭证编制记账凭证,并据以调整账簿记录。

(三) 进行批准后的账务处理

在有关领导部门对所呈报的财产清查结果处理做出批示后,企业应严格按照批复意见编制有关的记账凭证,登记有关账簿,及时进行批准后的账务处理。

二、财产清查结果的账务处理

为了核算和监督财产清查中查明的各种财产的盘盈、盘亏和毁损及其处理情况,应设置"待处理财产损溢"账户。"待处理财产损溢"账户借方发生额反映待处理的各项财产物资的盘亏和毁损数,以及批准处理的盘盈财产物资的结转数;贷方发生额反映待处理的各项财产物资的盘盈数,以及已批准的盘亏和毁损的财产物资结转数;其余额分别反映待处理的各项财产物资的净损失数(借方)或净溢余额(贷方)。企业清查的各种财产的损溢,应于期末前查明原因,并报有关部门批准,在期末结账前处理完毕。期末处理后"待处理财产损溢"账户应无余额。"待处理财产损溢"账户结构如下。

借方	待处理财产损溢	贷方
发生的财产物资的盘亏和毁损数 结转已批准的盘盈数		发生的待处理财产物资的盘盈数 结转已批准的盘亏和毁损数
期末余额:尚未批准财产物资的盘亏和毁损数大于盘盈数的差额		期末余额:尚未批准财产物资的盘盈数大于盘亏和毁损数的差额

为了分别反映和监督企业流动资产和固定资产的盘亏及毁损情况,应在"待处理财产损溢"账户下,设"待处理流动资产损溢"和"待处理固定资产损溢"两个明细分类账户,进行明细分类核算。

(一)库存现金清查结果的账务处理

库存现金在清查中,如果发现账款不符,对有待查明原因的现金短缺或溢余,应先通过"待处理财产损溢"账户核算。按管理权限报经批准后,分别按以下情况处理。

1. 现金短缺

属于应由责任人赔偿或保险公司赔偿的部分,计入其他应收款;属于无法查明的其他原因,计入管理费用。

2. 现金溢余

属于应支付给有关人员或单位的,计入其他应付款;属于无法查明原因的,计入营业外收入。

工作实例8-4 森宇有限责任公司在现金清查中,发现库存现金较账面余额多出800元。

① 批准前编制的会计分录如下。

借:库存现金		800
贷:待处理财产损溢——待处理流动资产损溢		800

② 经查,其中500元为应付某单位的账款,未查明原因部分,报经批准转作营业外收入。编制的会计分录如下。

借:待处理财产损溢——待处理流动资产损溢		800
贷:其他应付款——某单位		500
营业外收入		300

工作实例8-5 森宇有限责任公司在现金清查中,发现库存现金较账面余额短缺600元。

① 批准前编制的会计分录如下。

借:待处理财产损溢——待处理流动资产损溢		600
贷:库存现金		600

② 经查,其中300元现金的短缺属于出纳员李丽的责任。编制的会计分录如下。

借:其他应收款——李丽		300
管理费用		300
贷:待处理财产损溢——待处理流动资产损溢		600

（二）存货清查结果的账务处理

造成存货账实不符的原因有多种，对有待查明原因的存货盘亏或盘盈，应先通过"待处理财产损溢"账户核算。按管理权限报经批准后，分别按以下情况处理。

1. 发生盘亏及毁损

如果发生盘亏及毁损，对于应由保险公司和过失人支付的赔款，计入"其他应收款"账户；扣除残料价值和应由保险公司、过失人赔款后的净损失，属于一般经营损失的部分，计入"管理费用"账户，属于非常损失的部分，计入"营业外支出——非常损失"账户。同时，由于自然灾害造成的，进项税额不用转出。

2. 发生盘盈

如果发生盘盈，属于日常收发计量差错导致的，一般冲减管理费用。

工作实例 8-6 森宇有限责任公司在财产清查中发现毁损 A 材料 300 千克，实际单位成本为 100 元/千克。经查属于材料保管员的过失造成的，按规定由其个人赔偿 20 000 元，残料已办理入库手续，价值 2 000 元，8 000 元属于日常收发计量差错造成的。假定不考虑相关税费。

① 批准处理前编制的会计分录如下。

借：待处理财产损溢	30 000
贷：原材料——A 材料	30 000

（2）批准处理后编制的会计分录如下。

借：其他应收款——×过失人	20 000
原材料——A 材料	2 000
管理费用	8 000
贷：待处理财产损溢	30 000

工作实例 8-7 森宇有限责任公司因台风造成一批库存 B 材料毁损，实际成本 70 000 元，根据保险责任范围及保险合同规定，应由保险公司赔偿 50 000 元。假定不考虑相关税费。

① 批准处理前编制的会计分录如下。

借：待处理财产损溢	70 000
贷：原材料——B 材料	70 000

② 批准处理后编制的会计分录如下。

借：其他应收款——×保险公司	50 000
营业外支出——非常损失	20 000
贷：待处理财产损溢	70 000

工作实例 8-8 森宇有限责任公司在财产清查中，盘盈甲材料 1 000 元。

① 在批准前，根据"实存账存对比表"所确定的材料盘盈数，编制如下会计分录。

借：原材料——甲材料	1 000
贷：待处理财产损溢	1 000

② 上述材料盘盈，经查明原因属于日常管理不善造成的，批准做冲减管理费用处理。

编制如下会计分录。

  借:待处理财产损溢   1 000
    贷:管理费用   1 000

(三) 固定资产清查结果的账务处理

企业应定期或者至少每年年末对固定资产进行清查盘点,以保证固定资产核算的真实性,充分挖掘企业现有固定资产的潜力。在固定资产清查过程中,如果发现盘盈、盘亏的固定资产,应填制固定资产盘盈、盘亏报告表。清查固定资产的损溢,应及时查明原因,并按照规定程序报批处理。

1. 固定资产盘盈

企业在财产清查中盘盈的固定资产,作为前期差错处理。企业在财产清查中盘盈的固定资产,在按管理权限报经批准处理前应先通过"以前年度损益调整"账户核算。盘盈的固定资产,应按以下规定确定其入账价值:如果同类或类似固定资产存在活跃市场的,按同类或类似固定资产的市场价格,减去按该项目资产的新旧程度估计的价值损耗后的余额,作为入账价值;如果同类或类似固定资产不存在活跃市场的,按该项固定资产的预计未来现金流量的现值,作为入账价值。

企业应按上述规定确定的入账价值,借记"固定资产"账户,贷记"以前年度损益调整"账户。

2. 固定资产盘亏

企业在财产清查中盘亏的固定资产,按盘亏固定资产的账面价值,借记"待处理财产损溢"账户,按已计提的累计折旧,借记"累计折旧"账户,按固定资产的原价,贷记"固定资产"账户。按管理权限报经批准后处理时,按可收回的保险赔偿或过失人赔偿,借记"其他应收款"账户,按应计入营业外支出的金额,借记"营业外支出——盘亏损失"账户,贷记"待处理财产损溢"账户。

工作实例 8-9 森宇有限责任公司进行财产清查时发现短缺一台机器设备,原价为100 000元,已计提折旧80 000元。

  ① 盘亏固定资产时编制的会计分录如下。

  借:待处理财产损溢   20 000
    累计折旧   80 000
    贷:固定资产   100 000

  ② 报经批准转销时编制的会计分录如下。

  借:营业外支出——盘亏损失   20 000
    贷:待处理财产损溢   20 000

(四) 往来结算款项清查结果的账务处理

在财产清查中,对长期不清的往来款项,应及时进行清理。其中:对于经确认确实无法收回的应收款项,即坏账,作为坏账损失予以核销,冲减应收账款。在采用备抵法核算时,应借记"坏账准备"账户,贷记"应收账款"账户;企业转销确实无法支付的应付账款(如因债权人撤销等原因而产生的无法支付的应付账款),应按其账面余额计入"营业外收入",借记

"应付账款"账户,贷记"营业外收入"账户。

工作实例8-10 森宇有限责任公司在财产清查中,查明应收丙公司单位货款4 100元,因该单位撤销,确实无法收回,经批准作为坏账处理。该公司采用备抵法核销坏账。

该公司应编制如下会计分录。

借:坏账准备　　　　　　　　　　　　　　　　　　　　　　4 100
　　贷:应收账款——丙单位　　　　　　　　　　　　　　　　　　4 100

工作实例8-11 森宇有限责任公司在财产清查中发现一笔长期无法支付的应付货款5 000元,经查属该债权单位已经撤销。公司报经批准后,予以转销。

该公司应编制如下会计分录。

借:应付账款　　　　　　　　　　　　　　　　　　　　　　5 000
　　贷:营业外收入　　　　　　　　　　　　　　　　　　　　　5 000

本章小结

通过本章的学习,我们了解了财产清查是会计核算的一项专门方法。财产清查按范围分类,可分为全面清查和局部清查;按时间分类,可分为定期清查和不定期清查。财产物资的盘存制度有永续盘存制和实地盘存制两种。在实际工作中,永续盘存制被大多数企业采用。依据货币资金、实物资产等清查对象的不同,财产清查会采用不同的方法。财产清查结果主要有盘亏或盘盈两种,清查发生的盘盈和盘亏通过"待处理财产损溢"账户核算。

思考题

1. 财产清查的意义？财产清查有哪几种分类？
2. 财产清查结果的处理方式有哪些？

练习题

一、单项选择题

1. 设置存货明细分类账,逐笔或逐日连续登记存货的收入、发出数,并随时计算确定其账面结存数的制度是(　　)。
   A. 实地盘存制　　B. 应收应付制　　C. 永续盘存制　　D. 实收实付制
2. 存货的盘存制度有实地盘存制和永续盘存制两种,其主要目的是为了确定存货的(　　)。
   A. 成本　　　　　B. 金额　　　　　C. 单价　　　　　D. 数量
3. 对库存现金的清查应采用的方法是(　　)。
   A. 技术推算法　　B. 实地盘点法　　C. 函证法　　　　D. 倒挤法
4. 对于露天堆放的沙石、煤炭等进行盘点时,常用的清查方法是(　　)。
   A. 实地盘点　　　B. 账卡核对　　　C. 技术推算法　　D. 账账核对
5. 在记账无误的情况下,银行对账单与企业银行存款日记账账面余额不一致的原因是(　　)。

A. 应付款项　　　B. 外埠存款　　　C. 应收款项　　　D. 未达账项
6. 财产清查中发现,商品短缺的原因是由于工作中的收发差错,应记入(　　)账户。
A. 管理费用　　　B. 其他应收款　　C. 营业外支出　　D. 生产成本
7. 若财产盘亏是由于自然灾害造成的,则应记入(　　)账户。
A. 管理费用　　　B. 其他应收款　　C. 营业外支出　　D. 生产成本
8. 对于经查明确定无法支付的应付款项,报经批准后,应记入(　　)账户。
A. 其他业务收入　B. 营业外收入　　C. 盈余公积　　　D. 资本公积
9. 每日终了,由出纳人员清点核对现金的工作,这种财产清查按清查的时间分类,应属于(　　)。
A. 全面清查　　　B. 局部清查　　　C. 定期清查　　　D. 不定期清查
10. 某企业仓库被盗,为查明损失立即进行盘点,这种财产清查按清查的时间分类,应属于(　　)。
A. 全面清查　　　B. 定期清查　　　C. 局部清查　　　D. 不定期清查

二、多项选择题
1. 财产清查按对象和范围划分,可以分为(　　)。
A. 全面清查　　　B. 定期清查　　　C. 局部清查　　　D. 不定期清查
2. 造成账实不符的原因主要有(　　)。
A. 财产物资的自然损耗　　　　　B. 财产物资的毁损、被盗
C. 账簿的漏记、重记　　　　　　D. 财产物资收发、计量错误
3. 下列情况中,须进行全面清查的有(　　)。
A. 主要负责人调离工作时　　　　B. 清产核资时
C. 年终决算前　　　　　　　　　D. 单位撤销合并时
4. 财产清查按清查时间划分,可以分为(　　)。
A. 全面清查　　　B. 局部清查　　　C. 定期清查　　　D. 不定期清查
5. 企业更换仓库保管员对财产进行的盘点属于(　　)。
A. 定期盘点　　　B. 不定期盘点　　C. 局部盘点　　　D. 全面盘点
6. 下列情况中,可以进行不定期清查的有(　　)。
A. 财产物资保管人员变动　　　　B. 发生自然灾害
C. 发生材料盘亏　　　　　　　　D. 企业兼并破产
7. 盘点现金时,为明确责任,应由(　　)共同负责盘点。
A. 现金出纳人员　B. 主管会计人员　C. 会计机构负责人　D. 清查人员
8. 现金清查的内容包括(　　)。
A. 是否挪用现金　　　　　　　　B. 是否白条顶库
C. 是否超限留存现金　　　　　　D. 账实是否相符
9. 企业进行存货清查时对于盘盈、盘亏的存货应在报经批准后,根据不同原因分别转入(　　)科目。
A. 管理费用　　　B. 销售费用　　　C. 营业外支出　　D. 其他应收款
10. 现金清查中,对于盘盈的现金,应先查明原因,报经批准后应分别按不同情况转入

(　　)科目。

A. 营业外收入　　B. 其他应付款　　C. 管理费用　　D. 财务费用

三、判断题

1. 在企业撤销或兼并时,要对企业的部分财产进行局部重点清查。（　）
2. 定期清查账产一般是在结账以后进行。（　）
3. 财产清查的范围仅限于所有权归属于本企业的各种财产物资和债权债务。（　）
4. 实地盘存制便于加强存货的日常管理,因此一般企业都采用这种方法核算存货。（　）
5. 永续盘存制又称账面盘存制,它是设置存货明细分类账,逐笔或逐日连续登记存货的收入、发出数,并随时计算确定结存数的一种核算方法。（　）
6. 银行存款的清查应采取以企业银行存款日记账与开户银行核对账目的方法进行。（　）
7. 在进行库存现金的清查时,不仅要查明账实是否相符,还应检查有无白条抵充现金的情况。（　）
8. 对于各种未达账项,会计人员应根据银行存款余额调节表登记入账。（　）
9. 属于管理不善造成的存货毁损,扣除过失人或保险公司赔款和残值后的净损失记入"管理费用"账户。（　）
10. 属于非常损失造成的存货毁损,在扣除保险赔偿和残料价值后,报经批准后列入"管理费用"账户。（　）

四、业务题

1. 某企业 2019 年 6 月 30 日银行存款的记账余额为 56 000 元,银行对账单的余额为 88 000 元,经逐笔核对发现以下未达账项。

(1) 企业送存转账支票 20 000 元,并已登记银行存款增加。银行尚未记账。

(2) 企业开出转账支票 42 000 元,持票单位未到银行办理转账。银行尚未记账。

(3) 企业委托银行代收某公司购货款 15 000 元,银行已收并登记入账。企业由于未收到收款通知,尚未记账。

(4) 银行代企业支付电话费 5 000 元,银行已登记减少存款。企业未收到银行付款通知,尚未记账。

要求:根据上述资料编制"银行存款余额"调节表。

银行存款余额调节表

项　目	金额/元	项　目	金额/元

2. 某服装企业在财产清查过程中发现以下问题。

(1) 盘亏设备一台,原值 9 000 元,已提折旧 4 500 元。

(2) 女套装账面数量为 128 件，实存数量为 126 件，短缺 2 件，每件成本 150 元。

(3) 库存现金短缺 20.80 元。

(4) 经核对客户往来账目，查明原有业务往来的甲公司已撤销，其所欠贷款 1 500 元无法收回。

上述盘盈、盘亏原因，经查明批准后，做如下处理。

(1) 盘亏设备系搬迁中遗失，列作营业外支出。

(2) 女套装短缺 2 件系保管人责任，应收过失人赔偿。

(3) 库存现金短缺 20.80 元，由出纳人员赔偿。

(4) 甲公司所欠货款作为坏账损失处理。

要求：根据以上情况编制会计分录。

第九章 财务会计报告

学习目标

- 了解财务会计报告的含义及构成。
- 了解资产负债表及利润表的编制意义。
- 了解现金流量表的结构及编制方法。
- 了解所有者权益变动表的结构及编制方法。
- 理解财务报表附注的主要内容。

学习重点

- 财务报表的种类。
- 资产负债表、利润表的内容、格式及编制方法。

第一节 财务会计报告概述

一、财务会计报告的含义及构成

财务会计报告是指企业对外提供的反映企业某一特定日期的财务状况和某一会计期间的经营成果、现金流量等会计信息的文件。财务会计报告是会计核算工作的结果,也是会计核算工作的总结。财务会计报告包括财务报表和其他应当在财务报告中披露的相关信息和资料,其中,财务报告由报表本身及其附注两部分构成财务会计报告的具体内容如表9-1所示。

表9-1　　　　　　　　　　　财务会计报告的构成

财务会计报告	财务报表	资产负债表 利润表 现金流量表
		所有者权益(股东权益)变动表
	其他须披露的信息和资料	附注

可见,财务报表是财务会计报告的核心,是财务报告组成体系中的重要部分,是会计工作最直接的"成果",是反映企业财务状况、经营成果和现金流量等信息最常见的载体。

二、财务会计报告的使用者

从根本上说,企业对外披露财务会计报告的主要作用在于向那些与企业相关的外部利益集团提供信息,以帮助他们了解其目标的实现情况,并做出是否继续参与企业经营活动的决策。因此,明确信息使用者及其信息需要对财务会计报告目标的实现是至关重要的。一般而言,财务会计报告的使用者主要包括投资者、债权人、政府、职工、供应商等协作单位和顾客。

(一) 投资者

无论哪一个企业都会有相应的投资者。以股份公司为例,股东和其他投资者享有收益权和剩余资源所有权等权利,是公司对外财务会计报告的主要使用者。既包括只拥有有限资源、分散的个别投资者,又包括实力雄厚、组织良好的大投资机构,如控股公司、保险公司和控股基金会等,也包括潜在投资者。因为企业存在经营权和所有权的分离,不管从投资者与企业管理当局的委托和代理关系分析,还是股东在股票市场上"买—持—卖"的决策角度,投资者都需要以与公司相关的大量信息为依据。由于投资者不一定亲自参与公司的经营管理,因此需要管理人员定期向他们做书面报告。投资者通过阅读和分析公司所披露的财务状况、经营成果和现金流量变动等信息,可以获悉公司以往及本期的盈利水平和风险状况,从而对未来做出合理预期,并据此对公司股价做出适宜的评价,进而做出理性经济决策。

(二) 债权人

债权人是指那些向企业贷款或持有企业债券的组织或个人,以及企业在经营中形成的各种负债的债权人。一般来说,债权人分为短期债权人和长期债权人。短期债权人关注的是企业在短期内的偿债能力,他们需要获得企业资产变现能力的信息,如流动比率、速动比率、应收账款周转率等。长期债权人需要了解企业长期偿债的能力,即企业在未来支付本金和利息的能力。这种能力反映在企业预期的财务状况上,亦即企业的资本结构、资产流动性、资产的市场价值和长期盈利前景,因此有关企业未来前景的预测信息与长期债权人的需要密切相关。

(三) 职工

由于与企业利益有着密切的联系,职工总是希望在能够长期保持盈利的企业中工作,获得较高的工资报酬和拥有良好的工作环境及福利条件等。财务会计报告能够帮助职工评估企业的经济地位、存在的风险和发展的潜力,并由此推断就业、提薪和升职的可能性。这些决策影响国民经济中人力资源的分配。工会和职工个人还可以利用财务报告数据,作为签订报酬契约的基础,或者作为提薪和提高福利待遇的理由。

(四) 政府及其有关部门

作为社会和经济的组织者和管理者,政府有必要也有权了解企业的各种情况。政府对企业信息的需要程度与其所采用的管理企业的体制直接相关。采用以行政手段为主的企业管理体制时,企业的行为受到政府的严格控制,企业必须向政府提供大量详细的信息。采用以市场调节为主的控制手段时,政府往往利用法律来规范企业的行为,政府与企业的关系仅限于执法守法,政府需要企业直接提供的信息相对较少。政府及其有关部门之所以需要企业提供财务会计报告,是因为政府要利用财务会计报告提供的信息进行宏观经济调控,课征企业税收,以及管制某些行业(如铁路、航空、公用事业、石油公司、军工企业、银行、保险公司等)。

(五) 供应商和顾客

作为供应商,他们关注的是企业的长期经营能力、商业信用和偿债能力等。财务会计报告在帮助供应商评估企业长期生存能力、偿债能力等方面发挥重大作用。

顾客往往需要了解企业长期供应商品的能力、产品价格、成本和性能及售后服务等。财务会计报告信息能帮助顾客预测企业生存与发展的可能性,评估产品价格的合理性与售后继续提供维修、调换等服务的能力。

综上所述,财务会计报告的使用者多种多样,他们需要信息的目的也各不相同。

三、财务报表的种类

为了加强对财务报表的理解,掌握财务报表体系提供会计信息的规律性,有必要对财务报表进行分类。就企业而言,财务报表的种类很多,可以按其不同标志进行分类。

(一) 按反映的经济内容不同分类

按经济内容可分为反映企业财务状况及其变动情况的报表和反映企业经营成果的报表。反映企业财务状况及其变动情况的报表包括资产负债表、现金流量表及所有者权益变动表;反映企业经营成果的报表是利润表。

(二) 按反映资金运动形态的不同分类

按资金运动的状态可分为静态报表和动态报表。企业静态报表是综合反映企业单位一定时点财务状况的报表,如资产负债表。这类报表的特点是反映某一特定时间的情况,一般是根据账簿的余额填列的。企业动态报表是综合反映企业单位一定时期内资金的循环与周转情况的报表,如利润表、现金流量表等。这类报表的特点是反映某一段时期内的资金变动情况,一般是根据账簿的余额发生额填列的。

(三) 按编报期间的不同分类

按编制日期可分为月报、季报、半年报和年报等。月报是每个月度终了时编制的报表;季报是季度终了时编制的报表,应当于季度终了后15日内对外提供;半年报是每个会计年度的前6个月结束后编制的报表,应当于年度中期结束后60日内对外提供;年报是年度终了时编制的报表,全部报表在年度终了时均应上报,应当于年度终了后4个月内对外提供。月报和季报的编报要求简明扼要、反映及时;年报的编报要求揭示完整、反映全面;半年报在会计信息的详细程度方面,介于月报和年报之间。

上述月报、季报和半年报也可称为中期财务报告。中期是指短于一个完整的会计年度的报告期间。中期财务报告是指以中期为基础编制的财务报告。其内容至少应当包括资产负债表、利润表、现金流量表、所有者权益变动表和附注。

（四）按报送对象的不同分类

按报送对象分为外部报表和内部报表。为内部进行管理的需要而提供的会计报表为内部报表；为政府部门、其他企业和个人提供的会计报表是外部报表。企业对外提供的会计报表包括：资产负债表、利润表、现金流量表、所有者权益变动表等；对内提供的会计报表如成本费用计算表、工资计算表等。

（五）按编报主体的不同分类

按报表的编制单位可以分为个别财务报表、汇总财务报表和合并财务报表。

个别财务报表又称基层财务报表，是指独立核算的基层单位根据企业日常的核算资料编制的反映本单位的经营成果和财务状况的会计报表。它是指只反映投资企业或被投资企业本身的经营情况、经营成果和财务状况等方面的会计报表。

汇总财务报表是指上级主管部门根据所属各单位的会计报表和主管单位本身的会计报表汇总编制的综合性会计报表。它用来反映本系统或本地区的经济情况，提供综合的信息指标。

合并财务报表是指企业对外投资，其投资额占被投资企业资本的半数以上或实质上拥有受资企业控制权的情况下，将本企业与被投资企业视为一个整体而编制的反映这个经济实体经营情况、经营成果及财务状况的会计报表。

四、财务报表的编制要求

（一）数据真实可靠、内容完整

企业应当以持续经营为基础，根据实际发生的交易和事项，如实反映符合确认和计量要求的各项会计要素及其相关会计信息。企业应当按照国家统一的企业会计准则规定的报表种类、格式和内容进行填报，不得漏报和任意取舍。企业发生合并、分立情形的，应当按照国家统一的会计准则的规定编制财务报表。企业终止经营的，应当按照国家统一的会计准则的规定编制清算期间和营业终止时的财务会计报表。需要编制合并会计报表的企业集团、母公司除编制其个别会计报表外，还应当编制企业集团的合并财务报表。

（二）前后各期一致，相互可比

财务报表在编制基础、编制依据、编制方法上，以及财务报表的项目名称、项目分类和排列顺序等方面应当在各个会计期间保持一致，不得随意变更，但下列情况除外：会计准则要求改变财务报表项目的列报；企业经营业务的性质发生重大变化后，变更财务报表项目的列报能够提供更可靠、更相关的会计信息。按照这一基本要求，如果财务报表项目的列报发生重大变化时，企业应当在附注中披露变化的项目和原因，以及假设未发生变化该项目原来的列报方法和金额。

（三）重要会计事项，单独列报

重要性是指财务报表某项目的省略或错报会影响使用者据此做出经济决策的，该项目具有重要性。重要性应当根据企业所处环境，从项目的性质和金额大小两方面加以判断。例如，判断项目的重要性，应当考虑该项目的性质是否属于企业日常活动等因素；判断项目金额大小的重要性,应当通过单项金额占资产总额、负债总额、所有者权益总额、营业收入总额、营业成本总额、净利润等直接相关项目金额的比重加以确定。

(四) 依照法律编制,及时报送

企业应当依据法律、法规和国家统一的会计准则规定,及时编制并对外提供财务会计报告,使企业的财务信息能够及时为会计信息使用者所掌握。财务报告编制完成后,应当按照规定办理报送手续。

财务报表报送的期限,一方面应考虑需要报表的有关单位对报表的需要程度;另一方面又要考虑编报单位的机构、组织形式、编报工作量大小及编报单位所在地的交通条件等因素,正确规定财务报表的报送期限。根据《企业会计制度》规定,月报应于月份终了后6日内报出,半年报应于年度中期结束后60日内报出,年报于年度终了后4个月内报出。

(五) 经手人员复核,手续齐备

企业在报送财务报表之前,必须由本单位会计主管人员和企业负责人进行认真复核,主要复核报表的项目是否填列齐全,资料填列是否完整,是否附有必要的编制说明,报表与报表的有关指标是否衔接一致,财务报表的内容是否符合财经法规、制度的要求。经符合无误后,应将财务报表依次编定页数,加具封面,装订成册,加盖公章。封面上应当注明企业名称、企业统一代码、组织形式、地址、报表年度或者月份、报出日期,并由企业负责人和主管会计工作的负责人、会计负责人、会计主管人员签名并盖章;设置总会计师的企业还应当由总会计师签名并盖章。

第二节 资产负债表

一、资产负债表的概念及意义

(一) 资产负债表的概念

资产负债表是反映企业在某一特定日期的财务状况的会计报表。它表明企业在某一特定日期所拥有或控制的经济资源,所承担的现有义务和所有者对净资产的要求权。

资产负债表是根据"资产=负债+所有者权益"这一会计基本等式的原理,依照一定的分类标准和次序,将一定时期的资产、负债、所有者权益项目予以适当地排列而编制的。它是最基本的会计报表,任何企业单位都必须定期编制并向有关部门报送资产负债表。

(二) 资产负债表的意义

资产负债表所提供的会计信息是企业的投资人、债权人、政府有关机构,以及企业自身进行决策和管理所必需的。其编制的意义主要表现为以下几点。

① 可以反映企业某一特定日期的资产总额及其构成情况,分析企业拥有或控制的经济资源及其分布情况,并为进一步分析企业的生产经营能力提供重要资料。

② 可以反映企业某一特定日期的负债总额及其结构,了解企业面临的财务风险,分析企业目前和未来需要偿还债务的数量。

③ 可以反映企业所有者权益的构成情况，了解企业所有者在企业资产中享有的经济利益，考察企业资本的保全和增值情况。

④ 可以使报表使用者了解企业财务状况的全貌，分析企业财务结构的优劣和举债经营的合理程度，评价企业的偿债能力、支付能力、筹资能力等。

⑤ 可以了解企业未来的财务状况和财务安全程度，预测企业的发展前景。

二、资产负债表的内容和格式

（一）资产负债表的内容

资产负债表可分为表首、表体和附注三部分。表首列明企业名称、编制时间、货币单位和报表编号等内容。表体部分是资产负债表的主体和核心，反映资产负债表的具体内容。表首和表体是资产负债表的两个必要组成部分。为了弥补表体内容的不足而做的一些补充说明也可以用附注的形式来反映。资产负债表的表体部分包括资产、负债和所有者权益三类项目，它们之间存在一定的关系，即"资产＝负债＋所有者权益"，也就是基本的会计恒等式。这一等式表明企业资金来源与资金运用的关系，资产负债表的基本格式也是据此设计的。因此，从某种意义上讲，资产负债表的结构只是会计恒等关系的格式化。

1. 资产类项目

一般按流动性大小分为流动资产和非流动资产两类，类内再按其流动性由大到小的顺序分项列示。流动资产项目通常包括货币资金、交易性金融资产、应收票据、应收账款、预付账款、其他应收款、存货等。非流动资产项目通常包括长期股权投资、债权投资、其他债权投资、固定资产、无形资产等。

2. 负债类项目

一般按偿还期限的长短分为流动负债和非流动负债两类，类内再分项列示。流动负债项目一般包括短期借款、应付票据、应付账款、预收账款、应付职工薪酬、应交税费、应付利息、应付股利、其他应付款等；非流动负债项目一般包括长期借款、应付债券、长期应付款等。

3. 所有者权益类项目

一般按照实收资本或股本、资本公积、盈余公积、未分配利润、其他权益工具、其他综合收益、专项储备分项列示。

（二）资产负债表的格式

资产负债表的格式主要有账户式和报告式两种。

1. 账户式资产负债表

按照T形账户的形式设计，将资产列在报表左方（借方），负债及所有者权益列在报表右方（贷方），借贷双方总额相等，这就是账户式资产负债表。账户式资产负债表能够使资产和权益之间的恒等关系一目了然，但要编制比较资产负债表，要做些备注，可能困难些。我国的资产负债表采用账户式结构，其格式如表9-2所示。

表9-2　　　　　　　　　　　　资产负债表（账户式）　　　　　　　　　　　　　　　元

资　产	金　额	负债及所有者权益	金　额
流动资产		流动负债	
非流动资产		非流动负债	
		负债合计	
		所有者权益	
		所有者权益合计	
资产合计		负债及所有者权益合计	

2. 报告式资产负债表

报告式资产负债表就内容而言，同账户式资产负债表一样。它只是在形式上由账户式的左右两方调整为上下垂直排列，即报告式资产负债表分成两列，左列为项目，右列为金额。左列项目包括资产、负债和所有者权益。其优点在于便于编制比较资产负债表，即在一张报表中除列出本期的财务状况外，可增设几个栏目，分别列示过去几期的财务状况；其缺点是资产和负债间的恒等关系并不一目了然。其格式如表9-3所示。

表9-3　　　　　　　　　　　　资产负债表（报告式）　　　　　　　　　　　　　　　元

项　目	金　额
资产	
流动资产	
非流动资产	
资产合计	
负债	
流动负债	
非流动负债	
负债合计	
所有者权益	
所有者权益合计	
负债及所有者权益合计	

三、资产负债表的编制方法

（一）"年初余额"的填列方法

资产负债表"年初余额"栏内的各项数字，应根据上年末资产负债表的"期末余额"栏内所列的数字填列。如果本年度资产负债表规定的各项目的名称和内容与上年不一致，则应对上年年末资产负债表项目的名称和数字按照本年度的规定进行调整，填入本年度资产负债表的"年初余额"栏内。

（二）"期末余额"的编制方法

资产负债表"期末余额"栏各项目的金额，主要根据期末有关资产类、负债类、所有者权益类科目的余额填列。其填列方法可归纳如下。

1. 根据总账科目的余额直接填列

资产负债表中的大部分项目可以根据相应的总账科目"期末余额"直接填列。例如，交易性金融资产、短期借款、应付职工薪酬、应交税费、实收资本、资本公积、盈余公积等项目。在这些项目中,对于"应交税费"等负债项目,如果其相应科目出现借方余额,应以"-"填列。

2. 根据几个总账科目的余额计算填列

资产负债表中有的项目需要根据若干个总账科目余额计算后填列。例如,"货币资金"项目,根据"库存现金""银行存款""其他货币资金"科目的期末余额合计数填列。

3. 根据有关明细科目的余额计算填列

资产负债表中的有些项目,需要根据若干明细科目的期末余额分析计算后填列。例如,"应收账款"项目应根据"应收账款"和"预收账款"科目所属各明细科目的期末借方余额之和填列;"预收款项"项目应根据"预收账款"和"应收账款"科目所属各明细科目的期末贷方余额合计填列。同理,"应付账款"项目根据"应付账款"和"预付账款"科目所属各明细科目的期末贷方余额合计填列;"预付款项"项目应根据"预付账款"和"应付账款"科目所属各明细科目的期末借方余额合计填列。

4. 根据总账科目和明细科目余额分析计算填列

资产负债表中的许多项目,需要依据总账科目和明细科目两者的余额分析计算填列。例如,"长期借款"项目需要根据"长期借款"总账科目余额扣除"长期借款"科目所属的明细科目中将在一年内到期的长期借款部分进行分析计算填列。

5. 根据总账科目余额减去其备抵项目后的净额填列

例如,"无形资产"项目根据"无形资产"账户的期末余额减去"累计摊销""无形资产减值准备"科目的期末余额后的净额填列;"应收票据及应收账款"项目应先计算"应收票据""应收账款"和"预收账款"科目所属的明细科目的期末借方余额合计数,然后减去"坏账准备"科目的期末贷方余额,以应收票据及应收账款净额填列。再如,"存货"项目应以"原材料""材料采购""生产成本""库存商品""材料成本差异"等总账科目的期末余额合计数,减去"存货跌价准备"科目的期末余额的净额填列。

在资产负债表的计算填列中,"未分配利润"是一个较为特殊的项目,应区分是中期报表的填列还是年度报表的填列。在编制中期报表时(1—11月份),该项目应根据"本年利润"科目余额与"利润分配"科目余额之和或之差填列;在编制年度报表时,该项目应根据"利润分配——未分配利润"账户的期末余额直接填列。

现举例说明资产负债表的编制方法。

工作实例9-1 森宇有限责任公司2019年12月31日有关总账、明细账科目余额的资料如表9-4所示。

表9-4 森宇有限责任公司2019年12月31日总账和明细分类账户科目余额表 元

总 账	明细账	借方余额	贷方余额	总 账	明细账	借方余额	贷方余额
库存现金		20 500		短期借款			1 200 500
银行存款		300 500		应付账款			200 500
交易性金融资产		280 500			F企业		140 000
应收账款		460 500			H企业	100 500	
	A企业	200 000			W企业		161 000

(续表)

总账	明细账	借方余额	贷方余额	总账	明细账	借方余额	贷方余额
	B企业		39 500	预收账款			20 500
	C企业	300 000			U企业		80 500
预付账款		94 500			V企业	60 000	
	D企业	100 500		其他应付款			180 500
	E企业		6 000	应付职工薪酬			694 500
其他应收款		160 500		应交税费			1 200 500
原材料		540 500		应付股利			460 500
生产成本		160 500		长期借款			1 280 500
库存商品		440 500		实收资本			5 600 500
长期股权投资		4 540 500		盈余公积			1 481 085
固定资产		14 000 500		利润分配	未分配利润		9 190 645
累计折旧			1 200 500				
无形资产		1 631 230					
长期待摊费用		80 500					

根据表9-4的资料,编制该公司2019年12月31日的资产负债表,如表9-5所示。

表9-5 资产负债表 会企01表

编制单位:森宇有限责任公司 2019年12月31日 万元

资产	期末余额	负债和所有者权益	期末余额
流动资产:		流动负债:	
货币资金	321 000	短期借款	1 200 500
交易性金融资产	280 500	交易性金融负债	
衍生金融资产		衍生金融负债	
应收票据		应付票据	
应收账款	560 000	应付账款	307 000
应收款项融资		预收款项	120 000
预付款项	201 000	合同负债	
其他应收款	160 500	应付职工薪酬	694 500
存货	1 141 500	应交税费	1 200 500
合同资产		其他应付款	180 500
持有待售资产		持有待售负债	
一年内到期的非流动资产		一年内到期的非流动负债	
其他流动资产		其他流动负债	
流动资产合计	2 664 500	流动负债合计	4 163 500
非流动资产:		非流动负债:	
债权投资		长期借款	1 280 500
其他债权投资		应付债券	

(续表)

资　产	期末余额	负债和所有者权益	期末余额
长期应收款		其中:优先股	
长期股权投资	4 540 500	永续股	
其他权益工具投资		租赁负债	
其他非流动金融资产		长期应付款	
投资性房地产		预计负债	
固定资产	12 800 000	递延收益	
在建工程		递延所得税负债	
生产性生物资产		其他非流动负债	
油气资产		非流动负债合计	1 280 500
使用权资产		负债合计	5 444 000
无形资产	1 631 230	所有者权益(或股东权益):	
开发支出		实收资本(或股本)	5 600 500
商誉		其他权益工具	
长期待摊费用	80 500	其中:优先股	
递延所得税资产		永续股	
其他非流动资产		资本公积	
非流动资产合计	19 052 230	减:库存股	
		其他综合收益	
		专项储备	
		盈余公积	1 481 585
		未分配利润	9 190 645
		所有者权益(或股东权益)合计	16 272 730
资产合计	21 716 730	负债和所有者权益(或股东权益)合计	21 716 730

法定代表人:　　　　　主管会计工作负责人:　　　　　会计机构负责人:

对表9-5中各项目的填写说明如下。

① 货币资金="库存现金"总账借方余额+"银行存款"总账借方余额
　　　　　=20 500+300 500=321 000(元)

② 应收账款="应收账款"明细账户借方余额+"预收账款"明细账户借方余额
　　　　　=200 000+300 000+60 000=560 000(元)

③ 预付账款="预付账款"明细账借方余额+"应付账款"明细账借方余额
　　　　　=100 500+100 500=201 000(元)

④ 存货="原材料"账户借方余额+"库存商品"账户借方余额+"生产成本"账户借方余额
　　　=540 500+160 500+440 500=1 141 500(元)

⑤ 固定资产="固定资产"总账借方余额-"累计折旧"总账贷方余额
　　　　　=14 000 500-1 200 500=12 800 000(元)

⑥ 应付账款="应付账款"明细账贷方余额+"预付账款"明细账贷方余额
　　　　　=140 000+161 000+6 000=307 000(元)

⑦ 预收账款＝"预收账款"明细账贷方余额＋"应收账款"明细账贷方余额
　　　　＝80 500＋39 500＝120 000(元)

第三节　利润表

一、利润表的概念及意义

（一）利润表的概念

利润表是反映企业在一定会计期间经营成果的报表，即总括反映企业在一定时期内利润（亏损）的实现情况，是动态会计报表。利润表的列报必须充分反映企业经营业绩的主要来源或构成，集中反映企业在一个经营期间的所有收入与费用，以及收入与费用配比计算净利润或净损失的过程。

（二）利润表的意义

企业从事生产经营活动的直接目的之一，就是要最大限度地获取合法的经营成果。为了及时了解企业在一定会计期间内经营成果的大小，每个企业都必须按月编制利润表。编制利润表的意义有以下几点。

① 通过利润表，可以了解企业在一定会计期间内实现利润或发生亏损的情况，据以分析企业的获利能力。

② 通过利润表，可以了解企业经营的收益、成本和费用情况，据以考核企业的经营业绩和管理水平。

③ 通过利润表，可以对企业未来的经营状况、获利能力进行预测，分析企业未来的盈利趋势。

二、利润表的内容和格式

（一）利润表的内容

利润表的内容包括日常活动形成的收入和发生的费用，非日常活动形成的、直接计入当期利润的利得、损失，以及利润三大项。其中，费用应当按照功能分类，即按照费用在企业所发挥的功能进行分类列报，通常分为生产经营活动发生的成本、管理费用、销售费用和财务费用等，在利润表中将营业成本与其他费用分开进行披露。按照费用功能分开列报，有助于使用者了解费用发生的活动领域，如企业为销售产品发生了多少费用、为筹措资金发生了多少费用、为一般行政管理发生了多少费用、估计减值损失是多少、公允价值的变动是多少等。这种列报方法通常能向报表使用者提供结构性的信息，能够更清楚地揭示企业经营业绩的主要来源和构成，使提供的信息更为有用和相关。

（二）利润表的格式

利润表常见的格式有单步式和多步式两种。

1. 单步式利润表

单步式利润表是将所有收入及费用分别汇总，两者相减得出本期损益。因为只有一个相减步骤，故称为单步式。单步式利润表格式简单，编制方便，也便于报表阅读者理解。但单步式利润表不能揭示收入和费用之间的对照关系，也不便于同行业企业间报表指标的对比。单步式利润表的具体格式如表9-6所示。

表9-6   单步式利润表

编制单位：   年 月   元

项　目	报告期金额	本年累计金额
一、收入		
营业收入		
投资收益		
营业外收入		
收入合计		
二、费用		
营业成本		
税金及附加		
销售费用		
管理费用		
财务费用		
资产减值损失		
营业外支出		
所得税费用		
费用合计		
三、净利润		

2. 多步式利润表

多步式利润表将损益的内容做出多项分类产生一些中间信息，反映其收益的计算过程。多步式利润表通常分为以下几步。

第一步，计算营业利润。

营业利润＝营业收入－营业成本－税金及附加－销售费用－管理费用－研发费用－财务费用－资产减值损失＋其他收益＋投资收益(减去投资损失)＋公允价值变动收益(减去公允价值变动损失)＋资产处置收益及其他收益

其中：营业收入＝主营业务收入＋其他业务收入
营业成本＝主营业务成本＋其他业务成本

第二步，计算利润总额。

利润总额＝营业利润＋营业外收入－营业外支出

第三步，计算净利润。

净利润＝利润总额－所得税费用

第四步，列示其他综合收益的税后净额。

第五步,计算综合收益总额。

$$综合收益总额 = 净利润 + 其他综合收益的税后净额$$

第六步,列示每股收益。

普通股已经公开交易的企业,以及正处于公开发行普通股过程中的企业,还应当在利润表中列示每股收益信息,其中,"基本每股收益""稀释每股收益"项目应根据每股收益的相关规定计算。非上市公司没有此项目。

根据《企业会计准则第30号——财务报表列报》的规定,我国企业应采用多步式列报利润表,其具体格式如表9-7所示。

表9-7　　　　　　　　　　　多步式利润表

编制单位:　　　　　　　　　　　年　月　　　　　　　　　　　　　　元

项　目	本期金额	上期金额
一、营业收入		
减：营业成本		
税金及附加		
销售费用		
管理费用		
研发费用		
财务费用		
其中：利息费用		
利息收入		
加：其他收益		
投资收益(损失以"-"填列)		
其中：对联营企业和合营企业的投资收益		
以摊余成本计量的金融资产终止确认收益(损失以"-"填列)		
净敞口套期收益(损失以"-"填列)		
公允价值变动收益(损失以"-"填列)		
信用减值损失(损失以"-"填列)		
资产减值损失(损失以"-"填列)		
资产处置收益(损失以"-"填列)		
二、营业利润(亏损以"-"填列)		
加：营业外收入		
减：营业外支出		
其中：非流动资产处置损失		
三、利润总额(亏损总额以"-"填列)		
减：所得税费用		
四、净利润(净亏损以"-"填列)		
（一）持续经营净利润(净亏损以"-"填列)		
（二）终止经营净利润(净亏损以"-"填列)		

（续表）

项　目	本期金额	上期金额
五、其他综合收益的税后净额		
（一）不能重分类进损益的其他综合收益		
1. 重新计量设定收益计划变动额		
2. 权益法下不能转损益的其他综合收益		
3. 其他权益工具投资公允价值变动		
4. 企业自身信用风险公允价值变动		
……		
（二）将重分类进损益的其他综合收益		
1. 权益法下可转损益的其他综合收益		
2. 其他债权投资公允价值变动		
3. 金融资产重分类计入其他综合收益的金额		
4. 其他债权投资信用减值准备		
5. 现金流量套期储备		
6. 外币财务报表折算差额		
……		
六、综合收益总额		
七、每股收益		
（一）基本每股收益		
（二）稀释每股收益		

三、利润表的编制方法

（一）利润表表首的编制方法

利润表的表首，也应标明企业和报表的名称，名称下面标明报表所辖期间。由于利润表反映企业在一定期间的经营成果，因而其时间只能标明"某年某月"或"某年某月某日至某年某月某日"。

（二）利润表中各项目的内容及填列方法

利润表中各项目主要根据各损益类账户的发生额进行分析计算填列。

1. "上期金额"栏的填列

"上期金额"栏内各项数字，应根据上年该期利润表"本期金额"栏内所列数字填列。如果上年该期利润表规定的各个项目的名称和内容同本期不相一致，应对上年该期利润表各项目的名称和数字按本期的规定进行调整，填入本期利润表中"上期金额"栏内。

2. "本期金额"栏的填列

"本期金额"栏反映各项目的本期实际发生数。企业在月末未编制结账工作底稿的情况下，利润表应根据审核无误的会计账簿中的有关资料进行编制。

① 根据相应科目的总账发生额分析填列。本表中的"本期金额"栏根据"税金及附加""销售费用""管理费用""研发费用""财务费用""资产减值损失""公允价值变动收益""营

业外收入""营业外支出""所得税费用"等损益类科目的发生额分析填列。例如,"销售费用"项目根据销售费用总账科目的借方发生额(费用增加数)减去贷方发生额(费用冲减的数字)计算填列。注意,不要计算期末结转记入"本年利润"的金额。

② 根据几个总账科目的发生额计算后填列。例如,"营业收入"项目由"主营业务收入"科目和"其他业务收入"科目的发生额合计组成;"营业成本"项目由"主营业务成本"科目和"其他业务成本"科目的发生额合计组成;"利润总额"根据"本年利润"账户本月实现净利润数额填列,也可以根据以上各项目计算后的数额填列。

③ 根据报表各项目数字计算填列,如营业利润、净利润等。

④ 如果企业在月末编制工作底稿,则"利润表"中各项目的"本期金额"栏,可直接根据"工作底稿"中的"利润表"栏内有关数字填列。

3. "本年累计数"栏的填列

"本年累计数"栏反映各项目自年初始至本月月末止的累计实际发生数,根据上月利润表的各项目本年累计数加本月数后的合计数填列。

在编报中期和年度财务会计报告时,应将表内"本年累计数"栏改为"上期金额"栏,填列各项目或全年累计实际发生数。如果上年利润表的项目、名称和内容与本年度利润表不相一致,应对上年度报表项目的名称和数字按照本年度的规定进行调整,填入本表"上期金额"栏。年度利润表内"本年累计数"栏反映各项目自年初起至本年年末止的累计实际发生额,可根据12月份"利润表"的"本期金额"栏各项目的数额直接填列。

现举例说明多步式利润表的编制方法。

工作实例9-2 森宇有限责任公司2019年12月各损益类科目借、贷方发生额的情况如表9-8所示。

表9-8 森宇有限责任公司损益类科目2019年12月份损益类科目借、贷方发生额　　元

科目名称	借方发生额	贷方发生额
主营业务收入		970 000
其他业务收入		30 000
主营业务成本	580 000	
其他业务成本	20 000	
税金及附加	1 600	
管理费用	126 400	
销售费用	16 000	
财务费用	33 200	
公允价值变动损益		5 000
资产减值损失	15 000	
投资收益		25 200
营业外收入		50 000
营业外支出	39 760	
所得税费用	55 760	

根据上述资料编制该公司2019年12月份的利润表,如表9-9所示。

表 9-9　　　　　　　　　利润表（多步式）

编制单位：森宇有限责任公司　　　　2019 年 12 月　　　　　　　　　　元

项　目	本期金额	上期金额
一、营业收入	1 000 000	略
减：营业成本	600 000	
税金及附加	1 600	
销售费用	16 000	
管理费用	126 400	
研发费用		
财务费用	33 200	
其中：利息费用		
利息收入		
加：其他收益		
投资收益（损失以"-"填列）	25 200	
其中：对联营企业和合营企业的投资收益		
以摊余成本计量的金融资产终止确认收益（损失以"-"填列）		
净敞口套期收益（损失以"-"填列）		
公允价值变动收益（损失以"-"填列）	5 000	
信用减值损失（损失以"-"填列）		
资产减值损失（损失以"-"填列）	15 000	
资产处置收益（损失以"-"填列）		
二、营业利润（亏损以"-"填列）	238 000	
加：营业外收入	50 000	
减：营业外支出	39 760	
其中：非流动资产处置损失		
三、利润总额（亏损总额以"-"填列）	248 240	
减：所得税费用	55 760	
四、净利润（净亏损以"-"填列）	192 480	
（一）持续经营净利润（净亏损以"-"填列）		
（二）终止经营净利润（净亏损以"-"填列）		
五、其他综合收益的税后净额		
（一）不能重分类进损益的其他综合收益		
1. 重新计量设定收益计划变动额		
2. 权益法下不能转损益的其他综合收益		
3. 其他权益工具投资公允价值变动		
4. 企业自身信用风险公允价值变动		
……		
（二）将重分类进损益的其他综合收益		
1. 权益法下可转损益的其他综合收益		

（续表）

项　目	本期金额	上期金额
2. 其他债权投资公允价值变动		
3. 金融资产重分类计入其他综合收益的金额		
4. 其他债权投资信用减值准备		
5. 现金流量套期储备		
6. 外币财务报表折算差额		
……		
六、综合收益总额		
七、每股收益		
（一）基本每股收益		
（二）稀释每股收益		

第四节　现金流量表

一、现金流量表的概念及作用

（一）现金流量表的基本概念

现金流量表是反映企业一定会计期间现金和现金等价物流入和流出的会计报表，是以现金为基础编制的反映企业财务状况变动情况的动态报表。

1. 现金

现金是指企业的库存现金，以及可以随时用于支付的存款。

会计上所说的现金通常指企业的库存现金。而现金流量表当中的"现金"不仅包括"库存现金"账户核算的库存现金，还包括企业"银行存款"账户核算的存入金融企业、随时可以用于支付的存款，也包括"其他货币资金"账户核算的外埠存款、银行汇票存款、银行本票存款和在途货币资金等其他货币资金。应注意的是，银行存款和其他货币资金中有些不能随时用于支付的存款，如不能随时支取的定期存款等，不应作为现金，而应列作投资；提前通知金融企业便可支取的定期存款，则应包括在现金范围内。

2. 现金等价物

现金等价物是指企业持有的期限短、流动性强、易于转换为已知金额现金、价值变动风险很小的投资。现金等价物虽然不是现金，但其支付能力与现金的差别不大，可视为现金。如企业为保证支付能力，手持必要的现金，为了不使现金闲置，可以购买短期债券，在需要现金时，随时可以变现。

3. 现金流量

现金流量是某一段时期内企业现金流入和流出的数量，如企业销售商品、提供劳务、出售固定资产、向银行借款等取得现金，形成企业的现金流入；购买原材料、接受劳务、购建固定资产、对外投资、偿还债务等而支付现金，形成企业的现金流出。现金流量信息能够表明企业经营状况是否良好、资金是否紧缺、企业偿付能力大小,从而为投资者、债权人、企业管理者提供非常有用的信息。

(二) 现金流量表的作用

随着市场经济的发展和企业经营机制的转变,现金流量已成为影响企业生存和发展的重要因素。编制现金流量表具有以下重要作用。

① 通过现金流量表,可以揭示企业在一定时期内现金从哪里来、用到哪里去,了解企业购销流入和流出的原因,为正确进行财务决策提供依据。

② 通过现金流量表,可以揭示企业经营活动、投资活动、筹资活动的现金流量,详细分析企业现金周转及偿付债务的能力。

③ 通过现金流量表,可以了解企业未来生成现金的能力,为分析和判定企业的财务前景提供依据。

④ 通过现金流量表,可以为报表使用者提供按收付实现制、以现金流动为基础的会计报表,有助于分析企业收益的质量,更真实地反映企业的财务状况。

(三) 现金流量的分类

为了清晰地揭示各类业务活动所引起的现金的增减变动情况,需要依照企业经营业务发生的性质将企业一定期间内产生的现金流量进行合理的分类。现金流量表将企业一定期间内产生的现金流量划分为经营活动产生的现金流量、投资活动产生的现金流量和筹资活动产生的现金流量三类。

1. 经营活动产生的现金流量

经营活动是指企业投资活动和筹资活动以外的所有交易和事项,包括销售商品或提供劳务、支付职工薪酬、缴纳税款等,通过计算经营活动产生的现金流量,可以反映企业经营活动对现金流量净额的影响程度。

经营活动的现金流入主要是指销售商品、提供劳务、税费返还等所收到的现金。经营活动的现金流出主要是指购买货物、接受劳务所支付的现金、缴纳税款、支付职工工资,以及为职工支付的现金等。

2. 投资活动产生的现金流量

投资活动是指企业长期资产的购建和不包括在现金等价物范围的投资及其处置活动。这里的长期资产是指固定资产、在建工程、无形资产等持有期限在一年或一个营业周期以上的资产。投资活动主要包括取得或收回投资、购建和处置固定资产、无形资产等。由于现金等价物已视同现金,因此现金等价物范围内的投资及其处置活动不包括在投资活动内。通过计算投资活动产生的现金流量,可以分析企业由投资获取现金的能力,以及投资产生的现金流量对企业现金流量净额的影响程度。

投资活动的现金流入主要包括收回投资所收到的现金,取得投资收益所收到的现金,处置固定资产、无形资产和其他长期资产所收回的现金净额等。投资活动的现金流出主要包括购建固定资产、无形资产和其他长期资产所支付的现金,投资所支付的现金等。

3. 筹资活动产生的现金流量

筹资活动是指导致企业资本及债务规模和构成发生变化的活动,包括吸收投资、借入资金、偿还债务、分配股利、利润、偿付利息等。通过计算筹资活动产生的现金流量,可以分析企业的筹资能力,以及筹资产生的现金流量对企业现金流量净额的影响程度。

筹资活动的现金流入主要包括吸收投资所收到的现金、借款所收到的现金等。筹资活动的现金流出主要包括偿还债务所支付的现金、分配股利、利润或偿付利息所支付的现金等。

二、现金流量表的结构及填列方法

(一)现金流量表的结构

现金流量表分为三部分:第一部分为表首,第二部分为正表,第三部分为补充资料。

现金流量表正表部分是以"现金流入-现金流出=现金流量净额"为基础,采用多步式,分别为经营活动、投资活动和筹资活动,分项报告企业的现金流入量和流出量。

现金流量表补充资料部分又细分为三部分:第一部分是不涉及现金收支的投资和筹资活动;第二部分是将净利润调节为经营活动的现金流量,即现金流量表编制的净额法;第三部分是现金及现金等价物净增加情况。

现金流量表具体格式如表9-10所示。

表9-10

现金流量表

编制单位:××有限责任公司　　　　　20××年　　　　　　　　　　　　　　元

项　目	本期金额	上期金额
一、经营活动产生的现金流量		
销售商品、提供劳务收到的现金		
收到的税费返回		
收到其他与经营活动有关的现金		
经营活动现金流入小计		
购买商品、接受劳务支付的现金		
支付给职工及为职工支付的现金		
支付的各项税费		
支付其他与经营活动有关的现金		
经营活动现金流出小计		
经营活动产生的现金流量净额		
二、投资活动产生的现金流量		
收回投资收到的现金		
取得投资收益收到的现金		
处置固定资产、无形资产和其他长期资产收回的现金净额		
处置子公司及其他营业单位收到的现金净额		
收到其他与投资活动有关的现金		
投资活动现金流入小计		
购建固定资产、无形资产和其他长期资产支付的现金		
投资支付的现金		

(续表)

项 目	本期金额	上期金额
取得子公司及其他营业单位支付的现金净额		
支付其他与投资活动有关的现金		
投资活动现金流出小计		
投资活动产生的现金流量净额		
三、筹资活动产生的现金流量		
吸收投资收到的现金		
取得借款收到的现金		
收到其他与筹资活动有关的现金		
筹资活动现金流入小计		
偿还债务支付的现金		
分配股利、利润或偿付利息支付的现金		
支付其他与筹资活动有关的现金		
筹资活动现金流出小计		
筹资活动产生的现金流量净额		
四、汇率变动对现金的影响		
五、现金及现金等价物净增加额		
加：期初现金及现金等价物余额		
六、期末现金及现金等价物余额		

（二）现金流量表各项目的填列方法

在现金流量表的几类项目中，以经营活动的现金流量最为重要，反映了企业自身获得现金的能力，是企业获得持续资金来源的主要途径，也决定了企业不通过配股及借债等筹资手段，就能够偿还债务、扩大经营规模和发放股利等。因此，经营活动产生的现金流量净额反映了企业盈余背后是否有充足的现金流入。一般经营活动产生的现金流量应当采用直接法列示，下面对其加以介绍。

1. "销售商品、提供劳务收到的现金"项目

按权责发生制调整计算时，可参考以下计算公式。

销售商品、提供劳务收到的现金＝主营业务收入和其他业务收入和增值税销项税额＋（应收账款期初余额－应收账款期末余额）＋（应收票据期初余额－应收票据期末余额）＋（预收账款期末余额－预收账款期初余额）＋当期收回前期核销的坏账－以非现金资产抵偿债务而减少的应收账款和应收票据－当期核销的坏账－实际发生的现金折扣－票据贴现的利息＋／－特殊调整业务

由于企业经济业务较为复杂，在计算时可按以下原则考虑。

① 凡是"应收账款""应收票据"账户借方的对应账户不是销售商品、提供劳务的收入类账户和应交增值税销项税额账户，均应作为主营业务收入的加项调整。

② 凡是"应收账款""应收票据"账户贷方的对应账户不是销售商品、提供劳务产生的"现金类"账户，应作为主营业务收入的减项调整。

2. "收到的税费返还"项目

该项目反映企业收到的返还的各项税费,包括收到返还的增值税、关税、所得税、教育费附加等。本项目可以根据"库存现金""银行存款""营业外收入""其他应收款""应交税费""补贴收入"等科目的贷方发生额分析。

3. "收到的其他与经营活动有关的现金"项目

该项目反映除上述各项目外,收到的其他与经营活动有关的现金,如经营租赁收到的租金、罚款收入、流动资产损失由个人赔偿的现金流入、收回押金、垫付费用等,金额较大的应当单独列示。本项目可根据"其他业务收入""营业外收入""其他应付(收)款"贷方发生额分析填列。

4. "购买商品、接受劳务支付的现金"项目

按权责发生制调整计算时,主要涉及利润表中的"主营业务成本"项目,资产负债表中的"应交税费(进项税额部分)""应付账款""应付票据""预付账款"和"存货"等科目,可参考以下计算公式。

购买商品、接受劳务支付的现金=当期主营业务成本+本期应交增值税进项税额+(应付账款期初余额-应付账款期末余额)+(应付票据期初余额-应付票据期末余额)+(预付账款期末余额-预付账款期初余额)+(存货期末余额-存货期初余额)+其他用途减少的存货(如在建工程领用材料等)-其他途径增加的存货(如接受捐赠收到的商品等)-当期实际发生的生产成本中的人工费用-当期实际发生的制造费用(不包括消耗的物料费用)-当期以非现金和非存货资产清偿债务减少的应付账款和应付票据

同样道理,在计算时可按以下原则考虑。

① 凡是"应付账款""应付票据""预付账款"和"存货"类等账户,借方对应的账户不是购买商品、接受劳务产生的"现金类"账户,则作为主营业务成本的减项调整,如接受投资收到的存货、分配的工资费用等。

② 凡是"应付账款""应付票据""预付账款"和"存货"类等账户,贷方对应的账户不是主营业务成本和应交增值税进项税额等账户,则作为主营业务成本的加项调整,如在建工程项目领用本企业存货、对外捐赠产品等。

5. "支付给职工及为职工支付的现金"项目

"支付给职工及为职工支付的现金"项目,反映企业本期实际支付给职工的工资、奖金、各种津贴和补贴等职工薪酬(包括代扣代缴的职工个人所得税)。可参考以下计算公式。

支付给职工及为职工支付的现金=(应付职工薪酬期初余额-在建工程人员职工薪酬期初余额)+(本期分配或计提数-在建工程人员职工薪酬提取数)-(应付职工薪酬期末余额-在建工程人员职工薪酬期末余额)

6. "支付的各项税费"项目

"支付的各项税费"项目,反映企业本期发生并支付、以前各期发生本期支付,以及预交的各项税费,包括增值税、消费税、所得税、印花税、房产税、土地增值税、车船使用税、城市维护建设税及教育费附加等。可参考以下计算公式。

支付的各项税费=当期所得税费用+税金及附加+[应交税费-应交增值税(已交税金)]+(应交所得税期初余额-应交所得税期末余额)+[应交税费-应交城建税、教育费

附加等价内税的(期初余额-期末余额)]

7. "支付的其他与经营活动有关的现金"项目

该项目反映企业经营租赁支付的租金,支付的差旅费、业务招待费、保险费、罚款支出等其他与经营活动有关的现金支出,金额较大的应当单独列示。

8. 经营活动产生的现金流量——间接法各项目的确定

补充资料中"将净利润调节为经营活动的现金流量",是以间接法编制的经营活动的现金流量。间接法是以净利润为出发点,通过对相关项目的调整,计算经营活动产生的现金流量。其调整方式为:

经营活动现金流量净额=净利润±不涉及现金流量的损益项目±与经营活动无关的损益项目±与经营活动相关的流动资产和流动负债项目的变动额

对于现金流量表中其他项目的填列方法,这里将不再一一赘述。

三、现金流量表的编制方法

(一) 现金流量表的表首、表尾的填列

现金流量表的表首,应表明报表的名称、企业名称、会计期间、货币单位和报表编号。现金流量表表尾应由制表人、会计主管和单位负责人签字盖章。

(二) 现金流量表正表的编制方法

企业在编制现金流量表的正表时,可根据业务量的大小及复杂程度,选择采用直接分析填列法、工作底稿法或T形账户法。

1. 直接分析填列法

直接分析填列法是指直接根据资产负债表、利润表和有关会计账户的记录,分析计算出现金流量表各项目的金额,并据以填列报表项目的一种方法。

2. 工作底稿法

采用工作底稿法编制现金流量表,就是以工作底稿为手段,以利润表和资产负债表数据为基础,对每一项目进行分析并编制调整分录,从而编制出现金流量表。具体来讲,就是根据已经编制完成的利润表、资产负债表资料及各有关科目的明细资料,以利润表为起点,按照利润表、资产负债表的项目顺序,通过对每一项目进行分析并编制调整分录,借助工作底稿,从而编制出现金流量表。

采用工作底稿法编制现金流量表的程序如下:

① 将资产负债表的期初数和期末数过入工作底稿的期初数栏和期末数栏。

② 对当期业务进行分析并编制调整分录。调整分录大致有如下几类:第一类涉及利润表中的收入、成本和费用项目,以及资产负债表中的资产、负债及所有者权益项目,通过调整,将权责发生制下的收入、费用转换为现金基础;第二类涉及资产负债表和现金流量表中的投资、筹资项目,反映投资和筹资活动的现金流量;第三类涉及利润表和现金流量表中的投资和筹资项目,目的是将利润表中有关投资和筹资方面的收入和费用列入现金流量表投资、筹资现金流量中去。此外,还有一些调整分录并不涉及现金收支,只是为了核对资产负债表项目的期初、期末变动。

③ 将调整分录过入工作底稿中的相应部分。

④ 核对调整分录,借贷合计应当相等,资产负债表项目期初数加减调整分录中的借贷金额后,应当等于期末数。

⑤ 根据工作底稿中的现金流量表项目部分编制正式的现金流量表。

3. T形账户法

采用T形账户法,就是以T形账户为手段,以利润表和资产负债表数据为基础,对每一项目进行分析并编制调整分录,从而编制出现金流量表。具体来讲,就是根据已经编制完成的利润表、资产负债表资料及各有关科目的明细资料,以利润表为起点,按照利润表、资产负债表的项目顺序,通过对每一项目进行分析并编制调整分录,借助T形账户,从而编制出现金流量表。

采用T形账户法编制现金流量表的程序如下。

① 为所有的非现金项目分别开设T形账户,并将各自的期初、期末变动数过入各账户。

② 开设一个大的"现金及现金等价物"T形账户,每边分为经营活动、投资活动和筹资活动三部分,左边记现金流入,右边记现金流出。与其他账户一样,过入期初、期末变动数。

③ 以利润表项目为基础,结合资产负债表分析每一个非现金项目的增减变动,并据此编制调整分录。

④ 将调整分录过入各T形账户,并进行核对,该账户借贷相抵后的余额与原先过入的期初、期末变动数应当一致。

⑤ 根据大的"现金及现金等价物"T形账户编制正式的现金流量表。

第五节 所有者权益变动表

一、所有者权益变动表的概念

所有者权益变动表反映企业年末所有者权益增减变动的情况。所有者权益变动表应当反映构成所有者权益的各组成部分当期的增减变动情况。当期损益、直接计入所有者权益的利得和损失,以及与所有者(或股东,下同)的资本交易导致的所有者权益的变动,应当分别列示。

二、所有者权益变动表的内容与结构

(一) 所有者权益变动表的内容

在所有者权益变动表中,企业至少应当单独列示反映下列信息的项目:净利润;直接计入所有者权益的利得和损失项目及其总额;会计政策变更和差错更正的累积影响金额;所有者投入资本和向所有者分配利润等;提取的盈余公积;实收资本或股本、资本公积、盈余公积、未分配利润的期初和期末余额及其调节情况。

（二）所有者权益变动表的结构

1. 以矩阵的形式列报

为了清楚地反映所有者权益各组成部分当期的增减变动情况,所有者权益变动表采用矩阵的形式列示。一方面,列示导致所有者权益变动的交易和事项;另一方面,按照所有者权益各组成部分及其总额列示交易和事项对所有者权益的影响。

2. 列示所有者权益变动表的比较信息

根据规定,企业需要提供比较所有者权益变动表,因此,所有者权益变动表应以"本年金额"和"上年金额"两栏分别列示,其具体格式如表9-11所示。

表9-11　　　　　　　　　　所有者权益变动表　　　　　　　　　　　　元

项　目	本年金额						上年金额					
	实收资本或股本	资本公积	减:库存股	盈余公积	未分配利润	所有者权益合计	实收资本或股本	资本公积	减:库存股	盈余公积	未分配利润	所有者权益合计
一、上年年末余额												
加:会计政策变更												
前期差错更正												
其他												
二、本年年初余额												
三、本年增减变动金额（减少以"-"填列）												
（一）综合收益总额												
（二）所有者投入和减少资本												
1. 所有者投入的普通股												
2. 其他权益工具持有者投入资本												
3. 股份支付计入所有者权益的金额												
4. 其他												
（三）利润分配												
1. 提取盈余公积												
2. 对所有者(或股东)的分配												
3. 其他												
（四）所有者权益内部结转												

(续表)

项目	本年金额						上年金额					
	实收资本或股本	资本公积	减：库存股	盈余公积	未分配利润	所有者权益合计	实收资本或股本	资本公积	减：库存股	盈余公积	未分配利润	所有者权益合计
1. 资本公积转增资本（或股本）												
2. 盈余公积转增资本（或股本）												
3. 盈余公积弥补亏损												
4. 设定受益计划变动额结转留存收益												
5. 其他综合收益结转留存收益												
6. 其他												
四、本年年末余额												

三、所有者权益变动表的编制方法

（一）上年金额栏的填列

所有者权益变动表的"上年金额"栏内各项数字，应根据上年度所有者权益变动表"本年金额"栏内所列数字填列。如果上年度所有者权益变动表规定的各个项目的名称和内容同本年度不相一致，应对上年度所有者权益变动表各项目的名称和数字按本年度的规定进行调整，填入所有者权益变动表"上年金额"栏内。

（二）本年金额栏的填列

所有者权益变动表的"本年金额"栏内各项数字，一般应根据"实收资本（或股本）""资本公积""盈余公积""利润分配""库存股""以前年度损益调整"科目的发生额分析填列。

第六节 财务报表附注

一、财务报表附注的概念及作用

（一）财务报表附注的概念

财务报表附注是对资产负债表、利润表、现金流量表及所有者权益变动表等报表中列示项目的文字描述或明细资料，以及对未能在这些报表中列示项目的说明等。附注应当披露财务报表的编制基础，相关信息应当于资产负债表、利润表、现金流量表及所有者权益变动表等报表中列示的项目相互参照。

（二）财务报表附注的作用

1. 促使企业充分披露会计信息

会计报表主要是以表格的形式综合、概括地描述企业的财务状况、经营成果和现金流量信息，其格式和内容具有固定性和规定性，有些与报表使用者决策相关的会计信息没能包括在报表中。因此，通过编制和披露财务报表附注，就能使企业的会计信息得到更充分的披露，从而有助于报表使用者更全面地掌握企业的财务状况、经营情况和现金流量情况。

2. 增强会计信息的可理解性

财务报表附注主要是以数据表格或文字说明等方式，对会计报表中的重要数据及没有列入会计报表的重要事项进行解释或说明，从而有助于报表使用者更深入地理解会计报表提供的信息，并正确地利用这些信息。

3. 提高会计信息的可比性

不同行业或同一行业的不同企业对同一会计事项所采用的会计处理方法可能不同，致使提供的会计信息存在较大差异；即使是同一企业，也会因政策、制度、环境等的改变而变更其所采用的会计政策，导致其在不同会计期间的会计信息缺乏可比性。通过编制财务报表附注，披露企业所采用的具体会计政策和会计处理方法及其变更情况，可以使报表使用者了解企业会计信息存在的差异，分析差异产生的原因及其影响程度，从而提高会计信息的可比性。

二、财务报表附注的主要内容

附注应当按照以下顺序披露有关内容。

（一）企业的基本情况

包括企业注册地、组织形式和总部地址；企业的业务性质和主要经营活动；母公司及集团最终母公司的名称；财务报告的批准报出者和财务报告批准报出日。

（二）财务报表的编制基础

《企业会计准则》规定，企业应在持续经营基础下进行财务报表列报。

（三）遵循企业会计准则的声明

企业应当明确说明编制的财务报表符合企业会计准则的要求，真实、公允地反映了企业的财务状况、经营成果和现金流量等信息，以此明确企业编制财务报表所依据的制度基础。如果企业编制的财务报表只是部分地遵循了企业会计准则，附注中不得做出这种表述。

（四）重要会计政策和会计估计

企业应当披露采用的重要会计政策和会计估计，不重要的会计政策和会计估计不得披露。

1. 重要会计政策的说明

由于企业经济业务的复杂性和多样化，某些经济业务可以有多种处理方法，即存在不止一种可供选择的会计政策。企业在发生某项经济业务时，必须从允许的会计处理方法中选择适合本企业特点的会计政策，企业选择不同的会计处理方法，可能极大地影响企业的财务状况和经营成果,进而编制出不同的财务报表。为了有助于使用者理解,有必要对这些会计政策加以披露。

需要特别指出的是,说明会计政策时还需要披露下列两项内容。

① 财务报表项目的计量基础。会计计量属性包括历史成本、重置成本、可变现净值、现值和公允价值,这直接显著影响报表使用者的分析。这项披露要求便于使用者了解企业财务报表中的项目是按何种计量基础予以计量的,如存货是按成本还是可变现净值计量等。

② 会计政策的确定依据。主要是指企业在运用会计政策过程中所做的对报表中确认的项目金额最具影响的判断。例如,企业如何判断持有的金融资产是持有至到期的投资而不是交易性投资等。因此,这项披露要求有助于使用者理解企业选择和运用会计政策的背景,增加财务报表的可理解性。

2. 重要会计估计的说明

企业应当披露会计估计中所采用的关键假设和不确定因素的确定依据,这些关键假设和不确定因素在下一会计期间内很可能导致资产、负债账面价值进行重大调整。例如,固定资产可收回金额的计算需要根据其公允价值减去处置费用后的净额与预计未来现金流量的现值两者之间的较高者确定、在计算资产预计未来现金流量的现值时需要对未来现金流量进行预测并选择适当的折现率、应当在附注中披露未来现金流量预测所采用的假设及其依据、所选择的折现率为什么是合理的等。因此,强调这一披露要求,有助于提高财务报表的可理解性。

(五) 会计政策和会计估计变更及差错更正的说明

企业应当按照《企业会计准则第28号——会计政策、会计估计变更和差错更正》及其应用指南的规定,披露会计政策和会计估计变更,以及差错更正的有关情况。

(六) 重要报表项目的说明

1. 资产负债表重要项目的说明

应对交易性金融资产、应收款项、存货、长期股权投资、固定资产、无形资产、应付职工薪酬、应交税费、借款项目等项目进行披露说明。

2. 利润表重要项目的说明

应对营业收入、公允价值变动收益、投资收益、资产减值损失、营业外支出、所得税费用等项目进行披露说明。

3. 现金流量表附注

现金流量表附注主要包括用间接法披露将净利润调节为经营活动现金流量的信息,当期取得或处置子公司及其他营业单位的有关信息,现金和现金等价物的构成内容。其中,用间接法披露将净利润调节为经营活动现金流量信息的内容如表9-12所示。

表9-12　　　　　　　　　　现金流量表补充资料

补充资料	本年金额/元	上期金额/元
1. 将净利润调节为经营活动现金流量		
净利润		
加:资产减值准备		

(续表)

补充资料	本年金额/元	上期金额/元
固定资产折旧、油气资产折耗、生产性生物资产折旧		
无形资产摊销		
长期待摊费用摊销		
处置固定资产、无形资产和其他长期资产的损失(收益以"-"填列)		
固定资产报废损失(收益以"-"填列)		
公允价值变动损失(收益以"-"填列)		
财务费用(收益以"-"填列)		
投资损失(收益以"-"填列)		
递延所得税资产减少(增加以"-"填列)		
递延所得税负债增加(减少以"-"填列)		
存货的减少(增加以"-"填列)		
经营性应收项目减少(增加以"-"填列)		
经营性应付项目增加(减少以"-"填列)		
其他		
经营活动产生的现金流量净额		
2. 不涉及现金收支的重大投资与筹资活动		
债务转为资本		
一年内到期的可转换公司债券		
融资租入固定资产		
3. 现金及现金等价物变动情况		
现金的期末余额		
减:现金的期初余额		
加:现金等价物的期末余额		
减:现金等价物的期初余额		
现金及现金等价物净增加额		

(七) 其他需要说明的重要事项

主要包括或有事项、资产负债表日后非调整事项、关联方关系及其交易等。

本章小结

通过本章的学习,我们了解了财务会计报告的含义及构成;财务会计报告的使用者;财务报表的种类;三大主要的财务报表——资产负债表、利润表、现金流量表的概念、意义、内容、结构及编制方法;所有者权益变动表的基本构成及编制方法;财务报表之间的钩稽关系,以及财务报表附注的有关内容。通过理解基本财务报表的格式、内容及报表间的钩稽关系,为进一步分析报表打下基础,也为报表使用者提供决策有用的信息。

思考题

1. 什么是财务会计报告? 财务会计报告由哪些内容组成?

2. 财务会计报告的使用者都有哪些?
3. 财务会计报告是如何分类的?
4. 什么是资产负债表?它的内容和结构是什么?
5. 简述资产负债表的编制方法。
6. 什么是利润表?编制利润表有何意义?
7. 利润表的内容和结构是什么?
8. 什么是现金流量表?编制现金流量表有何意义?
9. 现金流量表的编制方法有哪几种?
10. 什么是所有者权益变动表?它的内容和结构是什么?
11. 什么是财务报表附注?企业为什么要编制财务报表附注?它的主要内容是什么?

练习题

一、单项选择题

1. 股东(投资者)作为财务会计报告的使用者之一,其主要关注(   )。
   A. 企业财务状况好坏、经营业绩的大小及现金的流动情况
   B. 职工福利的好坏
   C. 投资的内在风险和投资报酬
   D. 企业的兴衰及其发展情况
2. 不属于财务会计报告基本要求的是(   )。
   A. 真实可靠　　　B. 合法实用　　　C. 编报及时　　　D. 便于理解
3. 不属于企业对外提供的会计报表的是(   )。
   A. 资产负债表　　B. 利润表　　　　C. 现金流量表　　D. 生产费用明细表
4. 财务报表中各项目数字的直接来源是(   )。
   A. 原始凭证　　　B. 日记账　　　　C. 记账凭证　　　D. 账簿记录
5. 中期账务报告可以不提供的报表是(   )。
   A. 资产负债表　　　　　　　　　　B. 利润表
   C. 所有者权益变动表　　　　　　　D. 现金流量表
6. 在资产负债表中,资产按照其流动性排列时,下列排列方法正确的是(   )。
   A. 存货、无形资产、货币资金、交易性金融资产
   B. 交易性金融资产、存货、无形资产、货币资金
   C. 无形资产、货币资金、交易性金融资产、存货
   D. 货币资金、交易性金融资产、存货、无形资产
7. 资产负债表左方的资产项目排列标准是(   )。
   A. 重要性原则,即重要项目排在前面,次要项目排在后面
   B. 债务清偿的先后顺序,即短期债务排在前面,长期债务排在后面
   C. 流动性大小,即流动性大的排在前面,流动性小的排在后面
   D. 金额的大小,即金额小的排在前面,金额大的排在后面
8. 某企业期末流动资产余额 2 388 692 元,非流动资产余额 5 361 000 元,流动负债余额

1 937 917元,非流动负债余额1 067 900元。该企业期末所有者权益为( )。

A. 5 811 775　　　B. 4 743 875　　　C. 6 681 792　　　D. 2 355 183

9. 某日,大华公司的负债为7 455万元,非流动资产合计为4 899万元,所有者权益合计为3 000万元,则当日该公司的流动资产合计应当为( )。

A. 2 556万元　　　B. 4 455万元　　　C. 1 899万元　　　D. 5 556万元

10. 可以反映企业的短期偿债能力和长期偿债能力的报表是( )。

A. 利润表　　　　　　　　　　　B. 所有者权益变动表
C. 资产负债表　　　　　　　　　D. 现金流量表

11. 资产负债表中,直接根据总账账户填列的项目有( )。

A. 交易性金融资产、短期借款、应付职工薪酬、应交税费、实收资本、盈余公积
B. 交易性金融资产、应收票据、应收账款、短期借款、应付职工薪酬、应交税费、实收资本、盈余公积
C. 交易性金融资产、存货、短期借款、应付职工薪酬、应交税费、长期借款、实收资本、盈余公积
D. 交易性金融资产、存货、短期借款、应付票据、应付账款、应交税费、实收资本、盈余公积

12. 某企业"预收账款"明细账期末余额情况如下,"预收账款——A企业"贷方余额为250 000元,"预收账款——B企业"借方余额为35 500元,"预收账款——C企业"贷方余额为470 000元。假如该企业"应收账款"明细账均为借方余额,则根据以上数据计算的反映在资产负债表中的"预收款项"项目的金额为( )。

A. 285 500元　　B. 684 500元　　C. 720 000元　　D. 250 000元

13. 在利润表上,利润总额减去( )后,得出净利润。

A. 管理费用　　　B. 增值税　　　C. 营业外支出　　　D. 所得税费用

14. 利润表中的"本期金额"栏内各项数字一般应根据损益类科目的( )填列。

A. 本期发生额　　B. 累计发生额　　C. 期初余额　　D. 期末余额

15. 某企业2019年2月主营业务收入为100万元,主营业务成本为80万元,管理费用为5万元,资产减值损失为2万元,投资收益为10万元。假定不考虑其他因素,该企业当月的营业利润为( )万元。

A. 13　　　　　B. 15　　　　　C. 18　　　　　D. 23

二、多项选择题

1. 按现行制度规定,企业年度财务报告主要包括( )和附注。

A. 资产负债表　　　　　　　　　B. 利润表
C. 现金流量表　　　　　　　　　D. 所有者权益变动表

2. 单位编制财务会计报告的主要目的,就是为( )及社会公众等财务会计报告的使用者进行决策提供会计信息。

A. 投资者　　　　　　　　　　　B. 债权人
C. 政府及相关机构　　　　　　　D. 企业管理人员

3. 关于财务报表附注的说法中正确的有( )。

A. 附注是财务会计报告的重要组成部分

B. 附注是对在资产负债表、利润表等报表中列示项目的文字描述或明细资料,以及对未能在这些报表中列示项目的说明

C. 附注中应当披露财务报表的编制基础

D. 中期财务报表中不包括附注

4. 下列说法中正确的有( )。

A. 财务会计报告包括财务报表和其他应当在财务会计报告中披露的相关信息和资料

B. 中期财务报告是指以中期为基础编制的财务报告

C. 中期是指短于一个完整的会计年度的报告期间

D. 半年度、季度和月度财务会计报告统称为中期财务会计报告

5. 借助于资产负债表提供的会计信息,可以帮助管理者( )。

A. 分析企业资产的结构及其状况

B. 分析企业目前与未来需要支付的债务数额

C. 分析企业的盈利能力

D. 分析企业的现金流量情况

6. 资产负债表正表的格式,国际上通常有( )。

A. 单步式　　　B. 多步式　　　C. 账户式　　　D. 报告式

7. 某企业2019年12月31日固定资产账户余额为3 000万元,累计摊销账户余额为900万元,无形资产减值准备账户余额为100万元,则该企业2019年12月31日资产负债表中"无形资产"项目的金额不可能为( )。

A. 2 000万元　　B. 2 900万元　　C. 2 100万元　　D. 2 200万元

8. 借助于利润表提供的信息,可以帮助管理者( )。

A. 分析企业资产的结构及其状况　　B. 分析企业的债务偿还能力

C. 分析企业的获利能力　　　　　　D. 分析企业利润的未来发展趋势

9. 属于利润表提供的信息有( )。

A. 实现的营业收入

B. 发生的营业成本

C. 营业利润

D. 企业本期实现的利润或发生的亏损总额

10. 属于影响利润总额计算的有( )。

A. 营业收入　　B. 营业外支出　　C. 营业外收入　　D. 投资收益

三、判断题

1. 财务会计报告是单位财务会计确认、计量结果的最终体现,属于通用的对外会计报告,其使用者主要是单位内部的有关方面。　　　　　　　　　　　　　　( )

2. 会计报表附注是对资产负债表、利润表和现金流量表等报表中未列示项目的补充说明,其目的是更加全面、详细地反映单位财务状况、经营成果和现金流量之外的会计信息。

( )

3. 季度、月度财务会计报告通常仅指财务报表,至少应该包括资产负债表、利润表和现金流量表。（　）

4. 企业财务计划、会计报表、财务情况说明书等都是企业财务报告的重要组成部分。（　）

5. 资产负债表中"生物性生物资产"属于"存货"类项目,属于流动资产类。（　）

6. 资产负债表是总括反映企业特定日期资产、负债和所有者权益情况的静态报表,通过它可以了解企业的资产分布、资金的来源和承担的债务,以及资金的流动性和偿债能力。（　）

7. "预收款项"项目应根据"应收账款"和"预收账款"账户所属明细账借方余额之和填列。（　）

8. 待处理财产损溢中的流动资产盘亏损失,期末编制资产负债表时,应该将待处理财产损溢账户的借方余额计入资产负债表的流动资产中。（　）

9. 利润表是反映企业一定日期经营成果的财务报表。（　）

10. 利润表中收入类项目大多是根据收入类账户期末结转前借方发生额减去贷方发生额后的差额填列。如果差额为负数,以"－"号填列。（　）

四、业务题

1. 华天有限公司2019年9月30日有关总账和明细账户的余额如下表所示。

账　户	借或贷	余额/元	负债和所有者权益账户	借或贷	余额/元
库存现金	借	2 000	短期借款	贷	134 100
银行存款	借	900 000	应付账款	贷	70 000
其他货币资金	借	80 000	——丙企业	贷	93 000
应收账款	借	70 000	——丁企业	借	23 000
——甲公司	借	82 000	预收账款	贷	15 500
——乙公司	贷	12 000	——C公司	贷	15 500
坏账准备	贷	3 000	应交税费	贷	48 000
预付账款	借	37 500	长期借款	贷	350 000
——A公司	借	32 200	应付债券	贷	582 500
——B公司	借	5 300	其中一年到期的应付债券	贷	22 500
原材料	借	873 800	长期应付款	贷	175 000
生产成本	借	276 000	实收资本	贷	4 123 000
库存商品	借	93 000	资本公积	贷	117 000
存货跌价准备	贷	57 000	盈余公积	贷	49 500
固定资产	借	2 950 000	利润分配	贷	2 000
累计折旧	贷	8 300	——未分配利润	贷	2 000
无形资产	借	490 600	本年利润	贷	38 000
合　计		5 704 600	合　计		5 704 600

要求:根据上述资料编制该企业2019年9月30日的资产负债表。

2. 旺云有限责任公司2019年12月31日的科目余额如下表所示。

科目余额表
2019 年 12 月 31 日

科目名称	借方余额/元	科目名称	贷方余额/元
库存现金	1 600	短期借款	40 000
银行存款	644 908	应付票据	80 000
其他货币资金	5 840	应付账款	763 040
应收票据	36 800	其他应付款	40 000
应收账款	480 000	应付职工薪酬	144 000
坏账准备	-1 440	应交税费	165 307
预付账款	80 000	预收账款	25 772
其他应收款	4 000	长期借款	928 000
在途物资	220 000	实收资本	3 980 000
原材料	66 440	资本公积	20 000
库存商品	1 769 920	盈余公积	104 949
材料成本差异	3 400	利润分配——未分配利润	155 600
长期股权投资	200 000		
固定资产	1 920 800		
累计折旧	-136 000		
固定资产减值准备	-24 000		
油气资产	120 000		
在建工程	462 400		
无形资产	592 000		
合 计	6 446 668	合 计	6 446 668

要求：根据表中的资料，编制该公司 2019 年 12 月 31 日的资产负债表。

3. 江海公司 2019 年 10 月份的相关会计资料如下表所示。

损益类账户	10月份发生额/元	1—9月累计发生额/元
主营业务收入	600 000	9 002 055
主营业务成本	300 000	5 574 000
税金及附加	30 000	945 000
其他业务收入	60 000	600 000
其他业务成本	45 000	450 000
管理费用	6 000	933 000
财务费用	3 000	600 000
销售费用	3 690	405 000
投资收益	16 800	1 500 000
营业外收入	13 500	0
营业外支出	9 900	150 000
所得税费用	25%	25%

要求：计算江海公司 2019 年 10 月利润表中"营业利润""利润总额""所得税费用""净利润"共四个项目的"本月数"和"本年累计数"栏的金额。

第十章
账务处理程序

学习目标
- ◆ 理解账务处理程序的概念。
- ◆ 掌握记账凭证账务处理程序。
- ◆ 掌握科目汇总表账务处理程序。
- ◆ 了解汇总记账凭证账务处理程序。

学习重点
- ◆ 记账凭证账务处理程序。
- ◆ 科目汇总表账务处理程序。

第一节 账务处理程序概述

一、账务处理程序的概念和意义

(一) 账务处理程序的基本概念

账务处理程序也称会计核算组织程序,是指对会计数据的记录、归类、汇总、报送的步骤和方法,即从原始凭证的整理、汇总,记账凭证的填制、汇总,日记账、明细分类账的登记,到会计报表编制的步骤和方法。

账务处理程序主要包括填制会计凭证、登记账簿和编制会计报表三个步骤。其中,填制会计凭证步骤中涉及原始凭证和记账凭证的种类、格式、填制方法及凭证间的关系;登记账簿步骤中涉及账簿的种类、格式、账簿登记方法及不同账簿间的关系;编制会计报表步骤中涉及会计报表编制的依据和方法。

(二) 账务处理程序的意义

账务处理程序是否科学、合理,对整个企业的会计核算工作会产生诸多方面的影响。确定科学、合理的账务处理程序,对于保证能够准确、及时地提供系统而完整的会计信息具有非常重要的意义。

① 有利于提高会计核算工作质量。采用合理的账务处理程序,有利于保证会计信息的完整、及时和准确,提高会计核算工作质量。

② 有利于提高会计核算工作效率。对账务处理程序各个步骤进行合理分工,采用科学

的方法,有助于减少不必要的核算环节,简化手续,节约人力、物力和财力,提高会计核算工作效率。

③ 有利于加强会计监督和内部控制。采用合适的账务处理程序,可使各项会计工作在核算中受到严密的控制和监督,加强了会计监督和内部控制。

二、账务处理程序的要求

选择科学、合理的会计账务处理程序是组织会计工作,进行会计核算的前提。虽然在实际工作中有不同的会计账务处理程序,但是它们都应符合以下三个要求。

① 要适合本单位所属行业的特点,即在设计会计账务处理程序时,要考虑自身企业单位组织规模的大小,经济业务性质和简繁程度,同时,还要有利于会计工作的分工协作和内部控制。

② 要能够正确、及时和完整地提供本单位各方面的会计信息,在保证会计信息质量的前提下,满足本单位各部门、人员和社会各相关行业的信息需要。

③ 应贯彻效益原则,提高会计核算工作效率。适当的会计账务处理程序要在保证会计工作质量的前提下,力求简化,减少不必要的环节,节约人力、物力和财力。

三、账务处理程序的种类

目前,我国会计工作所采用的账务处理程序主要有六种,即记账凭证账务处理程序、汇总记账凭证账务处理程序、科目汇总表账务处理程序、日记总账账务处理程序、多栏式日记账账务处理程序,以及通用日记账账务处理程序。

这六种账务处理程序既有共同点,又有各自的特点。其差别在于记账凭证及有关账簿的格式、总分类账登记的依据和方法不同。本章主要阐述前三种账务处理程序的特点、核算步骤、优缺点及适用范围等内容。

第二节　记账凭证账务处理程序

记账凭证账务处理程序是指对发生的经济业务事项,都要根据原始凭证或汇总原始凭证编制记账凭证,然后直接根据记账凭证逐笔登记总分类账的一种账务处理程序。

一、记账凭证账务处理程序设置的凭证及账簿

在记账凭证账务处理程序下,记账凭证既可以采用通用记账凭证,也可以采用包括收款凭证、付款凭证和转账凭证在内的专用记账凭证,根据业务的性质分别编制不同的记账凭证。

采用记账凭证账务处理程序,一般设置下列账簿。

① 日记账。日记账需要设置库存现金和银行存款日记账,一般采用三栏式。

② 总分类账。总分类账根据总账科目设置,账页格式一般采用三栏式。将不同账户分别设在不同账页上,以反映总账科目金额的增减变动。

③ 各种明细分类账。按其所属的总分类账户设置,根据登记业务的性质,账页格式可

以采用三栏式、多栏式或数量金额式。

为了减少填制凭证的数量,减轻登记总分类账的工作量,从而简化核算手续,应尽可能地将经济业务相同的原始凭证先编织成原始凭证汇总表,再根据原始凭证汇总表填制记账凭证,据以登记总分类账。

二、记账凭证账务处理程序的步骤

记账凭证账务处理程序的步骤如下。

① 根据原始凭证编制汇总原始凭证。
② 根据审核无误的原始凭证或者汇总原始凭证,编制记账凭证(包括收款、付款和转账凭证三类)。
③ 根据收、付款凭证逐日逐笔登记特种日记账(包括现金、银行存款日记账)。
④ 根据原始凭证、汇总原始凭证和记账凭证逐笔登记各种明细分类账。
⑤ 根据记账凭证逐笔登记总分类账。
⑥ 月末,将各种日记账的余额及各种明细账的余额合计数,分别与总账中有关账户的余额核对相符。
⑦ 月末,根据经核对无误的总账和有关明细账的记录,编制会计报表。

记账凭证账务处理程序的步骤如图 10-1 所示。

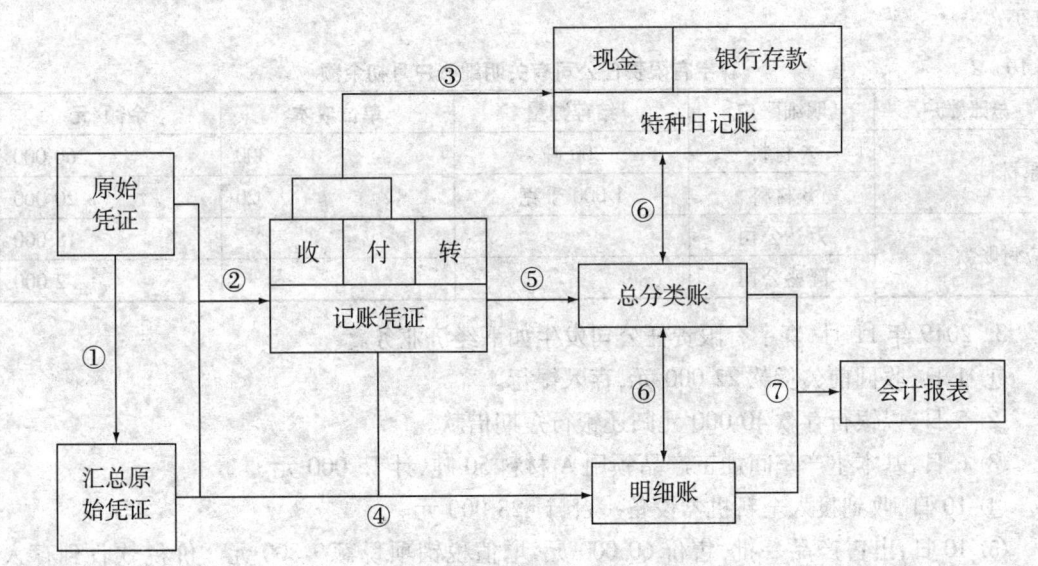

图 10-1 记账凭证账务处理程序

三、记账凭证账务处理程序的举例说明

工作实例 10-1 森宇有限责任公司为增值税一般纳税人,适用增值税税率为 13%,该厂采用记账凭证账务处理程序,记账凭证采用通用格式。2019 年 11 月份该公司会计核算有关资料如下。

1. 2019 年 11 月 1 日,该厂总分类账户的余额如表 10-1 所示。

表 10-1　　　　　　森宇有限责任公司总账账户的余额　　　　　　　　　元

会计科目	期初余额	
	借方	贷方
库存现金	300	
银行存款	35 700	
应收账款	25 000	
原材料	80 000	
库存商品	19 000	
生产成本	20 000	
固定资产	240 000	
累计折旧		50 000
短期借款		40 000
应付账款		20 000
实收资本		300 000
盈余公积		10 000
合　计	420 000	420 000

2. 2019年11月1日，森宇有限责任公司部分明细分类账户的余额资料如表10-2所示。

表 10-2　　　　　　森宇有限责任公司有关明细账户月初余额

总账账户	明细账户	结存数量	单位成本	余额/元
原材料	A材料	200吨	300	60 000
	B材料	1 000千克	20	20 000
应付账款	万达公司			18 000
	隆盛公司			2 000

3. 2019年11月，森宇有限责任公司发生如下经济业务。

① 1日，收回前欠货款22 000元，存入银行。

② 5日，以银行存款40 000元归还银行短期借款。

③ 6日，基本生产车间加工产品领用A材料50吨，计15 000元。

④ 10日，收到投入全新机器设备一台，计28 000元。

⑤ 10日，出售产品一批，售价60 000元，增值税销项税额7 800元。价税款收到存入银行。

⑥ 12日，向隆盛公司购进A材料100吨，单价300元/吨，价款计30 000元，增值税进项税额为3 900元。材料已验收入库，货款尚未支付。

⑦ 15日，以银行存款归还前欠万达公司货款15 000元。

⑧ 15日，出售甲产品一批给海皇公司，售价40 000元，增值税销项税额5 200元。货款尚未收到。

⑨ 16日，基本生产车间产品领用A材料100吨，计30 000元，B材料200千克，计4 000元。

⑩ 18日，从银行借入短期借款20 000元。存入银行。

⑪ 20日,从万达公司购进B材料1 500千克,单价20元/千克,价款计30 000元,增值税进项税额3 900元。货款尚未支付,材料已验收入库。

⑫ 22日,以银行存款归还前欠隆盛公司货款12 000元。

⑬ 25日,基本生产车间生产产品领用A材料80吨,计24 000元,B材料1 000千克,计20 000元。

⑭ 25日,宏达公司向企业投入货币资金30 000元,存入银行。

⑮ 27日,采购A材料50吨,单价300元/吨,价款计15 000元,B材料1 200千克,单价20元/吨,价款计24 000元,增值税进项税额共计5 070元。材料已验收入库,款项通过银行付清。

⑯ 28日,以银行存款归还前欠万达公司货款30 000元。

⑰ 31日,结转已完工入库产品的制造成本100 000元。

⑱ 31日,结转本月产品销售成本计91 000元。

⑲ 31日,按销售收入的5%计算应交消费税5 000元。

⑳ 31日,将损益类账户本月发生额结转"本年利润"账户。

根据以上资料,按记账凭证账务处理程序处理如下。

1. 编制会计分录如表10-3所示。

表10-3　　　　　　　　　　　经济业务会计分录

序号	凭证字号	会计分录	
①	银收1	借:银行存款 　贷:应收账款	22 000 　　22 000
②	银付1	借:短期借款 　贷:银行存款	40 000 　　40 000
③	转1	借:生产成本 　贷:原材料——A材料	15 000 　　15 000
④	转2	借:固定资产 　贷:实收资本	28 000 　　28 000
⑤	银收2	借:银行存款 　贷:主营业务收入 　　应交税费——应交增值税(销项税额)	67 800 　　60 000 　　　7 800
⑥	转3	借:原材料——A材料 　　应交税费——应交增值税(进项税额) 　贷:应付账款——隆盛公司	30 000 　3 900 　　33 900
⑦	银付2	借:应付账款——万达公司 　贷:银行存款	15 000 　　15 000
⑧	转4	借:应收账款——海皇公司 　贷:主营业务收入 　　应交税费——应交增值税(销项税额)	45 200 　　40 000 　　　5 200

续表

序号	凭证字号	会计分录	
⑨	转5	借:生产成本 　贷:原材料——A材料 　　　原材料——B材料	34 000 30 000 4 000
⑩	银收3	借:银行存款 　贷:短期借款	20 000 20 000
⑪	转6	借:原材料——B材料 　应交税费——应交增值税(进项税额) 　贷:应付账款——万达公司	30 000 3 900 33 900
⑫	银付3	借:应付账款——隆盛公司 　贷:银行存款	12 000 12 000
⑬	转7	借:生产成本 　贷:原材料——A材料 　　　原材料——B材料	44 000 24 000 20 000
⑭	银收4	借:银行存款 　贷:实收资本	30 000 30 000
⑮	银付4	借:原材料——A材料 　原材料——B材料 　应交税费——应交增值税(进项税额) 　贷:银行存款	15 000 24 000 5 070 44 070
⑯	银付5	借:应付账款——万达公司 　贷:银行存款	30 000 30 000
⑰	转8	借:库存商品 　贷:生产成本	100 000 100 000
⑱	转9	借:主营业务成本 　贷:库存商品	91 000 91 000
⑲	转10	借:税金及附加 　贷:应交税费——应交消费税	5 000 5 000
⑳	转11	借:主营业务收入 　贷:本年利润	100 000 100 000
㉑	转12	借:本年利润 　贷:主营业务成本 　　　税金及附加	96 000 91 000 5 000

2. 根据会计分录编制记账凭证,本例只对业务①、②、③编制记账凭证,其他业务编制方法相同(略),如表10-4至表10-6所示。

表10-4

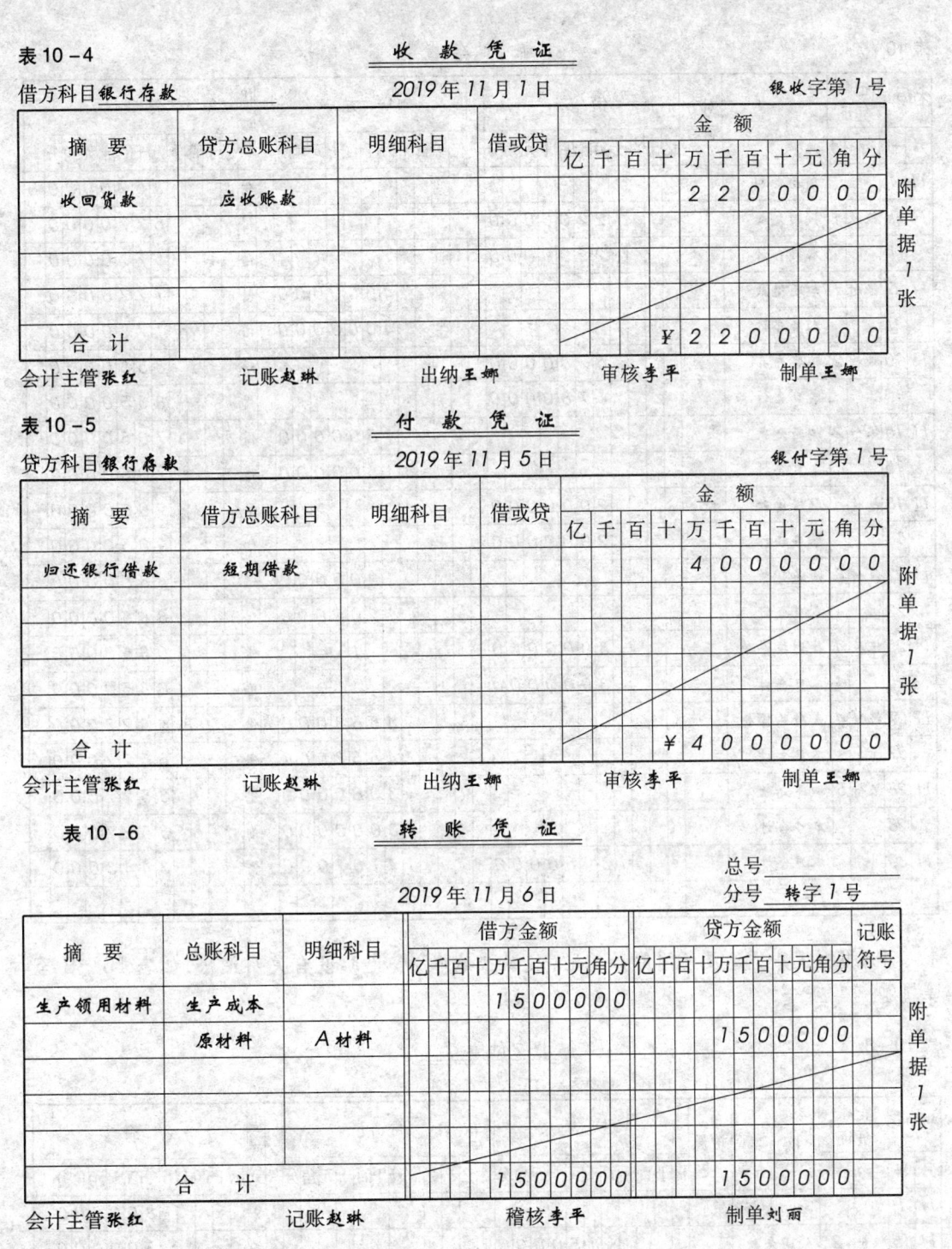

收 款 凭 证

2019年11月1日   银收字第1号

借方科目 银行存款

摘 要	贷方总账科目	明细科目	借或贷	金 额 亿 千 百 十 万 千 百 十 元 角 分
收回货款	应收账款			2 2 0 0 0 0 0
合 计				¥ 2 2 0 0 0 0 0

附单据1张

会计主管 张红   记账 赵琳   出纳 王娜   审核 李平   制单 王娜

表10-5

付 款 凭 证

2019年11月5日   银付字第1号

贷方科目 银行存款

摘 要	借方总账科目	明细科目	借或贷	金 额 亿 千 百 十 万 千 百 十 元 角 分
归还银行借款	短期借款			4 0 0 0 0 0 0
合 计				¥ 4 0 0 0 0 0 0

附单据1张

会计主管 张红   记账 赵琳   出纳 王娜   审核 李平   制单 王娜

表10-6

转 账 凭 证

2019年11月6日   总号_____   分号 转字1号

摘 要	总账科目	明细科目	借方金额 亿千百十万千百十元角分	贷方金额 亿千百十万千百十元角分	记账符号
生产领用材料	生产成本		1 5 0 0 0 0 0		
	原材料	A材料		1 5 0 0 0 0 0	
合 计			1 5 0 0 0 0 0	1 5 0 0 0 0 0	

附单据1张

会计主管 张红   记账 赵琳   稽核 李平   制单 刘丽

3. 根据会计分录登记库存现金和银行存款日记账,银行存款日记账如表10-7所示(库存现金日记账由于本月没有发生额,略)。

表 10-7

银 行 存 款

2019年		记账凭证字号	摘要	对方科目	借方 亿千百十万千百十元角分	✓	贷方 亿千百十万千百十元角分	借或贷	余额 亿千百十万千百十元角分	✓
月	日									
11	1		期初余额					借	3570000	
11	1	银收1	收回欠款		2200000			借	5770000	
	1		本日合计		2200000			借	5770000	
11	5	银付1	归还借款				4000000	借	1770000	
	5		本日合计				4000000	借	1770000	
11	10	银收2	销售产品		6780000			借	8550000	
	10		本日合计		6780000			借	8550000	
11	15	银付2	归还欠款				1500000	借	7050000	
	15		本日合计				1500000	借	7050000	
11	18	银收3	取得借款		2000000			借	9050000	
	18		本日合计		2000000			借	9050000	
11	22	银付3	归还欠款				1200000	借	8850000	
	22		本日合计				1200000	借	8850000	
11	25	银收4	收到投资款		3000000			借	10850000	
	25		本日合计		3000000			借	10850000	
11	27	银付4	支付购货款				4563000	借	6527000	
	27		本日合计				4563000	借	6527000	
11	28	银付5	归还欠款				3000000	借	3527000	
	28		本日合计				3000000	借	3527000	
11	30		本月合计		13980000		14107000	借	3443000	

4. 根据记账凭证及所附原始凭证(交易或事项)登记所设有关明细账,如表 10-8 至表 10-11 所示。

表 10-8

应 付 账 款

户名 万达公司　　备注

2019年		记账凭证字号	摘要	页数	借方 亿千百十万千百十元角分	✓	贷方 亿千百十万千百十元角分	借或贷	余额 亿千百十万千百十元角分	✓
月	日									
11	1		期初余额					贷	1800000	
11	15	银付2	偿还欠款		150000			贷	300000	
11	20	转6	购料欠款				3390000	贷	3690000	
11	28	银付5	偿还欠款		3000000			贷	690000	

表 10-9

应付账款

户名 __隆盛公司__ 备注 _____

2019年		记账凭证		摘要	页数	借方 亿千百十万千百十元角分	√	贷方 亿千百十万千百十元角分	借或贷	余额 亿千百十万千百十元角分	√
月	日	字	号								
11	1			期初余额					贷	2 0 0 0 0 0	
11	12	转	3	购料欠款				3 3 9 0 0 0 0	贷	3 5 9 0 0 0 0	
11	22	银付	3	偿还欠款		1 2 0 0 0 0 0			贷	2 3 9 0 0 0 0	

表 10-10

本账页数	
本户页数	

原材料   最高存量 _____

货号 _____ 品名 __A材料__ 计数单位 __吨__ 备注 _____ 最低存量 _____

2019年		记账凭证		摘要	借方		金额 亿千百十万千百十元角分	贷方		金额 亿千百十万千百十元角分	结存		金额 亿千百十万千百十元角分
月	日	字	号		数量	单价		数量	单价		数量	单价	
11	1			期初结存							200	300.00	6 0 0 0 0 0
11	6	转	1	生产领用				50	300.00		150	300.00	4 5 0 0 0 0
11	12	转	3	购入	100	300.00	3 0 0 0 0 0				250	300.00	7 5 0 0 0 0
11	16	转	5	生产领用				100	300.00	3 0 0 0 0 0	150	300.00	4 5 0 0 0 0
11	25	转	7	生产领用				80	300.00	2 4 0 0 0 0	70	300.00	2 1 0 0 0 0
11	27	银付	4	购入	50	300.00	1 5 0 0 0 0				120	300.00	3 6 0 0 0 0

表 10-11

本账页数	
本户页数	

原材料   最高存量 _____

货号 _____ 品名 __B材料__ 计数单位 _____ 备注 _____ 最低存量 _____

2019年		记账凭证		摘要	借方		金额 亿千百十万千百十元角分	贷方		金额 亿千百十万千百十元角分	结存		金额 亿千百十万千百十元角分
月	日	字	号		数量	单价		数量	单价		数量	单价	
11	1			期初结存							1 000	20.00	2 0 0 0 0 0
11	16	转	5	生产领用				200	20.00	4 0 0 0 0	800	20.00	1 6 0 0 0 0
11	20	转	6	购入	1 500	20.00	3 0 0 0 0 0				2 300	20.00	4 6 0 0 0 0
11	25	转	7	生产领用				1 000	20.00	2 0 0 0 0	1 300	20.00	2 6 0 0 0 0
11	27	银付	4	购入	1 200	20.00	2 4 0 0 0 0				2 500	20.00	5 0 0 0 0 0

5. 根据记账凭证逐笔登记总分类账,如表 10-12 至表 10-28 所示。

表 10-12　　　　　　　　　　　　　　　总账

户名　银行存款　　备注_____

2019年		记账凭证		摘要	页数	借方	√	贷方	√	借或贷	余额	√
月	日	字	号			亿千百十万千百十元角分		亿千百十万千百十元角分			亿千百十万千百十元角分	
11	1			期初余额						借	3570000	
11	1	银收	1	收回欠款		2200000				借	5770000	
11	5	银付	1	归还借款				4000000		借	1770000	
11	10	银收	2	销售产品		6780000				借	8550000	
11	15	银付	2	归还欠款				1500000		借	7050000	
11	18	银收	3	取得借款		2000000				借	9050000	
11	22	银付	3	归还欠款				1200000		借	7850000	
11	25	银收	4	收到投资款		3000000				借	10850000	
11	27	银付	4	支付购货款				4407000		借	6443000	
11	28	银付	5	归还欠款				3000000		借	3443000	

表 10-13　　　　　　　　　　　　　　　总账

户名　期初余额　　备注_____

2019年		记账凭证		摘要	页数	借方	√	贷方	√	借或贷	余额	√
月	日	字	号			亿千百十万千百十元角分		亿千百十万千百十元角分			亿千百十万千百十元角分	
11	1			期初余期						借	30000	

表 10-14　　　　　　　　　　　　　　　总账

户名　应收账款　　备注_____

2019年		记账凭证		摘要	页数	借方	√	贷方	√	借或贷	余额	√
月	日	字	号			亿千百十万千百十元角分		亿千百十万千百十元角分			亿千百十万千百十元角分	
11	1			期初余额						借	2500000	
	1	银收	1	收回欠款				2200000		借	300000	
	15	转	4	销售商品		4520000				借	4820000	

表10-15

总账

户名 __原材料__ 备注 _____

2019年		记账凭证		摘要	页数	借方 亿千百十万千百十元角分	✓	贷方 亿千百十万千百十元角分	借或贷	余额 亿千百十万千百十元角分	✓
月	日	字	号								
11	1			期初余额					借	8 0 0 0 0 0 0	
	6	转	1	生产领用材料				1 5 0 0 0 0 0	借	6 5 0 0 0 0 0	
	12	转	3	购料入库		3 0 0 0 0 0 0			借	9 5 0 0 0 0 0	
	16	转	5	生产领用材料				3 4 0 0 0 0 0	借	6 1 0 0 0 0 0	
	20	转	6	购料入库		3 0 0 0 0 0 0			借	9 1 0 0 0 0 0	
	25	转	7	生产领用材料				4 4 0 0 0 0 0	借	4 7 0 0 0 0 0	
	27	银付	4	购料入库		3 9 0 0 0 0 0			借	8 6 0 0 0 0 0	

表10-16

总账

户名 __库存商品__ 备注 _____

2019年		记账凭证		摘要	页数	借方 亿千百十万千百十元角分	✓	贷方 亿千百十万千百十元角分	借或贷	余额 亿千百十万千百十元角分	✓
月	日	字	号								
11	1			期初余额					借	1 9 0 0 0 0 0	
	30	转	8	完工产品入库		1 0 0 0 0 0 0 0			借	1 1 9 0 0 0 0 0	
	30	转	9	结转销售成本				9 1 0 0 0 0 0	借	2 8 0 0 0 0 0	

表10-17

总账

户名 __生产成本__ 备注 _____

2019年		记账凭证		摘要	页数	借方 亿千百十万千百十元角分	✓	贷方 亿千百十万千百十元角分	借或贷	余额 亿千百十万千百十元角分	✓
月	日	字	号								
11	1			期初余额					借	2 0 0 0 0 0 0	
	6	转	1	耗用材料		1 5 0 0 0 0 0			借	3 5 0 0 0 0 0	
	16	转	5	耗用材料		3 4 0 0 0 0 0			借	6 9 0 0 0 0 0	
	25	转	7	耗用材料		4 4 0 0 0 0 0			借	1 1 3 0 0 0 0 0	
	30	转	8	完工产品入库				1 0 0 0 0 0 0 0	借	1 3 0 0 0 0 0	

表 10-18

总账

户名 固定资产　　　备注

2019年		记账凭证		摘要	页数	借方										✓	贷方										✓	借或贷	余额										✓
月	日	字	号			亿	千	百	十	万	千	百	十	元	角	分		亿	千	百	十	万	千	百	十	元	角	分			亿	千	百	十	万	千	百	十	元	角	分	
11	1			期初余额																										借			2	4	0	0	0	0	0	0	
	10	转	2	接受投资					2	8	0	0	0	0	0	0																2	6	8	0	0	0	0	0	

表 10-19

总账

户名 累计折旧　　　备注

2019年		记账凭证		摘要	页数	借方										✓	贷方										✓	借或贷	余额										✓
月	日	字	号			亿	千	百	十	万	千	百	十	元	角	分		亿	千	百	十	万	千	百	十	元	角	分			亿	千	百	十	万	千	百	十	元	角	分	
11	1			期初余额																										贷				5	0	0	0	0	0	0	

表 10-20

总账

户名 短期借款　　　备注

2019年		记账凭证		摘要	页数	借方										✓	贷方										✓	借或贷	余额										✓
月	日	字	号			亿	千	百	十	万	千	百	十	元	角	分		亿	千	百	十	万	千	百	十	元	角	分			亿	千	百	十	万	千	百	十	元	角	分	
11	1			期初余额																										贷				4	0	0	0	0	0	0	
	5	银付	1	归还借款					4	0	0	0	0	0	0														平						0	0	0			
	18	银收	3	取得借款																	2	0	0	0	0	0	0		贷				2	0	0	0	0	0	0	

表 10-21

总账

户名 应付账款　　　备注

2019年		记账凭证		摘要	页数	借方										✓	贷方										✓	借或贷	余额										✓
月	日	字	号			亿	千	百	十	万	千	百	十	元	角	分		亿	千	百	十	万	千	百	十	元	角	分			亿	千	百	十	万	千	百	十	元	角	分	
11	1			期初余额																										贷				2	0	0	0	0	0	0	
	12	转	3	购料欠款																	3	3	9	0	0	0	0		贷				5	3	9	0	0	0	0	
	15	银付	2	偿还欠款					1	5	0	0	0	0	0	0														贷				3	8	9	0	0	0	0	
	20	转	6	购料欠款																	3	3	9	0	0	0	0		贷				7	2	8	0	0	0	0	
	22	银付	3	偿还欠款					1	2	0	0	0	0	0	0														贷				6	0	8	0	0	0	0	
	28	银付	5	偿还欠款					3	0	0	0	0	0	0	0														贷				3	0	8	0	0	0	0	

表 10-22

总账

户名：应交税费　　备注：

2019年		记账凭证		摘要	页数	借方		贷方		借或贷	余额	
月	日	字	号			亿千百十万千百十元角分	✓	亿千百十万千百十元角分	✓		亿千百十万千百十元角分	✓
11	10	银收	2	销售商品				7800 00		贷	7800 00	
	12	转	3	购入材料		3900 00				贷	3900 00	
	15	转	4	销售商品				5200 00		贷	9100 00	
	20	转	6	购入材料		3900 00				贷	5200 00	
	27	银付	4	购入材料		5070 00				贷	130 00	
	30	转	10	计算消费税				5000 00		贷	5130 00	

表 10-23

总账

户名：实收资本　　备注：

2019年		记账凭证		摘要	页数	借方		贷方		借或贷	余额	
月	日	字	号			亿千百十万千百十元角分	✓	亿千百十万千百十元角分	✓		亿千百十万千百十元角分	✓
11	1			期初余额						贷	300000 00	
	10	转	2	接受投资				28000 00		贷	328000 00	
	25	银收	4	接收投资				30000 00		贷	358000 00	

表 10-24

总账

户名：盈余公积　　备注：

2019年		记账凭证		摘要	页数	借方		贷方		借或贷	余额	
月	日	字	号			亿千百十万千百十元角分	✓	亿千百十万千百十元角分	✓		亿千百十万千百十元角分	✓
11	1			期初余额						贷	10000 00	

表 10-25

总账

户名：本年利润　　备注：

2019年		记账凭证		摘要	页数	借方		贷方		借或贷	余额	
月	日	字	号			亿千百十万千百十元角分	✓	亿千百十万千百十元角分	✓		亿千百十万千百十元角分	✓
11	30	转	11	结转收入				100000 00		贷	100000 00	
	30	转	12	结转成本		96000 00				贷	4000 00	

表 10-26　　　　　　　　　　　　　总账

户名　主营业务收入　　备注

2019年		记账凭证		摘要	页数	借方	✓	贷方	✓	借或贷	余额	✓
月	日	字	号			亿千百十万千百十元角分		亿千百十万千百十元角分			亿千百十万千百十元角分	
11	10	银收	2	销售产品				6 0 0 0 0 0 0		贷	6 0 0 0 0 0 0	
	15	转	4	销售产品				4 0 0 0 0 0 0		贷	1 0 0 0 0 0 0 0	
	30	转	11	转入本年利润		1 0 0 0 0 0 0 0				平	0 0 0	

表 10-27　　　　　　　　　　　　　总账

户名　主营业务成本　　备注

2019年		记账凭证		摘要	页数	借方	✓	贷方	✓	借或贷	余额	✓
月	日	字	号			亿千百十万千百十元角分		亿千百十万千百十元角分			亿千百十万千百十元角分	
11	30	转	9	结转销售成本		9 1 0 0 0 0 0				借	9 1 0 0 0 0 0	
	30	转	12	转入本年利润				9 1 0 0 0 0 0		平	0 0 0	

表 10-28　　　　　　　　　　　　　总账

户名　税金及附加　　备注

2019年		记账凭证		摘要	页数	借方	✓	贷方	✓	借或贷	余额	✓
月	日	字	号			亿千百十万千百十元角分		亿千百十万千百十元角分			亿千百十万千百十元角分	
11	30	转	10	计算消费税		5 0 0 0 0 0				借	5 0 0 0 0 0	
	30	转	12	转入本年利润				5 0 0 0 0 0		平	0 0 0	

6. 月终，办理结账，编制试算平衡表，并将库存现金、银行存款日记账和各种明细分类账的余额与有关总分类账的余额核对相符（略）。

四、记账凭证账务处理程序的评价及适用范围

记账凭证账务处理程序应根据记账凭证直接逐笔登记总分类账，其优点是核算程序简单明了，易于掌握和理解，并且能够比较详细地反映经济业务的情况，账户间对应关系清晰，有利于查账；缺点是经济业务繁多时，总分类账登记工作量过大，账页耗用多，预留账页多少难以把握。

记账凭证账务处理程序一般只适用于规模较小、经济业务较少且凭证不多的单位。

第三节　科目汇总表账务处理程序

科目汇总表账务处理程序又称记账凭证汇总表账务处理程序，它是根据记账凭证定期

编制科目汇总表,再根据科目汇总表登记总分类账的一种账务处理程序,是由记账凭证账务处理程序发展而来的。其特点是:依据科目汇总表登记总分类账,在记账凭证和总分类账之间增加了科目汇总表。

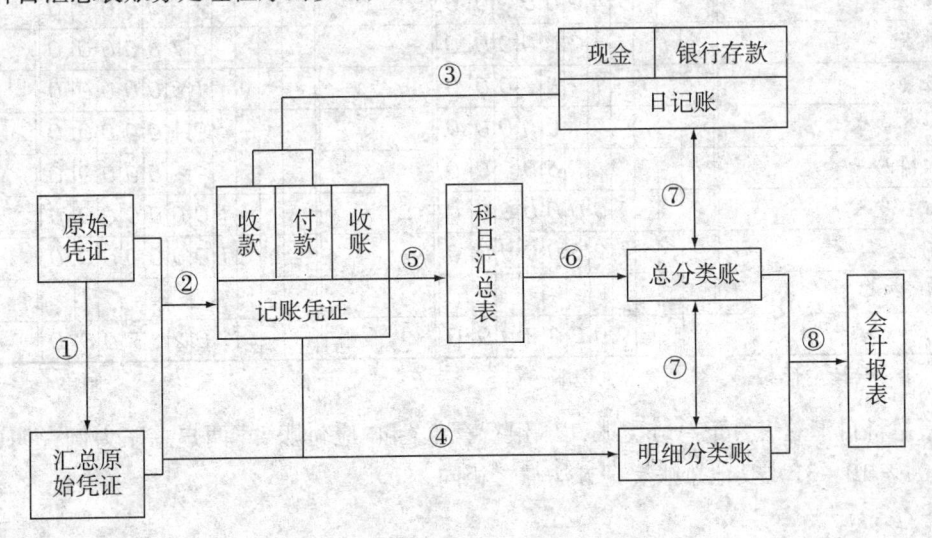

一、科目汇总表账务处理程序设置的凭证及账簿

在科目汇总表会计核算形势下,记账凭证和账簿的设置与记账凭证会计核算形式下的设置基本相同,但须单独设置"科目汇总表"。

二、科目汇总表账务处理程序的步骤

科目汇总表账务处理程序的步骤如下。
① 根据原始凭证编制汇总原始凭证。
② 根据审核无误的原始凭证或汇总原始凭证,编制记账凭证(包括收款、付款和转账凭证三类)。
③ 根据收、付款凭证逐日逐笔登记特种日记账(包括现金、银行存款日记账)。
④ 根据原始凭证、汇总原始凭证和记账凭证逐笔登记有关的明细分类账。
⑤ 根据各种记账凭证定期汇总,编制科目汇总表。
⑥ 根据科目汇总表定期登记总分类账。
⑦ 月末,将各种日记账的余额及各种明细账的余额合计数,分别与总账中有关账户的余额核对相符。
⑧ 月末,根据经核对无误的总账和有关明细账的记录,编制会计报表。
科目汇总表账务处理程序的步骤如图 10-2 所示。

图 10-2 科目汇总表账务处理程序

三、科目汇总表的编制

科目汇总表的编制是科目汇总表账务处理程序的核心。其编制的方法是:将一定时期

内全部记账凭证按照相同会计科目的借方和贷方归类,定期(每10天或15天,或每月一次)汇总每一账户的借方本期发生额和贷方本期发生额,填写到科目汇总表的相关栏目内,可以反映全部账户的借方本期发生额和贷方本期发生额。登记总分类账时,只要将科目汇总表中各科目的借方发生额和贷方发生额分次或一次记入相应总分类账户的借方或贷方。

承工作实例10-1,前面的步骤和记账凭证账务处理程序相同,只是在登记总账的方法上有所不同。现根据2019年11月份的记账凭证编制科目汇总表,如表10-29所示。

表10-29

凭证	号至	号	张
凭证	号至	号	张
凭证	号至	号	张

科目汇总表

2019年11月1日至30日

第____号

会计科目	本期发生额 借方金额 亿千百十万千百十元角分	账页或√	本期发生额 贷方金额 亿千百十万千百十元角分	账页或√
银行存款	１３９８０００		１４１０７０００	
应收账款	４５２０００		２２０００00	
原材料	９９０００0		９３００00	
生产成本	９３０００0		１０００００0	
库存商品	１０００００0		９１００00	
固定资产	２８００00			
实收资本			５８０００00	
短期借款	４０００00		２０００00	
应付账款	５７０００0		６７８０00	
应交税费	１２８７00		１８０00	
主营业务成本	９１０００0		９１０００0	
税金及附加	５０00		５０00	
主营业务收入	１０００００0		１０００００0	
本年利润	９６０００0		１０００００0	
合计	９０２３７０0		９０２３７０0	

会计主管　　　记账　　　审核　　　制单

根据科目汇总表登记总分类账,以"银行存款"和"应付账款"两户总账为例说明(见表10-30、表10-31),其他总账登记方法与之相同。

表 10-30   总账

户名 银行存款   备注

2019年		记账凭证		摘要	页数	借方 亿千百十万千百十元角分	✓	贷方 亿千百十万千百十元角分	借或贷	余额 亿千百十万千百十元角分	✓
月	日	字	号								
11	1			期初余额					借	3 5 7 0 0 0 0 0	
	31	汇	#	本月发生额		1 3 9 8 0 0 0 0		1 4 1 0 7 0 0 0	借	3 4 4 3 0 0 0 0	

表 10-31   总账

户名 应付账款   备注

2019年		记账凭证		摘要	页数	借方 亿千百十万千百十元角分	✓	贷方 亿千百十万千百十元角分	借或贷	余额 亿千百十万千百十元角分	✓
月	日	字	号								
11	1			期初余额					贷	2 0 0 0 0 0	
	31	汇	#	本月发生额		5 7 0 0 0 0 0		6 7 8 0 0 0 0	贷	3 0 8 0 0 0 0	

四、科目汇总表账务处理程序的评价及适用范围

科目汇总表账务处理程序的优点是可以大大减轻登记总账的工作量。在科目汇总表账务处理程序下，可根据科目汇总表上有关账户的汇总发生额，在月中定期或月末一次性地登记总分类账，以使登记总分类账的工作量大为减轻。另外，科目汇总表还起到试算平衡的作用，保证总分类账登记的正确性。在科目汇总表上的汇总结果体现了一定会计期间所有账户的借方发生额和贷方发生额之间的相等关系，利用这种发生额的相等关系，可以进行全部账户记录的试算平衡。

科目汇总表账务处理程序的缺点是科目汇总表采用相同科目归类汇总，不能反映各科目的对应关系，不便于对经济业务进行分析和检查。如果记账凭证较多，根据记账凭证编制科目汇总表本身也是一项很复杂的工作；如果记账凭证较少，运用科目汇总表登记总账又起不到简化登记总账的作用。

这种账务处理程序一般适用于规模较大、经济业务较多、记账凭证较多的企业和单位。

第四节 汇总记账凭证账务处理程序

汇总记账凭证账务处理程序是根据原始凭证或原始凭证汇总表编制记账凭证，定期根据记账凭证分类编制汇总收款凭证、汇总付款凭证和汇总转账凭证，再根据汇总记账凭证登记总分类账的一种账务处理程序。

它的特点是先定期将记账凭证汇总编制成各种汇总记账凭证，然后根据各种汇总记账凭证登记总分类账。汇总记账凭证账务处理程序是在记账凭证账务处理程序的基础上发展

起来的,它与记账凭证账务处理程序的主要区别是在记账凭证和总分类账之间增加了汇总记账凭证。

一、汇总记账凭证账务处理程序设置的凭证及账簿

在汇总记账凭证账务处理程序下,记账凭证的设置有以下两种类型。

① 设置现金收款凭证、现金付款凭证、银行收款凭证、银行付款凭证和转账凭证据以登记明细分类账。

② 设置汇总现金收款凭证、汇总现金付款凭证、汇总银行收款凭证、汇总银行付款凭证和汇总转账凭证据以登记总分类账。

在此种记账程序中,一般情况下不能编制贷方有多个对应账户的转账凭证,即只能编制一借一贷或多借一贷的记账凭证,而不能相反。

设置账簿与前面记账凭证会计核算形式基本相同,主要有现金日记账、银行存款日记账、总分类账和各种明细分类账。总分类账除了采用三栏式以外,还可以采用在借、贷两栏内开设"对方账户"专栏的多栏式格式。

二、汇总记账凭证账务处理程序的步骤

在汇总记账凭证会计核算形式下,按照如下步骤进行会计核算。

① 根据原始凭证编制汇总原始凭证。

② 根据审核无误的原始凭证或者汇总原始凭证,编制记账凭证(包括收款、付款和转账凭证三类)。

③ 根据收、付款凭证逐日逐笔登记特种日记账(包括现金、银行存款日记账)。

④ 根据各种记账凭证,同时参考原始凭证或原始凭证汇总表,逐笔登记各种明细分类账。

⑤ 根据收款凭证、付款凭证和转账凭证,定期分别编制汇总收款凭证、汇总付款凭证和汇总转账凭证。

⑥ 期末,根据汇总收款凭证、汇总付款凭证和汇总转账凭证登记总分类账。

⑦ 期末,现金日记账、银行存款日记账和明细分类账的余额同有关总分类账的余额核对相符。

⑧ 期末,根据总分类账和明细分类账编制会计报表。

记账凭证账务处理程序的步骤如图 10-3 所示。

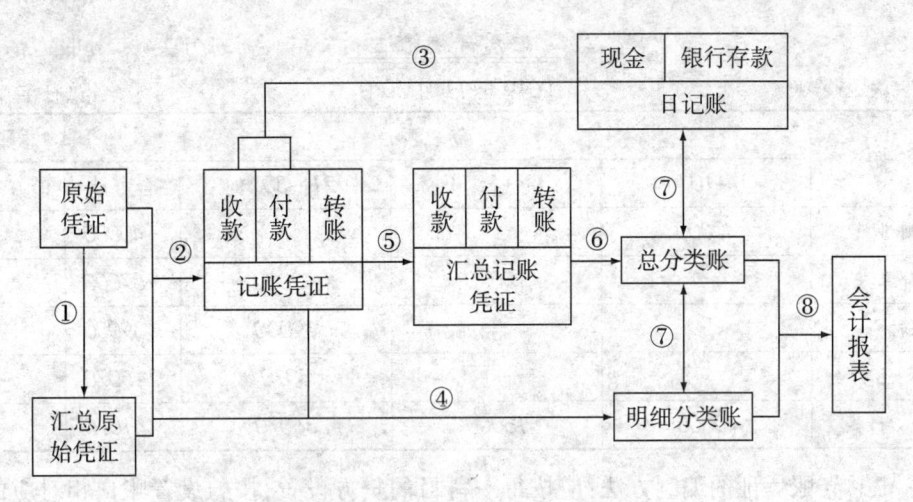

图 10-3　汇总记账凭证账务处理程序

三、汇总记账凭证的编制

承工作实例 10-1，前面的步骤和记账凭证账务处理程序相同，只是在登记总账的方法上有所不同，现根据 2019 年 11 月份的记账凭证编制汇总收款凭证、汇总付款凭证和汇总转账凭证。

① 汇总收款凭证的编制方法：应分别按"库存现金""银行存款"账户的借方设置，定期（一般为 5 日，最长不超过 10 日）按与设置账户相对应的贷方科目分类、汇总，一个月编制一张，月终结出合计数据以登记总分类账。仍以森宇有限责任公司为例，将涉及银行存款收入的记账凭证按 10 日汇总一次，编制银行存款汇总收款凭证，如表 10-32 所示。

表 10-32　　　　　　　　　汇总收款凭证

借方科目：银行存款　　2019 年 11 月 30 日　　汇收字　第 1 号

贷方账户	金额				总账页数	
	1—10 日收款凭证	11—20 日收款凭证	21—30 日收款凭证	合计	借方	贷方
应收账款	22000			22000		
主营业务收入	60000			60000		
短期借款		20000		20000		
实收资本			30000	30000		
应交税费	10200			10200		
合计	92200	20000	30000	142200		

② 汇总付款凭证的编制方法：应分别按"库存现金""银行存款"账户的贷方设置，定期（一般为 5 日，最长不超过 10 日）按与设置账户相对应的借方科目分类、汇总，一个月编制一张，月终结出合计数据以登记总分类账。本例题将涉及银行存款付出的记账凭证按 10 日汇总一次，编制银行存款汇总付款凭证，如表 10-33 所示。

表 10-33   汇总付款凭证
贷方科目：银行存款   2019年11月30日   汇付字 第1号

借方账户	金额				总账页数	
	1—10日	11—20日	21—30日	合计	借方	贷方
短期借款	40000			40000		
应付账款		15000	42000	57000		
原材料			39000	39000		
应交税费			5070	5070		
合计	40000	15000	86070	141070		

③ 汇总转账凭证的编制方法：应按每一科目的贷方设置，按与设置账户相对应的借方科目分类、汇总，月终结出合计数据以登记总分类账。

注：为了汇总，在编制转账凭证时，贷方只能是一个科目，即"一借一贷"或"一贷多借"。本例题编制"原材料"科目的汇总转账凭证，如表10-34所示。

表 10-34   汇总转账凭证
贷方科目：原材料   2019年11月30日   汇转字 第1号

借方账户	金额				总账页数	
	1—10日	11—20日	21—30日	合计	借方	贷方
生产成本	15000	34000	44000	93000		
合计	15000	34000	44000	93000		

四、汇总记账凭证账务处理程序的评价及适用范围

汇总记账凭证账务处理程序是根据定期编制的各种汇总记账凭证登记总分类账。它的优点是大大减轻了登记总分类账的工作量，通过汇总记账凭证能够清晰地反映各科目之间的对应关系，从而清晰地反映各项经济业务的来龙去脉，也便于账目的核对和审查。

由于这种方法的转账凭证是按每一贷方科目而不是按经济业务的性质归类、汇总，因此不利于日常核算工作的合理分工。在经济业务比较零星，同一贷方科目的转账凭证数量较少的时候，先汇总再登记总分类账，起不到减轻登记总分类账工作量的作用，而且定期集中编制汇总记账凭证的工作量比较大。

这种账务处理程序一般适用于规模较大、业务量较多，尤其是同类型业务量较多的企业。

本章小结

账务处理程序也称会计核算组织程序。本章主要介绍了三种处理程序：记账凭证账务处理程序是根据记账凭证直接逐笔登记总分类账的一种账务处理程序；科目汇总表账务处理程序又称记账凭证汇总表账务处理程序，是根据记账凭证定期编制科目汇总表，再根据科

目汇总表登记总分类账的一种账务处理程序,是由记账凭证账务处理程序发展而来的;汇总记账凭证账务处理程序是根据原始凭证或原始凭证汇总表编制记账凭证,定期根据记账凭证分类编制汇总收款凭证、汇总付款凭证和汇总转账凭证,再根据汇总记账凭证登记总分类账的一种账务处理程序。

各种账务处理程序有不同的核算要求、核算步骤,各具优、缺点,分别适用于不同规模、不同业务性质的单位。

思考题

1. 什么是账务处理程序?账务处理程序的种类有哪些?各种账务处理程序的优缺点。
2. 如何编制科目汇总表、汇总记账凭证?

练习题

资料:万达公司 2019 年 10 月初的账户余额如下表所示。

会计科目	期初余额	
	借方/元	贷方/元
库存现金	650	
银行存款	108 050	
应收账款	7 000	
原材料	10 000	
库存商品	21 000	
固定资产	150 000	
累计折旧	−17 000	
短期借款		90 000
应付账款		5 500
应付职工薪酬		34 200
实收资本		150 000
合 计	279 700	279 700

该公司 2019 年 10 月发生以下经济业务。(该企业为增值税一般纳税人)

(1) 1 日,从银行提取现金 3 000 元。

(2) 2 日,购买一套不需要安装的设备,以银行存款支付 40 000 元。该设备已验收。

(3) 3 日,用银行存款归还短期借款 20 000 元。

(4) 5 日,购买 A 材料 100 千克,单价 100 元/千克。货款及增值税以银行存款支付,材料验收入库。

(5) 6 日,购买 A 材料 90 千克,单价 100 元/千克。货款及增值税均未支付,材料验收入库。

(6) 7 日,用现金支付报纸杂志费 100 元。

(7) 7 日,销售甲产品 10 台,每台 4 500 元。款项尚未收到。

(8) 8 日,领用 A 材料 110 千克。其中,甲产品生产车间领用 80 千克,车间一般耗用 20

千克,管理部门领用10千克。

(9) 10日,张宏出差,预借差旅费1 000元。以现金支付。

(10) 11日,收到前欠货款52 650元。

(11) 11日,以银行存款10 530元偿还前欠A材料货款。

(12) 11日,以银行存款450元支付广告费。

(13) 12日,到银行提取现金34 200元,准备发放工资。

(14) 14日,以现金发放工资34 200元。

(15) 14日,张宏报销差旅费900元,余款100元退回。

(16) 20日,计提本月应付职工的工资。其中,甲产品生产工人工资22 800元,车间管理人员工资3 420元,行政管理人员工资7 980元。

(17) 21日,计提企业固定资产折旧3 000元。其中,生产车间折旧2 000元,管理部门固定资产折旧1 000元。

(18) 24日,以银行存款2 000元支付电费。其中,甲产品耗用1 000元,车间一般性耗用600元,管理部门耗用400元。

(19) 31日,结转本月制造费用8 020元。

(20) 31日,结转本月完工产品成本30 000元。

(21) 31日,结转已销售产品成本19 000元。

(22) 31日,按销售收入的5%计提应缴城市维护建设税2 250元。

(23) 31日,结转本月销售收入45 000元。

(24) 31日,计提本月应缴所得税费用3 180元。

(25) 31日,结转本月费用项目。

要求:运用本章所学知识进行记账凭证账务处理程序、科目汇总表账务处理程序和汇总记账凭证账务处理程序的会计核算练习。

参 考 文 献

[1] 中华人民共和国财政部. 企业会计准则(2019年版)[M]. 上海:经济科学出版社,2019.
[2] 中华人民共和国财政部. 企业会计准则——应用指南(2019年版)[M]. 上海:立信会计出版社,2019.
[3] 企业会计准则编审委员会. 企业会计准则案例讲解(2019年版)[M]. 上海:立信出版社,2019.
[4] 单昭祥,韩冰. 新编基础会计学[M]. 4版. 大连:东北财经大学大学出版社,2017.
[5] 李海波,蒋瑛. 新编会计学原理——基础会计[M]. 18版. 上海:立信出版社,2017.
[6] 李海波,蒋瑛. 新编会计学原理——基础会计习题集[M]. 18版. 上海:立信出版社,2017.
[7] 伍瑞斌. 会计学基础[M]. 2版. 北京:中国财政经济出版社,2018.
[8] 崔智敏,陈爱玲. 会计学基础[M]. 6版. 北京:中国人民大学出版社,2018.
[9] 陈国辉. 基础会计(第四版)[M]. 大连:东北财经大学出版社,2015.
[10] 赵雪媛,刘桔. 会计学(第三版)[M]. 北京:经济科学出版社,2013.
[11] 王新红. 会计学基础[M]. 西安:西安电子科技大学出版社,2013.
[12] 马同保,桑忠喜. 会计学基础[M]. 武汉:华中科技大学出版社,2012.
[13] 陈少华. 会计学原理[M]. 4版. 厦门:厦门大学出版社,2013.
[14] 陈红,姚荣辉. 基础会计[M]. 北京:清华大学出版社,2014.
[15] 綦好东,吕玉芹. 基础会计[M]. 2版. 北京:经济科学出版社,2013.